북한 기록영화, 그 코드를 풀다

이 도서의 국립중앙도서관 출판예정도서목록(CIP)은 서지정보유통지원시스템 홈페이지(http://www.seoji.nl.go.kr)와 국가자료공동목록시스템(http://www.nl.go.kr/kolisnet)에서 이용하실 수 있습니다.
CIP제어번호: CIP2016017862(양장), CIP2016017863(반양장)

북한 기록영화, 그 코드를 풀다

김승 지음

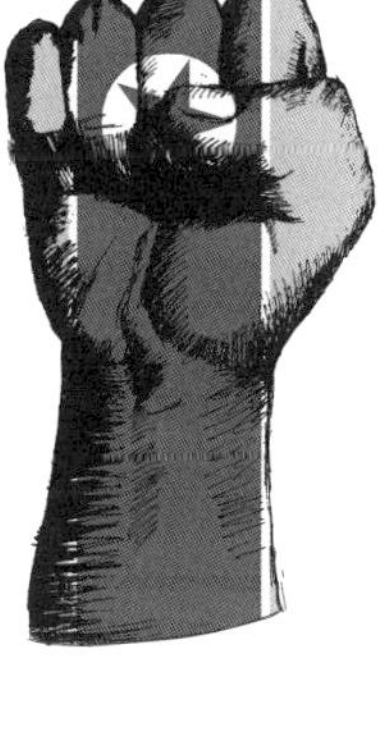

한울
아카데미

추천의 글

북한을 보는 또 다른 창

박근혜 정부의 화두 가운데 하나가 '통일준비'였다. 통일준비위원회를 만들고 '통일대박'론을 설파하면서 시민들의 통일에 대한 관심을 자극했다. 정부 지자체와 학계 그리고 시민단체까지 참여하게 하는 '통일박람회'를 개최한 것도 이런 노력의 하나였다. 그러나 북한이 핵실험을 실시하고 미사일을 발사하면서, 남한 정부가 북한에 대한 재제에 앞장서고 있는 이율배반적인 현실을 마주하고 있다. 한쪽에서는 통일준비를 외치고 다른 한편에서는 북한을 몰아붙이는 이상한(?) 상황이 남쪽만의 잘못이라고 할 수는 없다. 하지만 통일준비에만 초점을 맞춰보더라도 우리 사회가 진정으로 통일을 준비하고 있는가에 대해서는 깊은 회의감이 든다. 그 이유는 '우리의 소원은 통일'이라고 하면서 통일의 상대인 북한에 대해서는 아는 것이 거의 없다고 해도 과언이 아니기 때문이다.

북한에 대해서 이야기하면 항상 북한에 대한 정치적 입장부터 확인하려고 하고, 북한 비판에만 집중하는 것이 일상적이다. 문제는 북한에 대한 기초적인 이해도 없이 이런 논의들이 진행되고 있다는 것이다. 그나마 북한의 지도자나 정치체제에 대한 이해는 어느 정도 이루어지고 최근 시장화가 진행되면서 북한의 경제에 대한 관심도 많아지고 있지만, 북한의 사회와 문화 그리고 주민들의 일상에 대한 논의는 미미하다. 문학예술로 좁혀서 이야기해보면 장르를 불문하고 제대로 북한을 분석하거나 대학에서 가르칠 수 있는 남한 전문가가 30명도 채 안 된다. 열 명 남짓으로 상대적으로 연구자가 풍부한 북한문학을 제외한다면 다른 장르 전문가는 서너 명밖에 없다. 북한 영화도 마찬가지인데 대여섯 명의 연구자가 관련 연구를 진행하고 있을 뿐이다. 그리고 그들 중 대부분도 예술영화에 관심이 있다. 이런 현실에서 이 책의 저자 김승은 북한 기록영화의 유일한 전문가라고 할 수 있다.

북한영화에서 기록영화가 예술영화 못지않게 중요한 위치를 점하고 있다는 점을 생각한다면 기록영화에 대한 본격적인 연구가 김승에 의해서 이루어지고 있다는 것 자체가 남한 사회의 왜곡된 대북인식의 단면이라고 볼 수 있다. 북한 기록영화를 본격적으로 연구하고 있는 이 책의 가치는 단순히 연구가 없었던 부분을 채웠다는 데에만 있지 않다. 저자의 박사학위 논문을 기초로 만들어진 『북한 기록영화, 그 코드를 풀다』는 최초의 북한 기록영화 연구일 뿐 아니라 다양한 이론과 방법론을 적용해 북한 문화연구의 학문적 수준을 한 단계 높인 저서라고 할 수 있다. 북한 기록영화의 올바른 이해를 도와주는 동시에 북한 영화를 포괄적으로 파악하는 데 기여할 수 있는 저서이고, 북한문화의 서사구조나 더 나아가 이데올로기적 특성과 선전선동 메커니즘을 이해하는 데도 중요한 연구라는 것이다. 특히, 북한문화 연구에서 텍스트 자체보다는 정치사회적 맥락에 초점을 맞추는 기존 연구 경향과는 달리 텍스트 자체를 보편주의적인 입장에서 접근하고 있다는 사실도 의미가 있다.

이 책은 북한영화 연구, 더 나아가 북한 연구 일반에서도 '업그레이드'된 성과라고 할 수 있다. 이것이 가능했던 것은 필자의 개인적 경력 때문이라고 볼 수 있다. 다큐멘터리를 직접 제작하는 현장의 경험과 학계의 경험이 결합되어, 북한 기록영화 관련 기존의 연구가 전무한 현실을 극복할 수 있었다는 것이다. 이 책은 북한 문화연구자를 포함해 관련 학계 전문가들의 연구 지평을

넓힐 수 있는 계기를 제공할 수 있겠지만, 기록영화에 관심 있는 영화학도나 북한에 대한 진지한 관심이 있는 일반 시민들에게도 북한을 보는 또 다른 창으로 흥미롭게 읽힐 수 있을 것이다.

북한의 사람들이 어떻게 살고 있고, 무슨 생각을 하는지에 대한 관심도 없으면서 통일을 이야기하는 것이 허구라고 생각한다면 북한의 구체적인 현실을 하나씩이라도 알아가려는 노력이 진정한 통일 준비라고 할 수 있다. 『북한 기록영화, 그 코드를 풀다』가 진정성 있는 통일 이야기의 출발점이 되기를 바란다.

북한대학원대학교 교수
이우영

프롤로그

북한 기록영화를 바라보는 새로운 시각

2015년 7월 28일, 서울시립미술관에서 광복 70주년 기념 학술 심포지엄이 '북한을 (바라)보는 것을 다시 본다'라는 주제로 열렸다. 이 자리에 발표자로 참석한 필자는 청중에게 질문을 받았다. 질문의 핵심은 북한 기록영화도 예술 작품이냐는 것이었다. 필자는 '북한 기록영화의 정치선전과 미학'은 성립하기 어렵지만, '북한 기록영화의 정치선전의 미학'은 가능하다고 답했다.

과연 북한 기록영화도 예술이 될 수 있을까? 예술은 고사하고 영화의 범주에 넣을 수나 있을까? 이 말은 곧 북한 기록영화가 연구 대상이 될 수 있는가를 의미하기도 한다. 사실 우리 이미지 속의 북한 기록영화는 체제 선전용 불온 영상물을 떠올리게 한다. 그런데 모든 영화는 소통의 의미체계를 구축하고 있다. 북한은 지속적으로 기록영화를 대내외적 목적에 따라 체제 결속과 자신들의 메시지를 전달하는 공식적인 창구로 활용하고 있다. 그럼에도 이에 대한 연구는 거의 이루어지지 않았다. 혹시 편협한 잣대로 우리의 기준에 의해서만 북한 기록영화, 더 나아가 북한을 평가하고 있는 것은 아닐까.

필자는 이에 대한 나름의 해답을 찾고자 북한 기록영화를 연구하기 시작했다. 북한 기록영화를 통해서 본 북한은 결코 녹록치 않은 이데올로기의 (재)생산구조를 보여준다. 북한은 엄청난 양의 기록영상을 보유하고 있다가 정책적 판단에 따라 인민들에게 논증 자료로 제공할 수 있는 역량이 있다. 따라서 영상 메타데이터 처리기술의 수준은 상당하다고 평가할 수 있다. 탈북민의 증언에 따르면 지금도 북한 주민들은 당 주요행사와 국가기념일을 전후로 해 기록영화를 상영할 수 있는 곳에 집체적으로 모여서 조선노동당 선전선동부에서 지정한 기록영화를 의무적으로 관람한다고 한다. 이미 관람했던 영화라고 해서 임의로 불참하는 것은 거의 불가능하다. 이런 점은 고립정책과 경제난에도 체제를 유지할 수 있는 내구력의 한 측면이다. 적어도 북한 기록영화를 통해 본 북한은 쉽게 무너지지 않을 것 같다. 북한 주민을 설복시키는 선전기능이 계속 작동하는 한 말이다.

북한의 기록영화는 대중선전을 목적으로 제작되는 선전영화이다. 그럼에도 이 책에서는 북한의 기록영화를 단순히 선전선동의 수단으로만 규정하지 않고, 영상코드가 재현되는 방식과 그 과정에서 의미가 만들어지고 유포되는 방식을 둘러싼 생산과 투쟁의 장으로 파악하고자 했다. 즉 북한 기록영화를 단선적單線的인 영화로 삼지 않고, 이를 구체적인 텍스트 분석차원으로 끌어올리고자 했다. 이런 맥락에서 북한 기록영화의 '텍스트 자체' 분석에 유용한 기호학적 방법론을 적용해 영상기호가 내포하는 재현의 특성과 사회적 함의를 분석하고자 했다. 그런데 북한의 기록영화가 가지는 고유한 특성을 분석하기 위해서는 그 상투성을 비판하기에 앞서, 북한의 문화양상과 그 특성을 사실 그 자체로 인식하고 이해하는 자세가 선행되어야 할 것이다.

이런 일관된 문제의식을 가지고 연구됐던 필자의 박사논문을 비롯해 여러 지면에 발표된 여섯 편의 논문을 묶어 이렇게 책을 펴낸다.

1장 '또 하나의 창窓 이해하기'에서 우리는 북한 기록영화를 분석하기 위한 기초 작업으로 북한 기록영화를 광의의 개념인 다큐멘터리에 속하는 장르로 규정하고 그 특성과 차이점에 대해 살펴본다. 그리고 북한 기록영화를 분석하기 위한 이론적 토대와 방법론에 대해 고찰한다. 2장 '시기별 대표작 분석하기'에서는 서사구조를 분석해 이야기의 내용과 전개방식을 살펴본 후 영상기호를 해독해 기록영화에서 영상기호가 어떻게 착상·배치되어 있고, 그런 것들이 무엇을 의미하는지를 구체적으로 짚어본다. 3장 '감춰진 코드 해석하기'는 분석 결과 드러난 의미를 해석하는 장이다. 즉 북한 기록영화를 해체해 자연스럽게 드러난 코드의 의미체계를 살펴본다. 이를 통해 북한 기록영화가 대중들과 공유하고자 했던 세계가 무엇인지를, 그리고 이를 정치적으로 어떻게 실천하고 있는지를 파악하고자 한다. 이런 시도는 북한 기록영화에서 재현된 영상기호가 대중의 신뢰를 얻기 위해 어떤 설득방식을 취하고 있고, 새로운 역사쓰기를 어떻게 꾀하는지를 확인하게 해줄 것이다.

참스승을 만나 공부 재미에 빠졌다. 북한 기록영화 연구의 길을 열어주신 이우영 교수님께 충심으로 감사드린다. 그리고 여러모로 부족한 글을 읽어주시고 아낌없이 조언해주신 최완규 총장님, 전영선·이하나·김성경 교수님의 노고도 잊을 수 없다. 이 책은 북한대학원대학교 학우들의 든든한 지지와 성원 덕분에 완성할 수 있었다. 그분들의 애정이 깃든 날선 비판이 없었더라면 결실을 맺지 못했을 것이다. 특히 김충석, 윤영상 학형의 고마움을 빼놓을 수 없다. 만학으로 겨우 일궈낸 결과물이라 많이 부족하지만 앞으로 더 좋은 글로 보답하려고 한다. 존경하는 부모님과 사랑하는 가족들, 그리고 출판을 맡아주신 한울엠플러스(주) 식구들에게도 지면을 빌려 감사를 전한다.

2016년 여름

김승

차례

일러두기

· 이 책에서 '다큐멘터리'라는 용어는 북한의 기록영화를 포함한 광의의 개념으로 사용했다. 북한식 다큐멘터리는 문맥에 따라 '북한의 기록영화' 또는 '기록영화'로 표현했다.

· 본문에서 텍스트 분석 결과 나타난 '인민', '미제', '조선'과 같은 북한식 용어를 별도의 인용부호 없이 사용했다. 또한 본문 중 등장하는 인용문의 강조 표시는 필자가 한 것임을 밝힌다.

· 북한 문헌을 인용할 때 사용한 두음법칙, 띄어쓰기 등의 맞춤법은 북한 문법을 따랐다.

· 이 책은 필자가 수행한 아래의 연구 결과를 토대로 기획 취지에 맞게 재구성했다.

2014. 「북한 기록영화의 영상재현과 이데올로기 특성: 〈수령님은 언제나 우리와 함께 계시네〉를 중심으로」. ≪기호학연구≫, 제39호.

2014. 「북한 기록영화 〈38선〉의 영상기호 분석」. ≪통일인문학≫, 제64권.

2015. 「북한 기록영화에 재현된 열병식의 의미생성 구조: 〈백승을 떨쳐온 무적의 열병대오〉에 대한 기호학적 분석」. ≪북한연구학회보≫, 제19권 2호.

2015. 「북한 기록영화의 영상재현 특성 연구」. 북한대학원대학교 박사학위 논문.

2015. 「북한 기록영화의 의미 체계: 〈계승자들〉에 대한 표상요소 분석을 중심으로」. ≪영상예술학회≫, 제27권.

2016. 「북한 기록영화의 서사구조에 내재된 이데올로기」. ≪통일연구≫, 제20권 1호.

2016. 「북한 기록영화의 서사구조의 특성과 변화」. ≪문학과 영상≫, 제17권 1호.

· 2장 '시기별 대표작 분석하기'에 삽입된 영상 캡처사진의 출처는 각각 다음과 같다.

사회주의 건설기 국립영화촬영소. 1948. 〈38선〉.

유일체제 확립기 조선기록영화촬영소 만경대창작단. 1969. 〈수령님은 언제나 우리와 함께 계시네〉.

공동 집권기 조선기록영화촬영소. 1985. 〈계승자들〉.

김정일 집권기 조선기록과학영화촬영소. 2002. 〈백승을 떨쳐온 무적의 열병대오〉.

1장

또 하나의 창(窓) 이해하기

01

북한 기록영화, 어떻게 볼 것인가

최근 우리나라에서는 현영철玄永哲 숙청사건, 최룡해崔龍海의 부침浮沈, 김정은의 건강이상설과 같은 북한 관련 정보가 기록영화 분석을 통해 획득되는 사례가 빈발하고 있다. 이처럼 기록영화가 정보획득의 중요한 매개가 되고 있지만, 이에 대한 학술적 논의는 미흡하다. 북한 기록영화에 대한 선행연구들은 주로 북한 기록영화에서 제시되는 공식 담론에 대한 연구를 통해 북한 기록영화의 위상과 정치적 역할을 파악하는 데 중점을 두고 진행되어왔다. 이들 연구에서는 북한 기록영화의 제목을 소개하거나 기록영화를 영화예술의 한 장르로서 이해하는 데 그치고 있다. 늘 자료 부족에 시달리는 북한연구에서 기록영화가 중요한 부분을 차지하고 있음에도 불구하고 단순 정보취득과 추측의 수준에 머물러 있기 때문에 이에 대한 체계적인 연구가 시급한 실정이다.

문화예술, 특히 영화예술 분야에서 기록영화는 북한 정권 수립 직후부터 직접적인 선전선동 도구로 이용되어왔다. 김일성은 "빨찌산 투쟁을 할 때에도 어려웠지만 사진기를 가지고 다니면서 찍었다"[1]며, 극히 어려운 조건에서도 1946년 5월 '영화반'을 조직했다고 한다.[2] '영화반'은 당중앙위원회 선전선동부 직속으로 북한의 첫 장편 기록영화 〈우리의 건설〉(1946)을 완성했다. 기록영화는 극영화에 비해서 소규모 장비로 제작이 가능한 장르로서, 영화물자가 부족한 정권 초기에 가장 효과적인 선전선동 수단이었다.

『조선중앙년감』(2004)에 따르면 북한은 선군시대에 접어들면서 다시금 기록영화의 선전선동의 기능을 강조한다.[3] 조총련 산하 조선대학교 김룡진金竜進 교수는 필자와의 서면 인터뷰(2014.11.10)에서 북한 기록영화의 위상에 관해 "정전협정 이후에도 핵전쟁위협을 앞세운 미국주도의 '공화국고립압살포위전략'이 계속되는 조건에서, 자국 인민들에 대한 교육, 교양문제는 근본에 속하는 문제로 기록영화가 제국주의 침략으로부터 조국을 보위하는데 복무하여야 한다"[4]라고 말했다. 북한 기록영화는 북한의 체제유지에 중요한 한 축을 담당하고 있다.

북한의 기록영화는 북한 당국의 의도를 드러내는 공식적인 창formal window의 하나로, 당이 보여주고 싶은 것만 보여준다는 데 그 한계가 있다. 하지만 바로 이 점이 기록영화를 연구하는 중요한 이유가 된다. 스튜어트 홀Stuart Hall의 주장과 같이, 미디어에서 재현은 단순한 반영과는 달리 사물들이 특정한 구성방식에 의해 의미를 갖게 되는, 보다 능동적인 노동이며 '의미 작용 실천'이기 때문이다.[5] 즉 영상텍스트 생산은 생산자가 헤게모니를 획득해 이데올로기적으로 구조화하는 것이다. 따라서 북한 기록영화의 통제된 재현을 해독decoding하면 당대의 북한 당국이 강조하는 바를 보다 적확的確하게 이해할 수 있을 것이다.

북한은 독특한 사회주의 레짐regime을 기반으로 기록영화를 생산한다. 국가가 '기록'을 독점한 가운데 선전선동 목적으로 생산된 영상텍스트의 의미는 너무 쉽고 자명해 보일 수 있다. 그러나 북한 기록영화의 생산을 '의미실천의 장'으로 볼 때, 생산주체(국가)는 수용자(인민)를 설득시키기 위해서 다양한 영상기호의 층위 구성을 통해 역동적으로 상호작용을 가능하게 할 것이다. 또한 북한의 기록영화는 '주체의 기록영화' 이론이라는 독특한 이론체계를 갖고 있으며, 영화 장르의 특성상 종합예술로서 다양한 시각적 장치들을 내포하고 있다. 북한 기록영화에서는 기록영상·현장화면·구성화면·사운드 등이 의도적으로 착상invention되고 배치arrangement되어 있는 것이다.

북한은 '주체의 기록영화' 이론을 바탕으로 역사적으로 유래를 찾을 수 없는 독창적인 기록영화를 제작한다고 주장한다. 북한의 기록영화는 서구의 다큐멘터리가 갖지 못한 특이한 장르적 특성을 생성해낸 측면이 분명히 있다.[6] 그런데 다큐멘터리 이론은 정립되지 않은 상태로, 부유浮遊하는 담론을 생산자의 이해요구에 따라 조합한 측면이 강하다. 다큐멘터리는 논픽션 형식을 취하는 열린 장르의 형태를 띠고 있으며, 시대적 이해요구에 따라 재정립되고 있다. 나치 독일도 다큐멘터리를 '문화영화'라고 규정하고, 그들 고유의 다큐멘터리 형태라고 불렀다. 다큐멘터리는 북한의 기록영화를 포함하는 광의의 개념인 것이다.

이런 점에서 북한 기록영화의 나침반인 '주체의 기록영화' 이론은 주체사실주의의 산물로서 기존의 다큐멘터리 이론들을 정리하고 확대·보완한 것이라고 볼 수 있다. 그러므로 '주체의 기록영화' 이론, 더 나아가 북한의 기록영화가 독특하기는 하지만 독창적이라고 평가하기는 어렵다. 따라서 필자는 북한 기록영화가 다큐멘터리에 속하는 하위 장르라고 생각한다.

북한 기록영화라는 텍스트를 통해 북한의 콘텍스트를 이해하고자 한다면 이를 일반적인 관점에서 바라볼 필요가 있다. 북한의 기록영화를 이국적으로 바라보는 관점에서 벗어나야 그 내용과 의미구조를 보다 잘 파악할 수 있기 때문이다. 세상을 보는 관점이 다르다는 것은 틀린 것이 아니라 그저 다른 것일 수 있다. 이런 맥락에서 북한 기록영화가 구축한 특수성을 인정하면서도 보편적 시각에서 북한 기록영화의 텍스트를 분석하고자 한다.

워런 벅랜드Warren Buckland는 영화텍스트 분석은 "창을 통해서가 아니라 창

그 자체를 통해서 보인 것"을 해독하는 것이라고 했다.[7] 다시 말해서, 영화 연구의 인지과학적 전환을 위해서는 텍스트(기록영화)를 통해서 의도(선전목적)를 읽어내려고 하는 것이 아니라, '텍스트 자체'가 지니고 있는 의미(재현특성)들을 먼저 살펴보자는 것이다. 이런 점에서 북한 기록영화 역시 영화 장르의 하나로서 '텍스트 자체'에 초점을 맞춰 분석이 이뤄질 필요가 있다.

영화텍스트는 다양한 영상기호들이 필름쓰기filmic writing를 통해 텍스트로 구성된다. 필름쓰기는 영상기호를 코드code로 전환시킴으로써 텍스트로 구성되며, 수정·해체·통합·전환시키는 결과물로 포착된다.[8] 즉 영화적 필름쓰기는 영상기호들을 코드들로 전치시키는 과정과 작용이다. 따라서 '텍스트 자체'를 분석한다는 것은 코드 간의 통합과 해체, 대항과 대립관계를 분석하는 것을 의미한다.

코드의 과학인 기호학은 일차적으로 '텍스트 자체'에서 의미가 어떻게 발생하는가와 그것이 어떻게 기능하는가에 관심을 갖는다.[9] 기호학적 연구방법은 특정한 정치적 입장을 취하지 않기 때문에 이 방법은 텍스트의 가치를 평가하기보다는 이론적인 분석의 틀을 제공해준다.[10] 기호학적 방법론은 영화분석에서 영상텍스트의 의미를 해독하는 분석 절차부터 해석에 이르기까지 논리적이고 이성적인 과정을 제시함으로써 영상텍스트에 대한 과학적 분석을 시도할 수 있게 해준다.[11]

이 책에서는 북한 기록영화에 내재된 코드를 풀기 위해 구체적 사건이 재현되는 과정에서 표출하는 의미를 해석하는 데 주안점을 뒀다. 기록영화는 그 자체로는 비가시적이다. 즉 '혁명'이라는 개념은 눈에 보이지 않고 낡은 것을 부수고 새로운 건설을 하자는 기표만을 인지할 수 있다. 기록영화에서는 '혁명'이라는 개념에 서사구조를 바탕으로 영상기호를 배치해 구체적 사례를 통해 기의를 제시한다. 이와 같이 영상기호들은 언어가 부여한 주제를 씬scene과 시퀀스sequence를 통해 구체적으로 재현하면서 지배적 코드 속에서 체계적으로 생산된다. 생산된 지배 가치는 정당성과 대중의 신뢰를 획득하기 위해 투쟁하며 이데올로기적인 장 안에서 작동하게 된다.

기호학적 분석차원에서는 역으로 의미의 생성 구조를 해체해 매개를 통해 표상된 의미를 추적할 수 있다. 다시 말해, 서사구조 분석을 기초로 영상기호의 최소 단위인 샷shot에 대한 의미 분석을 통해 이를 조직하고 조합하는 일반화의 과정을 유추하는 것이다. 이런 텍스트 분석은 북한 기록영화가 구체적 사건을 어떻게 개념화해 재현하는가를, 즉 기록영화 자체가 드러내 보이고 있는 대중과 공유하고자 했던 세계가 무엇인가를, 그리고 이를 정치적으로 어떻게 실천하는가를 파악할 수 있게 해줄 것이다. 그런데 북한 기록영화에서 표출되는 영상기호를 올바로 이해하기 위해서는 우선 기록영화의 영상기호가 구성되고 체계적으로 변하는 방식, 그리고 그 영상문법과 표현기법을 그들의 이념을 바탕으로 이해할 수 있어야 한다. 기록영화는 자체의 컨벤션convention을 지닌 실천적 의미실천의 장이고, 기록영화의 의미는 영상기호를 통해 표출되기 때문이다.

이에 북한 기록영화의 '텍스트 자체' 분석에 유용한 기호학적 방법론을 적용해 북한 기록영화의 내재된 코드를 풀어보고자 한다. 북한 기록영화의 코드를 해체해 그 의미코드와 이를 운용하는 규칙을 찾는다면 북한 기록영화의 특성을 보다 심층적으로 파악할 수 있을 것이다. 또한 이런 분석을 통해 북한의 기록영화가 무엇을 근간으로 이데올로기를 확대·정립해갔는지를 알 수 있을 것이다.

02

다큐멘터리 vs. 북한 기록영화

다큐멘터리의 개념과 현재적 의미

다큐멘터리는 사건이 일어나는 그 순간을 사실적으로 기록한다는 일반적 특성이 있다. 수용자는 다큐멘터리가 실재한 사실을 바탕으로 제작된다고 믿기 때문에 화면 속에서 전개되는 상황들을 진실로 받아들이게 된다. 다큐멘터리는 현실을 통찰한 후 다큐멘터리 양식mode이라는 독특한 형식을 통해서 자신의 시각을 재현representation한 것이다.[12]

"다큐멘터리"라는 용어는 존 그리어슨John Grierson[13]이 로버트 플라어티Robert J. Flaherty 감독의 〈모아나Moana〉(1926)를 보고, ≪뉴욕 선The New York Sun≫에 "〈모아나〉는 기록할 만한 가치가 있다"라고 기고하면서 최초로 사용됐다.[14] 그리어슨은 다큐멘터리를 현실 세계의 "창조적 해석the creative interpretation of actuality"이라고 정의했다.[15] 이에 대해 카를 플란팅가Carl Plantinga는 다큐멘터리를 크게 두 가지 측면에서 정의한다. 그 하나는 다큐멘터리를 '지표적 기록indexical record'이라고 정의한 것으로, 대체로 다큐멘터리는 현실을 사진적으로

표 1-1 **다큐멘터리에 대한 정의**

연구자	정의
브라이언 윈스톤(Brian Winston)	실재의 주장(claiming the real)
빌 니컬스(Bill Nichols)	정의하기 어려운 개념
셰일라 커넌 버나드(Sheila C. Bernard)	새로운 세계로 여행하고 새로운 경험을 갖도록 하는 것
로저 실버스톤(Roger Silverstone)	사실에 바탕을 두고 이성에 호소하는 것
존 코너(John Corner)	기록의 예술(art of record)
에릭 바누(Erik Barnouw)	실재 현실을 해부하고 객관적 실체를 찾는 작업
폴 로사(Paul Rotha)	모든 종류의 논픽션 영상물

자료: Brian Winston(2008); Bill Nichols(2001); Paul Ward(2005)를 참조해 재구성.

기록한 것이라고 보는 견해이다. 또 다른 하나는 다큐멘터리를 '주장assertion'이라고 정의한 것으로, 다큐멘터리는 단순한 사실을 재현하기보다는 어떤 것이 사실이라고 주장하는 것이라는 관점이다.[16] 이렇게 다큐멘터리에 대한 상반된 정의가 존재하는 이유는 다큐멘터리가 허구가 아닌 실재 현실을 대상으로 하지만, 그 현실을 재현할 때 제작자의 주관적 개입을 배제할 수 없기 때문이다.

다큐멘터리에 대한 정의는 연구자에 따라 〈표 1-1〉 같이 다양하게 정의된다. 연구자의 시각에 따라 정의가 다양한 이유는 다큐멘터리가 제작되는 유형·기능·목적 등이 다르기 때문이라 할 수 있다. 전통적으로 다큐멘터리는 사실을 재구성해 의미를 표출한다는 점에서 실재성actuality을 추구하는 장르적 특성이 강조되어 왔다.[17] 그런데 다큐멘터리가 의미를 생산하는 구성형식의 측면에서 객관성에 대한 의문이 제기되고 있다. 다큐멘터리는 본래 사실영화factual film 중 특정한 종류의 영화를 의미했으나, 다큐멘터리가 온갖 양식들을 추가하면서 이 단어는 논란의 용어가 됐다.[18] 일부 다큐멘터리 비평가들은 '사실영화'라는 용어 대신에 '논픽션 영화nonfiction film'라는 용어를 사용하기도 한다.[19]

이처럼 우리에게 친숙한 다큐멘터리라는 용어를 한마디로 정의하는 것은 쉽지 않다. 빌 니컬스Bill Nichols는 다큐멘터리에 대한 정의는 '문화'에 대한 정의보다 더 어려울 수 있다고 말했다.[20] 따라서 모든 다큐멘터리가 다큐멘터리의 전형적인 특성을 보여주는 것은 아니기 때문에 어떤 것이 다큐멘터리이고 어떤 것이 다큐멘터리가 아닌가를 규정하기보다는 다큐멘터리가 작동하는 방식에 주목할 필요가 있다.

다큐멘터리와 관련해 유일하게 변하지 않는 것은 다큐멘터리가 실재하는 현실과 인물에 대해 어떤 주장이나 진실을 요청하는 방식form이라는 것이다.[21] 다큐멘터리의 세계는 허구의 장르와 달리 생산자가 상상해낸 어떤 세계a world라기보다는 우리가 살고 있는 이 세계the world이다.[22] 즉 다큐멘터리의 목적은 실재 현상에 대해 사실적 이미지를 수용자에게 전달해 새로운 정보와 관점을 제공하는 데 있다. 극영화가 현실을 가공하고 이야기를 꾸며서 예술적으로 재현하는 것이라면, 다큐멘터리는 실재하는 현실을 해부하고 객관적 실체를 찾아내려는 작업이다. 이런 입장에서 다큐멘터리의 리얼리즘은 현실 재현을 객관적인 측면에서 중립적인 이데올로기로 표출하며,[23] 다큐멘터리는 기표가 기의를 직접적으로 가리켜 그것을 통해 투영된 세계를 분명하게 보이게 하는 창문의 역할을 하는 장르이다.[24]

이처럼 다큐멘터리의 리얼리즘은 재현된 이미지의 지표적indexical 특성이 얼마나 신뢰할 만한가에 기초한다.[25] 다큐멘터리는 뉴스와 같이 사건과 사실에 대한 신속성이나 객관성보다는 현상적으로 일어난 사건 이면에 있는 진실을 규명하는 것을 목표로 한다. 다큐멘터리는 어떤 견해에 동의를 구하기 위해 사안의 본질이 무엇인지를 강력하게 주장하는 경향이 있다. 이에 대해 홀은 미디어가 사회적 합의를 단순히 '표현'하는 대신에 기존의 구조를 정당화해 '상황 정의'를 재생산해내는 경향이 있다고 지적했다.[26]

다큐멘터리는 시대의 흐름에 따라 끊임없이 변화하고 있으며, 사실과 허구, 객관성과 주관성, 공정성과 불공정의 문제가 논란의 대상이 되면서 발전해왔다.[27] 다큐멘터리는 어떤 사안에 대한 쟁점 제기와 탐구를 통해 관객에게 감동을 주거나 주장을 펼치는 방법에 대한 다각도의 실험을 통해 진화해온 것이다. 따라서 다큐멘터리의 현재적 의미는 매체의 확장과 수행성의 과정에서 새로운 사회 환경에 부응하여 재정립할 필요가 있다.[28]

세계로 향한 창으로서 다큐멘터리는 태생적으로 지표적인 특성보다 표현적인 특성이 강조되어온 측면이 강하다. 그러나 표현의 차원을 강조하기 위한 과도한 스타일 — 특히 컴퓨터그래픽과 재현기법 — 의 남용은 다큐멘터리의 본성인 객관성에 대한 결핍과 편향된 이데올로기를 초래한다. 이런 점에도 불구하고 다큐멘터리가 재현하고자 하는 세계에는 아직 창출하지 못한 세계를 이루려는 노력과 이를 재현할 역사적 사건이 존재한다. 이런 면에서 현재적 다큐멘터리의 의미는 실재한 현실을 대상으로 기록해 생산자가 의미를 구성하는 모든 영화 장르 — 북한 기록영화를 포함해 — 를 수용하는 광의의 개념이자 열린 장르로 봐야 할 것이다.

북한 기록영화의 개념과 특성

북한의 『문학예술사전』에서는 기록영화를 "자연과 사회에서 벌어지는 사건과 사실, 현상들을 실의한 모습 그대로 찍어 보여주는 영화"[29]라고 정의하고 있다. 또한 『조영대사전』에서는 "기록영화"를 영어로 "a documentary film"[30], 『영조사전』에서는 "documentary"를 "기록영화"로 번역하고 있다.[31] 북한의 기록영화는 용어상 우리의 다큐멘터리와 큰 차이가 없다.

하지만 사전상의 정의와는 달리 북한에서 기록영화는 서구의 다큐멘터리와 다른 의의를 지닌다. 주목할 것은 김일성이 "기록영화는 직관적선전사업에서 매우 큰 의의를 가집니다. 또한 기록영화를 잘 만들어두면 귀중한 력사적자료로도 됩니다"[32]라고 한 점이다. 또 김정일은 기록영화가 "인민의 혁명적인 투쟁모습과 사회주의건설에서 이룩한 성과들을 직관적으로 보여주기때문에 감화력과 설득력이 매우 큰 선전수단"[33]이라고 했다. 북한은 기록영화를 선전선동의 중요한 수단으로 인식한다. 조선중앙연감에서는 기록영화를 '형상화된 신문'으로 장르적 정의를 내렸으며, 당이 요구하는 재현 목적에 의거해 제작방향을 정하고 있다.[34] 북한에서 발간한 사전류에서는 기록영화에 대해 〈표 1-2〉와 같이 정의한다.

서구의 다큐멘터리는 창작의 근간을 새로운 아이디어의 도출에서 시작한다. 아이디어는 개인이 경험한 기억의 조각들을 하나로 묶는 것이다. 따라서 아이디어란 옛것을 새로이 결합시키는 것이다. 다큐멘터리 창작에는 창의적 아이디어 도출을 위해 크리에이티브creative 발상기법이 활용되며, 대표적인 기법으로는 브레인스토밍brainstorming, 브레인라이팅brain writing, 키워드법keyword method, 자

표 1-2 **북한 사전류에서 기록영화의 정의**

구분	주요 내용	특징
『백과전서 1권』[35]	역사적 및 현실적 자료 그 자체를 예술적으로 반영한 것	김일성의 교시 후 기록영화의 장르적 특성과 대표작 소개
『영조사전』[36]	documentary: 기록영화	사전적 정의
『조영대사전』[37]	기록영화: a documentary(film)	
『조선말사전』[38]	자연과 사회에서 벌어지는 구체적인 현상, 사건과 사실들을 있는 그대로 생동하게 보여주는 영화	
『문학예술사전 상권』[39]	자연과 사회에서 일어나는 사건과 사실, 현상들을 실재한 모습 그대로 찍어 보여주는 영화	김일성의 교시와 기록영화의 본질적 특성 소개 및 본보기가 되는 기록영화 소개
『조선대백과사전 3권』[40]		기록영화의 역사적 전개과정을 자세히 설명한 후 김일성의 교시와 대표작 소개
『광명백과사전 6권』[41]		김일성의 교시 후 기록영화의 갈래에 대해 소개

연탐색법natural approach 등이 있다.

이처럼 서구의 다큐멘터리는 실제 일어나는 사실들에 대해 일정한 관습에 따라 재구성된 현실을 작가의 시각에 의해 제작하지만, 북한에서는 기록영화를 '주체의 기록영화' 이론에 기초해 창작한다. 북한은 이 이론이 주체사상의 심원한 원리를 기록영화 분야에 구현한 독창적인 사상이며, 심지어 역사적 대학설이라고 주장한다.[42] '주체의 기록영화' 이론에서는 4대 창작원칙을 제시한다. '주체의 원칙', '당성·노동계급성과 역사주의의 원칙', '삼위일체의 원칙', '진실성의 원칙'이 그것들이다. 이 원칙들을 견지하는 것은 기록영화 창작가들의 행동준칙들 가운데 제일 중요한 자리를 차지하게 된다.

북한에서 기록영화는 당 주도의 전일적인 제작 체계에 따라 화면형상대본에 의해 제작된다. 이 대본들은 사상성을 검열하기 위한 목적으로 작성된다. 이는 지도체계와 창작총화제도를 강조하는 북한의 독특한 제작 양식이다. 북한의 기록영화 창작은 개인의 창발성보다 당의 요구에 따라 정치적 자각을 가지고 창작사업에 임할 것을 주문하고 있다.

김정일은 기록영화는 산 자료를 가지고 선전하는 당 선전사업의 힘 있는 무기의 하나로, 그 본질적 특성은 강한 정론적 호소성과 시사성에 있다고 했다.[43] 북한의 기록영화가 선전선동의 중요한 수단임을 시사해준다. 북한에서 기록영화는 예술형식보다 선전수단의 성격을 띠고 있으며, 제작목적도 당의 노선과 정책을 직접적으로 해설하는 '영상화된 당보의 사설' 제작에서 찾고 있다.

다큐멘터리는 실제 현상에 대해 사실적 이미지를 수용자에게 전달해 그들에게 새로운 정보를 제공한다. 반면 북한에서 기록영화는 단순한 선전영화라는 의미를 넘어서 역사적 문헌의 성격을 강하게 띠고 있으며, 주된 내용은 당과 수령의 혁명역사를 깊이 있게 기록하는 데 있다. 또한 기록영화 창작은 '주체의 기록영화'에서 규정한 정치적 가이드라인인 편성안에 종속되어 있고, 다양한 구성안에 입각해 제작되기 때문에 당국의 사전 검열과 통제를 받는다.

표 1-3 다큐멘터리와 북한 기록영화의 특성 비교

구분	다큐멘터리	북한 기록영화
용어	다큐멘터리 = Documentary = 기록영화	
제작형식	실재하는 현실을 기록	
주제	제한 없음	수령의 혁명 활동역사 및 인민의 영웅적인 투쟁
창작방식	거의 제한 없음	전형화 요구
제작방향	사실적 내용을 논리적으로 재구성해 인간의 이성에 호소	당의 정책적 요구와 성과를 제때에 소개하고 선전
제작내용	인간과 자연의 생활상을 기록	수령과 당의 혁명역사 및 사회적 현상과 현실
제작목적	제작의도를 감추며 이데올로기로 작동	당보의 사설과 같이 적극적으로 지배 이데올로기를 유포
제작주체	개인, 단체, 국가	단체, 국가
이론적 토대	기록영화론	'주체의 기록영화' 이론

그렇지만 다큐멘터리와 북한 기록영화는 모두 이데올로기를 유포하는 목적으로 제작된다는 공통점을 지니고 있다. 다큐멘터리와 북한 기록영화는 제작주체의 이해에 발맞춰 이데올로기를 전파하는데, 다큐멘터리가 그 의도를 표면 아래에 감추며 작가의 시각을 논리적으로 호소하는 반면에 북한의 기록영화는 당이 요구하는 정책적 요구와 성과를 직접 호소한다는 방식의 차이점을 보인다. 이처럼 다큐멘터리와 북한의 기록영화는 제작목적을 구현하는 재현방식에서 차이가 있다. 하지만 공통적으로 관객에게 새로운 정보와 세상을 보는 관점을 제공해 줌으로써 사회적 행동을 이끌어내는 계기로 작용한다는 점에서 본질적 특성은 유사하다. 따라서 북한 기록영화를 특수한 장르가 아닌 보편적인 시각에서 바라볼 필요가 있다.

03

기호학으로 푸는 다큐멘터리

기호학적 방법론의 의의

기호학semiology의 영역은 본래의 언어기호학 이외에 건축, 정치학, 군사학 등으로 다양하며, 최근에는 영화, 광고, TV 등 대중문화와 관련해 그 연구가 활발하게 이뤄지고 있다. 기호학은 상징체의 의미작용이 어떻게 이루어지는지, 상징체가 어떤 구조와 의미를 지니고 있는가를 분석하는 학문으로서 페르디낭 드 소쉬르Ferdinand de Saussure의 언어학으로부터 본격적으로 시작됐다.[44] 소쉬르는 기호를 기표signifier와 기의signified의 결합체로서 의미소통을 위한 고안물이라고 했다.[45] 소쉬르에게 기호는 자의성恣意性을 지닌 것으로서 기표는 직접 인지가 가능한 것이며, 기의는 기표가 발생시킨 부재absence한 정신적 재현을 뜻하는 것이다.[46]

반면에 찰스 퍼스Charles S. Peirce는 소쉬르와 전혀 다른 관점에서 기호 연구를 진행했다.[47] 퍼스에게 기호는 표상체representamen·대상체object·해석체interpretant라는 삼분적인 요소로 구성되어 있으며, 퍼스는 이 삼분법으로 기호작용을 하는 모든 실체의 존재 양상을 파악할 수 있다고 봤다.[48] 이런 소쉬르와 퍼스의 관점 차이에도 불구하고, 기호학은 인간의 이성적 사고와 결과물이 기호로 이뤄진다는 전제 조건하에 기호의 작동구조와 의미 등을 연구한다는 공통점을 지니고 있다.

기호학의 연구영역은 첫째 기호가 배합되고 구성되는 방식, 둘째 기호와 의미와의 관계, 셋째 인간이 기호를 어떻게 사용하는가에 대한 기호와 인간과의 관계로 요약할 수 있다.[49] 이런 기호학적 시각은 기호가 단순히 영화를 분석하는 도구가 아니라 영화의 본질적 특성을 이해하는 데 결정적인 역할을 하는 도구라는 시사점을 제공해준다. 영화에 대한 기호학적 연구는 구조주의에 기초한 크리스티앙 메스Christian Metz로부터 시작됐다. 메스는 영화의 서사구조 분석을 강조하면서 영화의 역사는 내러티브 형식의 발전과 더불어 발전했기 때문에 내러티브적 분절segmentation을 명시하고 분류하는 그랜드 신태그마 grand syntagmatigue를 분석함으로써 기호학적 분석을 할 수 있다고 봤다.[50] 그랜드 신태그마는 일종의 통합체적 접근을 의미하는 것으로서 메스의 영화기호학은 영화의 서사적 이야기 단위인 시퀀스 차원에서의 접근을 의미한다.[51]

초기 영화기호학은 형식을 중시하는 기호연구로 그 형식을 연결시켜 주는 의미작용에 대한 해석이 부족하다는 비판을 받았다. 이런 한계점을 극복하기 위해 자크 라캉Jacques Lacan은 구조주의 기호학에 지그문트 프로이트Sigmund Freud의 정신분석학을 접목시켜 기호학 영역을 확대했다. 정신분석학적 영화기호학은 영화와 관객 사이의 의미작용에서 관객을 핵심으로 보고 영화가 관객의 무의식적 욕망을 촉진시키는 과정에 주목한다.[52]

유리 로트먼Jurii M. Lotman은 "기호가 항상 무엇인가를 대신하고 있는 한, 모든 기호는 항상 그들이 대체하고 있는 대상에 대해 항시적인 관계를 맺고 있다"[53]고 주장했다. 이런 기호의 의미론적 맥락에서 다큐멘터리의 기호학적 분석은 영상텍스트 속에 존재하는 영상기호들이 통사적 구조를 갖고 의미구조 속에 어떻게 용해됐는가, 구체적으로 어떤 사회적 의미를 생성시키고, 어떤 의미화 과정을 통해 이데올로기를 유포시키는지를 파악하는 것이다.

영화에 대한 기호학적 분석은 도전적인 분야이다. 영화는 다양한 영상기호들로 이뤄진 '역동적인 영상화면의 복합체'이며, 이 공간에서 영상기호들이 자신들의 의미를 관철시키기 위해 서로 경쟁하고 투쟁하기 때문이다. 그러므로 영상기호는 하나의 이미지로 고정된 것이 아니라 시간의 흐름에 따라 의미를 생성하는 속성을 감안해 해석되어야 할 것이다.[54] 이런 방식의 영상기호 파악은 북한 당국이 대중에게 전달하고자 하는 함축된 의미를 파악하는 데 많은 도움이 된다. 예를 들어 북한 기록영화의 특이한 영상구성요소 중 하나인 조선화朝鮮畵[55]가 내포하는 의미를 구체적으로 해석할 수 있게 해준다. 북한 기록영화에서 조선화는 실사의 한계를 무한한 상상의 영역으로 확대 · 보완한 것으로 신화 및 이데올로기 분석에 유용한 단위가 된다. 따라서 북한 기록영화에서 조선화의 의미 분석의 예와 같이 기호학적 연구방법을 통해 기록영화에서 영상기호의 의미코드와 체계를 찾는다면, 북한 기록영화에 재현된 영상기호가 무엇을 의미하는지를 심층적으로 파악할 수 있을 것이다.

다큐멘터리의 서사구조와 영상기호

일반적으로 다큐멘터리는 서술이 아닌 주제를 중심으로 구성되는 경향이 있다. 다큐멘터리 제작자는 단순히 줄거리를 이야기하기보다 어떤 문제나 논점을 재현하는 데 주력한다. 따라서 자신의 논리를 관철하기 위해서 제작의도를 직접 드러내지 않고 자연스러운 샷의 연결을 시도한다. 이에 대해 메스는 영상텍스트의 이야기는 항상 명쾌하게 진행되기 때문에 서사구조는 기표가 어떤 기의를 내포하고 있는지 파악하는 데 유용한 기호학적 분석 대상이라고

주장했다.[56]

처음으로 영상텍스트에 대한 서사구조 분석의 중요성에 주목한 것은 블라디미르 프롭Vladimir Propp의 러시아 민담에 대한 연구였다고 할 수 있다. 프롭은 100편의 러시아 민담연구에서 정형화된 인물이 동일한 목적을 갖고 서사구조 속에서 기능function하고 있음을 밝혔다.[57] 그가 시도했던 통합체 분석은 텍스트에 대해 이야기체를 구성하는 사건들을 연속으로 보는 관점으로, 그의 기능 개념은 모든 텍스트들에 적용될 수 있다.[58] 이 분석 방법은 영화의 서사 전개과정과 중심 주제의 흐름, 그리고 영화 내용의 변화를 파악할 수 있게 해준다.[59]

한편 클로드 레비슈트라우스Claude Levi Strauss는 신화에 구조주의적 분석 방법을 적용해 신화의 의미 생성 규칙을 찾아내려 했다. 그는 신화를 통합체적 흐름 속에서 계열체적 유사성과 차이를 가진 이항대립적 구조로 파악했으며,[60] 이 구조를 이해하면 특정한 신화들의 '수행적 가치operational value'를 파악할 수 있다고 봤다.[61] 이와 같이 계열체 분석은 텍스트 내의 특정 맥락에서 사용된 기표가 어떤 '가치'를 갖는지를 파악하게 해주며, 텍스트에 존재하는 기표들과 부재하는 기표들을 비교해 그 선택의 의미를 알게 해준다.[62]

다큐멘터리에서 의미화 실천과정은 다양한 영상구성요소로 표현된다. 영상구성요소는 어떤 대상을 재현하기 위해 반드시 영상기호가 사용되며, 영상기호는 관객과의 상호작용에 의해서 의미가 생성되게 된다.[63] 마이클 래비거Michael Rabiger는 다큐멘터리를 구성하는 요소가 크게 영상과 음향으로 구분된다고 봤다.

영상요소로는 자료화면·인터뷰·재연·사진 등이 있다. 자료화면은 공식 기록물을 활용하는 것을 의미하고, 인터뷰는 대상자가 사전에 구성된 질문에 대답하는 것을 뜻한다. 재연은 과거 상황을 정확한 사실에 입각해 연출한 화면이다. 사진은 영상에 활력을 불어 넣기 위해서 카메라워킹을 통해 사진 자체를 재촬영해 사용한다. 그 밖에 문서·타이틀·애니메이션과 컴퓨터그래픽 등이 영상구성요소에 포함된다. 그리고 음향요소는 소리만 녹음한 것을 다른 화면 위에 사용하는 보이스 오버를 포함해 내레이션(해설), 그리고 동시 녹음된 현장음·효과음·배경음악·침묵 등이 있다.[64]

영상텍스트는 어떤 기호보다도 쉽게 이해할 수 있어서 문맹자조차 영상화면을 이해할 수 있으며, 실제 현실을 단순히 반영하기보다는 코드에 따라 재구성된다.[65] 존 피스크John Fiske에 의하면, 영상텍스트는 '현실', '표상', '이데올로기'의 3단계 과정을 거쳐 의미 분석을 할 수 있다고 한다. 첫 번째 수준의 '현실'은 외모·의상·행동 등의 사회적 코드social codes에 따라 나타나게 된다. 두 번째 수준의 '표상'은 카메라·편집·사운드 등의 기술적 코드technical codes로 '현실'이 부호화된다. 기술적 코드는 '표상'을 모양 짓는 서사·갈등·성격 등의 관습적인 표상적 코드representational codes에 의해 재현된다. 세 번째 수준의 '이데올로기'는 개인주의·가부장제·인종 등과 같은 이데올로기 코드ideological codes로 구성된다.[66] 이 세 가지 수준에는 영상기호가 내포하는 의미들이 복합적으로 내재되어 있기 때문에 각각의 수준에 맞게 분석해야 영상텍스트의 심층적인 의미를 밝혀낼 수 있다.

영상기호의 파악은 영화제작자가 관객에게 전달하고자 하는 함축된 의미를 파악하는 데 많은 도움을 준다. 또한 영상텍스트의 서사구조와 영상기호 분석은 재현적 특성뿐만 아니라 그 구조가 내포하고 있는 이데올로기적 의미도 파악할 수 있게 해준다.

다큐멘터리의 이데올로기

이데올로기는 마르크스주의의 중요한 주제 가운데 하나라고 할 수 있다. 카를 마르크스Karl Marx는 이데올로기를 경제적 토대와 사회계급적 조건에 의해 결정되는 일종의 '허위의식'으로 규정했다.[67] 또한 그는 이데올로기적 상부구조가 자율성을 갖고 있기는 하지만 궁극적으로 경제적 토대에 의해서 결정된다고 봤다. 혁명의 시기는 경제적 토대와 상부구조에서 낡은 것과 새로운 것 사이의 복잡한 투쟁이 벌어지게 되고, 그 결과 낡은 질서는 파괴되고 새로운 질서가 만들어지게 된다. 사회주의 경제관계는 사회주의적 상부구조를 만들어내는 것이다. 그렇지만 마르크스는 이데올로기 투쟁의 구체적 과정을 면밀하게 분석하지는 않았다. 그 결과, 마르크스주의자들 속에서는 마르크스의 주장이 극단적인 '경제결정론'으로 받아들여지기도 했다.

마르크스주의의 역사에서 이데올로기 영역을 보다 중시하게 된 것은 문화연구에서 비롯됐다. 죄르지 루카치György Lukács는 이데올로기를 서로 다른 계급간의 이해관계의 반영으로 봤으며, 부르주아 이데올로기가 중요한 문화형식들을 장악하고 있고 사회 모순을 은폐해 세계를 왜곡되게 그리고 있다고 봤다.[68] 그는 문화 비판을 통해 그 계급적 성격을 폭로하고, 프롤레타리아트Proletariat가 이데올로기적 허위의식을 극복하고 계급의식을 회복해야 한다고 강조했다.

이런 루카치의 시각을 계승한 프랑크푸르트학파는 미디어 효과에 대해 연구하면서 미디어가 대중에게 영향을 미치는 문화적 폐해에 주목한다. 프랑크푸르트학파는 마르크스주의 전통을 이어받아 대중매체를 통해 이데올로기적 허위의식이 재생산되면서, 자본주의 현실을 극복하지 못하는 대중의 정치적 무의식이 형성되는 과정을 분석했다. 이들은 미디어가 특정 이데올로기를 어떻게 유포시키는가에 초점을 맞추고 미디어의 생산과 통제에 관심을 집중했다.[69]

이데올로기 문제를 본격적으로 부각시키면서 문화연구와 연결시킨 학자는 루이 알튀세르Louis P. Althusser라고 할 수 있다. 알튀세르는 마르크스의 이데올로기 개념을 발전시키면서 '경제결정론'을 극복하고, 상부구조의 자율적이며 독자적인 역할을 강조하는 '중층결정'의 개념을 도입하여 이데올로기의 사회적 기능을 설명했다.[70] 그는 마르크스와는 달리 자본주의 사회가 정치적·경제적·이데올로기적 영역의 다양한 층위들이 유기적으로 연결되어 기능한다고 봤다. 이데올로기는 이데올로기적 국가기구(교육·종교·정치·미디어·문화 등)를 통해서 유포되는데, 이 과정은 이데올로기적 국가기구ideological state apparatuses가 개인을 구체적 '주체'로 '호명interpellation'하는 작용으로 묘사된다.[71] 즉 이데올로기는 개인을 행위의 '주체'로 만들고 실천을 하도록 작용한다는 것이다. 그 결과, 개인들은 스스로 복종이 아닌 주체적 참여를 한다고 생각하게 된다. 알튀세르의 '호명'은 인종·젠더·윤리뿐만 아니라 다양한 이론 형성에 큰 영향을 미쳤다.[72] 이데올로기적 국가기구 중 하나인 영화는 관객을 '호명'하고 그들을 하나의 '주체'로 구성한다. 이렇게 발생된 이데올로기는 '주체'를 생산하는 장치로 간주된다.[73] 따라서 영화의 영상기호들은 주체구성을 생성하는 데 사용되는 영화적 요소로 분석될 수 있다.

한편 안토니오 그람시Antonio Gramsci는 이데올로기의 실천적 성격을 파악하고 헤게모니 투쟁에서 이데올로기 역할의 중요성을 강조했다.[74] 그 이유는 피지배계급의 대항이데올로기 확보가 헤게모니 확보에서 대단히 중요하다는 것을 알았기 때문이다.[75] 그는 헤게모니의 획득 전략을 '진지전'의 개념으로 설명했다. 진지전은 사회의 복합적인 구조를 대상으로 지도력을 발휘하는 장기전의 형태로, 지배계급이 물리적 힘에 의하기보다는 대중의 동의와 동조를 수반하는 지적·도덕적 지배력을 행사하는 것이다.[76] 이처럼 그람시의 헤게모니 개념은 특정 계급이 자신의 세계관을 확산하고 대중화함으로써 지배계급이 피지배자들의 지지와 동의를 얻을 수 있는 광범위한 지도력을 의미한다. 그람시는 사회적·문화적 헤게모니 투쟁의 필요성을 강조하며, 이를 실천하기 위해서 이데올로기적 접합을 통해 대중의 상식과 문화에 영향을 주고 변화시킬 수

있는 기회를 찾아야 된다고 봤다.[77]

이데올로기는 당파성·집단성·은폐성·합리성·권력 종속 등의 속성을 내포하며, 한 사회의 전반에 거쳐 묵시적인 코드의 기능을 한다.[78] 특히 영화를 통해 유포된 이데올로기는 정치적·사회적으로 많은 영향을 주게 된다. 영화에서 표출되는 이데올로기적 코드는 한 사회의 보편적 가치체계를 반영하기 때문에 수용자는 영화 속 이데올로기 코드를 거부감 없이 받아들이게 된다.[79] 따라서 영상기호의 이데올로기 분석은 너무나 자연스럽게 보이는 코드를 해체해 이것이 고도로 이데올로기적임을 해독하는 과정이다.

04

북한 기록영화의 분석 프레임

분석 대상 선정

분석 대상을 선정하기 위해 『조선중앙년감』 외 일곱 종의 북한 문헌에 출현하는 북한 기록영화의 제목들을 조사했다.[80] 조사 결과, 1946년부터 2011년까지 제작된 북한 기록영화는 총 1741편이다. 이 중에서 시보와 특보, 번역본을 제외하면 기록영화는 1115편이 된다.

기록영화 1115편 중에서 분석 대상 기록영화를 선정하기 위해서 다음과 같은 분류과정을 거쳤다. 첫째로, 북한 문헌에서 세 번 이상 언급된 기록영화를 추출했다. 이 분류는 『조선중앙년감』을 분류의 기준점reference point으로 삼았다. 『조선중앙년감』은 1949년부터 매년 발행되고 있는 북한의 공식적이고 유일한 종합적인 국가연감이며, 국가가 직접 관장해 발행하는 국가기록물이다.[81] 이에 따라 본 분류에서는 『조선중앙년감』에 우선 기재되어 있고, 다른 문헌에도 두 번 이상 언급된 기록영화를 그 대상으로 했다. 이 기준에 따라 분류한 결과 '부록 1'과 같이 총 155편의 기록영화가 추출됐다.

둘째로, 1차로 추출된 155편의 기록영화 중에서 현재 통일부 북한자료센터에 소장되어 있는 기록영화를 다시 선별했다.[82] 또한 북한 기록영화사에 대해 창작 방법과 정치적 맥락, 그리고 장르적 특성을 중심으로 시기 구분을 했다. 이 시기 구분에 따르면, 제1시기는 '사회주의 건설기'로 1945년부터 1966년까지이다. 제2시기는 갑산파 숙청 이후 '유일체제 확립기'로 1967년부터 1979년까지이다. 제3시기는 김일성과 김정일의 '공동 집권기'로 김정일이 제6차 당대회를 통해 공식적으로 등장한 1980년부터 김일성이 사망한 1994년까지이다. 제4시기는 '김정일 집권기'로 1995년부터 김정일이 사망한 2011년까지이다. 이 기준에 의해 35편이 추출됐으며, 그 결과는 '부록 2'에 싣는다.[83]

셋째로, 위의 35편을 북한의 역사적 맥락을 고려해 북한 문헌에서 성과적 작품으로 내세우는 기록영화를 15년 정도의 시차時差를 두고 시기별 대표작 한 편씩을 선정했다. 분석 대상끼리의 시차를 둔 것은 북한 기록영화의 변화의 흐름을 추적하기 위함이다. 시기별 대표작을 분석하면서 나머지 30편도 보조적으로 검토했다. 이와 같은 기준에 의해 제1시기의 대표작으로는 〈38선〉(1948)을, 제2시기의 대표작으로는 〈수령님은 언제나 우리와 함께 계시네〉(1969)를, 제3시기의 대표작으로는 〈계승자들〉(1985)을, 제4시기의 대표작으로는 〈백승을 떨쳐온 무적의 열병대오〉(2002)를 선정했다.

분석 대상을 선정한 구체적인 이유를 살펴보자. 제1시기에는 〈38선〉과 〈인민군대〉가 있다. 그런데 북한의 초기 기록영화는 필름을 디지털 파일로 인코딩encoding한 것으로 원본상태가 양호하지 못하다. 특히 〈인민군대〉는 오디오 상태가 불량해 텍스트 분석을 하기에 어려움이 있었다. 따라서 제1시기의 기록영화로는 비교적 화질과 음질의 상태가 양호한 〈38선〉을 선정했다. 또한 〈인민군대〉의 화면은 제4시기의 분석 대상인 〈백승을 떨쳐온 무적의 열병대오〉가 상당 부분을 인용하고 있다.

제2시기 대표작으로 〈수령님은 언제나 우리와 함께 계시네〉를 선정한 이유는 역사적 변화가 있었던 직후의 텍스트를 검토하는 것이 영화적 특징과 사회적 함의를 도출하는 데 유용하다고 판단했기 때문이다. 이 기록영화는 북한의 대표적인 사전인 『문학예술사전』에서 기록영화의 본보기 중 하나로 언급된다.[84] 북한의 대표적 공간문헌인 조선중앙연감은 〈수령님은 언제나 우리와 함께 계시네〉를 1969년에 제작된 대표적인 기록영화 중 하나로 강조하기도 한다.

제3시기 대표작으로 선정한 〈계승자들〉은 김일성·김정일 공동 집권기에 제작된 기록영화이다. 이 시기 북한에서 중요한 문제 가운데 하나는 혁명의 계승문제를 해결해나가는 것이었다. 이 영화는 혁명가유자녀들이 당의 영도를 대를 이어 받들어갈 혁명의 핵심골간으로 성장하는 모습을 재현하며, 이것은 바로 김정일 후계체제 확립의 당위를 설명한다.

제4시기 대표작으로 선정한 〈백승을 떨쳐온 무적의 열병대오〉는 선군시대를 대표하는 기록영화이다. 이 영화에서 북한은 노농적위대열병식을 통해 전민이 무장한 군사강국의 면모와 선군시대의 위용을 과시한다.[85] 또한 이를 열렬히 환영하는 평양시민들의 모습을 보여줌으로써 내부 결속을 도모하고 있다. 분석할 기록영화를 정리해보면 〈표 1-4〉와 같다.

표 1-4 **분석 대상 기록영화**

시기 구분	제목	출처	제작 연도
제1시기 (1945~1966)	38선	년감/조선/사전	1948
제2시기 (1967~1979)	수령님은 언제나 우리와 함께 계시네	년감/조선/로동/사전	1969
제3시기 (1980~1994)	계승자들	년감/영화/로동	1985
제4시기 (1995~2011)	백승을 떨쳐온 무적의 열병대오	년감/문학/로동	2002

주: 출처 표기는 다음 약례를 참조할 것. 년감: 『조선중앙년감』, 조선: 『조선영화사』, 영화: 『조선영화년감』, 문학: 『조선문학예술년감』, 로동: ≪로동신문≫, 사전: 『문학예술사전』.

분석 프레임

분석 대상으로 선정된 각 시기를 대표하는 북한 기록영화에 대해 기호학적 연구방법론을 적용해 분석했다. 기호학적 분석차원은 첫째, 북한 기록영화의 서사구조를 분석해 이야기의 전개방식과 구성양식을 짚어봤다. 둘째, 북한 기록영화의 영상기호를 해독해 기록영화에서 영상기호가 어떻게 착상·배치되어 있고 그것들이 각각 무엇을 의미하는지를 살펴봤다. 셋째, 북한 기록영화의 영상기호 분석을 통해 드러나는 이데올로기의 의미를 추적했다.

서사구조 분석

서사구조를 파악하기 위해 이야기의 연결 구조를 밝히는 '통합체 분석'과 선택적 기호들의 집합을 의미하는 '계열체 분석'을 실시했다. 수많은 영상이미지의 결합체로 구성된 기록영화에 대한 통합체 차원의 분석은 이야기의 구성 단위인 시퀀스 차원에서의 접근을 의미하며,[86] 텍스트를 어떤 종류의 이야기체로 구성된 사건들의 연쇄라고 보는 관점이다.[87] 여기에서 통합체 분석은 프롭이 제시한 인물구조 모델을 활용했다. 이는 시퀀스 전개에 따라 핵심 사건을 중심으로 파악해 전체적인 서사적 흐름을 분석하는 것이다. 이 분석은 영화의 중심 주제의 흐름과 중심 전환점들의 변화를 파악할 수 있게 해준다.[88]

통합체syntagm가 순차적인 형식이라면, 내용은 계열적paradigmatic 차원이다. 영상분석의 경우 각각의 샷을 해석하기 위해서는 통합체 분석과 더불어 계열체 분석이 필요하다.[89] 계열체 분석은 레비스트로스의 '이항대립' 개념을 활용해 기록영화에서 대립 가치들이 무엇을 의미하는가를 알아보고자 했다. 계열체 분석을 통해 텍스트 속에 숨겨진 이항대립을 밝히는 동시에 의미생산 과정에서 대립 관계를 파악해 사회적 함의를 찾아낼 수 있을 것으로 기대한다.

영상기호 분석

영상기호는 영상구성요소의 착상과 배치에 따라 그 의미가 달라지며, 영상기호 분석은 영상구성요소의 의미와 영상기법을 천착하는 과정이다. 래비거는 다큐멘터리의 영상구성요소를 크게 영상과 음향으로 구분한 후 재현의 의미를 분석했다.[90] 이런 분석을 통해 영상기호가 텍스트 속에서 작동하는 지시적 의미를 해석할 수 있다. 이 책에서는 래비거의 분류에 근거해 기록영화의 형식적 요소를 크게 영상과 음향으로 구분했으며, 〈표 1-5〉와 같이 조작적 정의를 하고 영상기호를 분석했다. 이와 함께 북한 기록영화의 특이한 영상구성요소 중 하나인 조선화에 대해서는 롤랑 바르트Roland Barthes의 사진 분석을 시도했다.

표 1-5 **북한 기록영화의 영상구성요소**

구분		조작적 정의
영상	기록영상	김일성 현지지도, 대민접촉, 역사 기록필름 등의 화면
	현장화면	사실을 부연하기 위해 현장 스케치 등을 촬영한 화면
	구성화면	조선화, 사진, 재연 등 재현의 강화를 위해 사용된 화면
	기타	타이틀과 같이 어떤 영역에도 포함되지 않는 화면
음향	내레이션(NA)	상황 설명, 부연 설명, 주장 등의 해설
	배경음악(MU)	편집 시 삽입된 음악
	보이스오버(V/O)	내레이션과 배경음악을 제외한 모든 사운드

자료: 마이클 래비거(1997: 64~65)를 참조해 재구성.

북한 기록영화의 심층적인 의미를 파악하기 위해서는 피스크의 영상텍스트 코드 분석 방법을 적용해 표상요소를 분석함으로써 영상기호의 의미작용을 밝히고자 했다. 이 책에서는 표상요소를 카메라기법, 편집기법, 사운드기법으로 구분해 분석했다.

카메라기법에 의한 의미부여는 명확하게 한정되어 있다. 여기에는 프레이밍framing과 카메라워킹camera working, 그리고 렌즈의 움직임과 선택 등에 대한 관례화된 코드들이 있다.[91] 이런 기술적 코드들은 사회적 코드로부터 나온다. 즉 수용자는 영상물을 시청하면서 샷이나 카메라 작동 등과 관련된 일종의 영상문법의 의미를 이해하고 학습하는데, 이것들은 영상물 해석에 도움을 주는 기표들이다.[92] 필자가 사용하고자 하는 카메라기법의 기술적 코드들에 대한 의미는 〈표 1-6〉과 같다.

표 1-6 **카메라기법의 기술적 코드에 대한 의미**

구분	기표	표기법	조작적 정의	기의(의미)
앵글	하이앵글	HA	높은 곳에서 피사체를 촬영	장엄함, 상황설정
	로우앵글	LA	낮은 곳에서 피사체를 촬영	우월감, 역동성
	아이앵글	EA	눈높이로 피사체를 촬영	사실을 전달
샷	풀샷	FS	전신이 꽉 차게 보이는 샷	사회관례, 활동범위
	롱샷	LS	배경에 사람이 묻혀 보이는 샷	맥락, 상황설정
	미디엄샷	MS	상반신만 나오는 샷	대인관계, 편안함
	클로즈업샷	CU	근접해서 촬영한 샷	친근감, 강조
	인서트샷	INS	사물을 꽉 차게 촬영한 샷	감정이입, 장면전환
카메라 워킹	패닝	PAN-L PAN-R	오른쪽에서 왼쪽 또는 반대 방향으로 찍는 촬영기법	시점의 변화, 설명
	틸팅	TIL-U	아래위를 훑어보는 촬영기법	힘의 강조
		TIL-D		힘의 약화
	줌	ZI, ZO	피사체를 밀어내는, 끌어당기는 촬영기법	주장, 마무리
	트래킹	TRK	이동하면서 피사체를 따라가는 촬영기법	역동성
	픽스	FIX	카메라를 삼각대에 고정해 찍는 촬영기법	사실을 전달, 안정감

자료: 아더 아사버거(2000: 39~40)를 참조해 재구성.

편집기법은 촬영된 영상기호들이 샷들의 결합에 의해 기록영화를 구성하는 기본적인 기표들로 재결합되는 방식을 말한다. 북한에서 기록영화 편집은 연출가의 고유한 창작적 사유 활동이며, 연출가에게는 새로운 편집 형식과 수법을 찾아내는 창조활동을 탐구·발전시킬 것이 요구된다.[93] 『광명백과사전』에서는 편집의 형식을 생활묘사, 인물의 내면세계, 극의 전개방식, 화면 전환 등으로 구분한다. 이 책에서는 북한의 편집기법에 대한 조작적 정의를 통해 편집기법을 분석했다. 편집기법의 기술적 코드들에 대한 의미는 〈표 1-7〉과 같다.

북한 기록영화의 신화분석을 위해서는 '바르트의 모형'을 적용했다. '바르트의 모형'에서는 의미작용에 두 수준의 질서가 있는데, 1차 질서는 기호가 현실을 대표해 기호의 사전적 해석만 허용하고 2차 질서는 다시 그것이 갖고 있는

표 1-7 **편집기법의 기술적 코드에 대한 의미**

구분	기표	조작적 정의	기의(의미)
생활묘사	집중편집	원경에서부터 세부적으로 시점 이동	주의 환기, 상황설정
	확대편집	세부에서부터 점차적으로 확대 편집	구체적 묘사, 긴장감
	함축편집	필수화면만 남기고 화면 생략	시공간적 변화, 비약 조성
	대조편집	두 사물현상 사이의 대조편집	갈등 조성, 특징 강조
인물의 내면세계	회상편집	과거의 사건을 회상	사건의 관계와 성격 규명
	환상편집	사건의 환상세계를 제시	이상과 희망
	상징편집	사건과 유사한 대상을 편집	시각적 강조, 감정이입
	연상편집	다른 대상으로 우회적 표현	이성적 사고
극의 전개방식	병행편집	동일 시간, 다른 장소의 사건 제시	입체성과 집약화, 긴장감
	교차편집	동일 사건을 다른 관점으로 반복	감정 고조
	반복편집	동일 사건을 재차 편집	내용 강조, 감정 심화
	내부편집	동일 사건을 샷 변화로 연속 편집	진실성 강조
화면전환	화면전환	페이드인(fade in), 페이드아웃(fade out), 디졸브(dissolve), 스틸(still)	단락 매듭, 감정 기복

자료: 광명백과사전 6권(2008: 243~244)을 참조해 재구성.

속뜻인 함축connotation과 신화myth의 질서를 형성한다.[94] 이런 분석을 통해 북한 기록영화에서 신화가 어떻게 만들어지는지, 나아가 그것이 어떤 의미를 내포하고 있는지 파악할 수 있다. 이 책에서는 '바르트의 모형'을 참조해 피스크의 영상텍스트 코드 분석 방법을 재구성했다.

표상요소 분석의 분석틀은 〈그림 1-1〉과 같다.

그림 1-1 **표상요소 분석틀**

자료: John Fiske(1987: 5); 김경용(2012: 166)을 참조해 재구성.

이데올로기 분석

피스크는 현실을 재현한 기술적 코드가 사회적 통념에 맞게 조직되는 과정에서 이데올로기적 의미가 발생하고, 이것을 분석하는 것이 이데올로기적 코드 분석이라고 주장했다.[95] 이데올로기 분석은 피스크의 영상텍스트 코드 분석 세 번째 수준으로 했다. 즉 2단계 수준의 표상요소 분석을 통해 드러나는 영상기호는 이데올로기적 코드에 의해 사회적 통념이나 상식에 맞게 조직된

그림 1-2 **이데올로기 분석틀**

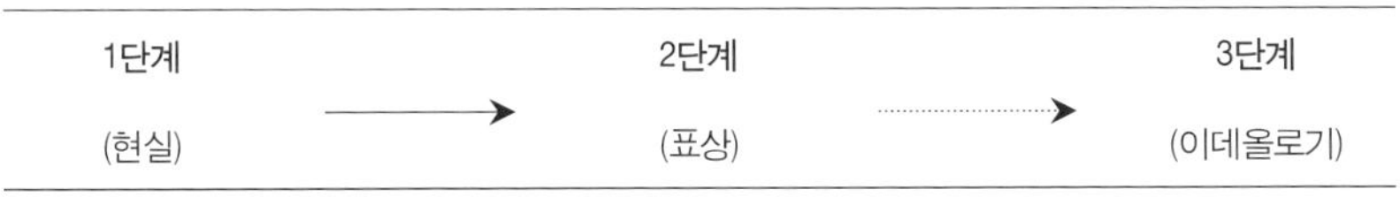

자료: John Fiske(1987: 5)를 참조해 재구성.

다. 이런 분석을 통해 북한 기록영화에서 이데올로기가 어떻게 만들어지고, 나아가 그것이 내포하고 있는 의미를 파악한다. 이데올로기 분석틀은 〈그림 1-2〉와 같다.

분석틀

영상텍스트는 언어재현과 영상재현으로 구성된 복합물이다. 따라서 한 가지 기호학적 분석 방법으로 영상텍스트를 해체·분석하는 것은 많은 한계를 지니고 있기 때문에 영상텍스트의 기호학적 분석은 언어(서사)와 영상(기호)으로 분리한 후에 다시 통합적으로 적용해야 한다.[96] 이 책에서는 선행연구의 연구방법을 응용해 북한 기록영화의 특성에 맞게 분석틀을 〈그림 1-3〉과 같이 재구성했다.

그림 1-3 **북한 기록영화의 분석틀**

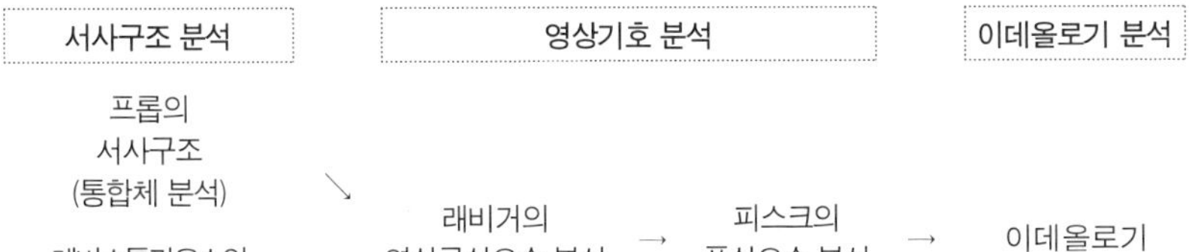

이와 같이 기호학적 방법론으로 서사구조 분석을 기초로 영상기호를 영상 구성요소와 표상요소로 구분하여 분석했고, 영상기호 분석으로 자연스럽게 드러나는 이데올로기의 의미를 분석했다. 이러한 북한 기록영화에 대한 복합적인 분석은 기록영화의 코드를 분석하고 해독하게 해준다.

2장

시기별 대표작 분석하기

〈38선〉은 북조선에 이룩된 인민민주주의와 남조선을 지배하고 있는 자본주의를 대비하면서 북조선의 우월성을 보여준다. 북조선의 인민 정권만이 한반도를 부강한 민주주의 자주 독립 국가로 발전시킬 수 있다는 것이다. 또한 38선 부근에서 일어난 평화적인 주민들에 대한 이승만 정권의 만행을 보여줌으로써 미제와 이승만 주구세력들의 반인민적인 약탈 정책을 폭로한다.

01

사회주의 건설기

〈38선〉(1948)

서사구조 분석

기록영화는 서사물이라는 특성을 지니고 있다는 점에서 서사구조 분석은 필수적이다. 여기에서는 통합체 분석에 프롭의 서사구조 분석 방법을 적용해 사건의 중심 전환점을 중심으로 시퀀스를 파악했다. 이는 전체적인 서사적 흐름을 살펴보기 위함이었다. 그리고 서사구조를 보다 구체적으로 분석하기 위해 시퀀스별로 구분해 서사의 양식적 특성을 분석했다. 이에 더하여 영화 속에서 핵심 사건이 발생한 콘텍스트를 고려함으로써 텍스트가 생산된 지점을 파악했다.

통합체: 관습적인 서사 구성

사회주의 건설기인 제1시기의 대표적인 기록영화 〈38선〉은 1948년에 국립영화촬영소[1]에서 흑백으로 제작됐다. 통일부 북한자료센터가 미국 국립문

서보관소로부터 입수한 것으로 분량은 다섯 권이다.[2] 이 기록영화는 도입 부분의 자막이 영문 '38th PARALLEL'으로 표출되고 있다. 이는 미국이 35mm 릴 테이프reel tape로 된 북한 영상자료에 대해 영구 보존처리 작업을 진행하면서 임의로 삽입한 것으로 추측된다.

이 시기 북한의 영화 일꾼들에게는 "사회주의적 사실주의 창작방법에 엄격히 립각하여 자연주의, 형식주의 등 온갖 형태로 표현되는 부르죠아 미학 사상의 침습을 반대하고 우수한 작품의 창조를 위해서 더욱 현실 속으로 들어갈 것과 영화 예술의 사상 예술적 수준을 제고"[3]할 것이 요구됐다. 또한 김일성은 "지금 조선에서의 싸움은 무장투쟁이 아니라 정치투쟁이며 선전전, 문화전"이고, 문화예술인들은 인민들이 이해하기 쉬운 작품을 창작하여 대중 심리전을 펼칠 것을 요구했다.[4]

이런 시기에 제작된 〈38선〉은 북조선에 이룩된 인민민주주의와 남조선을 지배하고 있는 자본주의를 대비하면서 북조선의 우월성을 보여준다. 북조선의 인민 정권만이 한반도를 부강한 민주주의 자주 독립 국가로 발전시킬 수 있다는 것이다. 또한 38선 부근에서 일어난 평화적인 주민들에 대한 이승만 정권의 만행을 보여줌으로써 미제와 이승만 주구세력들의 반인민적인 약탈 정책을 폭로한다.

이 기록영화는 크게 네 가지 내용을 담고 있다. 첫째, 일제의 식민 통치 밑에서 조선 인민이 겪은 수난의 역사를 재현한다. 둘째, 조선 인민의 조국해방에 대한 감격을 표출한다. 셋째, 암흑의 땅으로 변한 남조선의 실정을 묘사한다. 넷째, 공화국 북반부에 수립된 인민민주주의제도와 인민들의 행복한 새 생활을 보여준다.

〈38선〉은 당시의 창작기법이었던 사회주의적 사실주의의 영향을 받아 인간을 사회적 관계의 총체로 그리고 있다. 남조선의 비참한 현실을 인민에게 사실적으로 전달해 이 불합리한 세상을 인민의 힘으로 변혁하자고 강조한다.

프롭의 통합체 분석으로 사건의 중심 전환점별로 시퀀스를 분석한 결과, 〈38선〉은 총 여덟 개의 시퀀스로 기승전결의 구조를 형성하고 있다. '기'에 해당하는 시퀀스 1에서는 일제의 잔인한 만행과 식민지 민족의 뼈저린 설움을 절대 잊지 말자고 역설한다. '승'에 해당하는 시퀀스 2~4에서는 반세기의 긴 암흑을 정의로운 소련 군대가 열어줬으며, 이와는 반대로 남조선 주민들은 미군정 아래 착취당하고 처참한 현실에서 살고 있음을 재현한다. '전' 시퀀스에 해당하는 시퀀스 5~7에서는 북조선은 소련 군대가 진주한 평화로운 상황에서 인민 정권을 세웠으며, 인민들을 위한 각종 시책들을 베풀어 활기찬 생활을 영위하고 있다고 소개한다. 마지막 '결'에서는 미제 침략자들에 의해 인공적으로 생겨난 38선의 장벽을 허물어버리고 하나의 강토, 하나의 민족, 하나의 조국으로 통일되어야 한다고 호소한다. 〈38선〉의 시퀀스 분석 결과를 요약하면 〈그림 2-1〉과 같다.

그림 2-1 〈38선〉의 시퀀스 분석

구분	시퀀스	주요 내용
기	1	일제 식민지 통치 밑에서 조선 인민이 겪은 수난의 역사
		⇩
승	2	정의로운 소련 군대가 열어준 새 조국
	3	미군정 아래에서 착취를 당하는 남조선 인민들
	4	처참한 남조선의 현실
		⇩
전	5	민족의 영명한 지도자 김일성 장군
	6	살기 좋은 농촌과 활기찬 산업현장
	7	인민 정권의 시책 소개
		⇩
결	8	미제를 몰아내고 이승만 무리를 심판하자

다음은 시퀀스 순서별로 핵심 사건을 중심으로 텍스트의 서사 구성방식과 텍스트가 생산된 콘텍스트의 지점에 대해 살펴보자. '기'에서는 매우 강한 어조로 일제의 만행을 폭로하면서 문제를 제기한다.

남녀노소 가림 없이 민족의 **살을 비어먹고 피를 마시는** 아귀떼들은 갖은 잔악한 짓을 거침없이 했습니다.

놈들은 착취의 마수는 철없는 이 땅의 **어린이들 살을 찢고** …… 이 땅의 씩씩한 젊은이들의 밤을 이어 학대와 주림은 끊일 줄을 몰랐습니다.

듣기에도 잔인한 무서운 매질과 고문으로 …… 애국자들의 주검으로 **삼천리 강산은 피로 물들었습니다**.

이와 같은 서사구조는 도입부에서 자극적인 언사를 통해 가해자(일제)의 일방적인 폭력에 의해 수탈당한 피해자(조선 인민)의 모습을 반복 제시함으로써, 이후 전개에 대한 긴장감을 불러일으킨다. 이런 구성은 증거를 확실히 조사해보지 않고서 그 사상을 배제하게 만드는 전형적인 '매도하기name-calling' 기법을 사용하고 있다. '매도하기'는 어떤 관념idea에 나쁜 꼬리표를 붙여서 어떤 관념을 일방적으로 비난하게 만들어 인간의 분노를 이끌어내는 데 사용된다.[5] 이후 관객은 사건 전개에 일방적인 선입견을 갖게 된다.

'승'에서는 북조선과 남조선의 현실을 대비시키며 상황을 더욱 심각하게 만든다.

평화의 사도 쏘련군대는 우리의 애국혁명가들을 석방하여 주어 조국인민들은 애국투사들을 반가이 맞게 되었습니다.

미제국주의의 식민지 그물을 치고 그들의 앞잡이 이승만의 무리 …… 남조선 **동포들의 고혈을 착취**하기 시작하였습니다.

일년 열두달 피땀으로 이루어진 곡식을 **왜놈이상으로 강탈**하여 가며 심지어 전곡과 당장 먹어야 할 양식까지 약탈해 가는 것입니다.

이상의 언술에서 보듯이 평화의 사도 소련 군대가 애국혁명가를 석방하는 선행을 했지만, 미제는 남조선의 식민통치를 위해 이승만을 대리 정권으로 내세워 악행을 일삼고 있다고 강조한다. 이를 통해 관객에게 남조선 정권의 정통성에 부정적 인식을 부여해 편향적 이데올로기로 고착시킨다. 그리고 남조선 정권은 '기'에서 제시한 일제보다 더한 폭압 정권이라는 의미구축 과정을 통해 그들을 피에 굶주린 집단으로 그림으로써 상황을 심화시킨다.

'전'에서는 이런 복잡한 시대상을 해결할 구세주로 김일성이 등장한다. 그리고 북조선은 인민을 위한 다양한 시책으로 민주개혁이 이뤄지고 있다고 소개한다. 이런 서사의 맥락에는 '민주기지론'이 자리 잡고 있다. '민주기지론'은 '북조선 선先개혁, 남조선 후後통일 노선'으로 이해된다.[6] 즉 북조선의 인민 정권이 민주개혁을 추진해 북조선을 혁명근거지로 만들고 단숨에 남조선을 해방해야 한다는 것이다.

민주태양의 따사로운 광채 느리우는 북조선은 **우리 민족의 영명한 지도자 김일성장군**의 이 시대의 정당을 높이 받들어…….

해방 이후 없는 물재, 불충분한 자재, 부족한 기술을 가지고도 김장군의 호소하신 그대로 온갖 기능과 창의를 발휘하여 교통발전의 활로를 열었습니다.

> 인민정권의 이런 시책은 …… **오직 주권이 인민의 손**에 있으며 온갖 **민주개혁이 실시**되었기 때문입니다.

'결'에서는 문제에 대한 해결방안을 제시하며 인민이 자신감을 갖고 실행에 옮길 것을 호소한다.

> 찬란한 북조선의 모든 민주건설은 분동적인 38선을 걷히고 우리조국이 민주주의 인민공화국으로 통일할 수 있는 **도처의 금자탑**을 쌓아올린 …… 인민경제 계획을……조선의 민족적 자존심을 가지고 건설의 포장을 과감히 전개해온 결과입니다.

> 오늘 삼천만 인민의 거센 숨결에 삼천만 인민의 뛰는 맥박에 …… 민주의 새 역사 이룰 것을 자신 있게 기약하고 **힘차게 전진**합시다. 조선민주주의인민공화국 만세. 우리 민족의 위대한 영도자 김일성장군 만세.

문제의 해결방안으로 북조선은 사회주의 계획경제의 성과로 도처에 금자탑을 세웠기 때문에 이런 자신감을 갖고 38선을 걷어내자고 역설한다. 북한은 1946년부터 증산경쟁운동을 개시해 이 기록영화가 제작된 1948년경에는 거의 모든 중요 기업소로 확대됐다. 이 운동의 특징은 '기간단축운동'의 형태로 진행되어 단기적으로 큰 성과를 거두었다.[7] '결'에서는 민주건설과 통일의 주체로 인민들을 호명하고, 민족적 영웅인 김일성을 중심으로 새 시대를 열 수 있다는 미래지향적인 이데올로기를 생성시킨다.

〈38선〉의 서사구조 방식은 문제해결의 관습적인 구성양식을 취하고 있다. '기'에서는 주제의식을 먼저 표출한 후에 이에 대한 논증자료를 지속적으로 제시하고 '결'에서는 관객의 동의를 구하는 구조를 띤다. 즉 어떤 쟁점에 대해 문제를 제기한 후에 현재의 복잡성을 검토하고, 이에 대한 해결방안이나 대안을 제시해 관객들이 그것을 받아들이도록 한다.

계열체: 새 대립항의 설정

서사구조는 표면구조surface structure와 심층구조deep structure를 함께 파악해야 한다. 이 중 표면구조는 통시적diachronic인 통합체적 분석의 대상이며, 심층구조는 공시적synchronic인 계열체적 분석의 대상이 된다.[8] 레비스트로스는 심층 서사구조를 '이항대립' 개념으로 설명한다. 즉 서사구조의 심층구조는 '이항대립'의 분석으로 이해할 수 있고, 신화가 형성된 문화적 맥락을 이해하게 해준다.[9] 따라서 영상텍스트의 계열체 분석은 텍스트 속에 감추어진 이항대립을 발견하는 것이다. 여기에서는 레비스트로스의 이항대립 개념을 활용해 텍스트에 제시된 사건의 특성을 파악했다.

계열체 분석을 통해 이항대립 구도를 살펴본 결과, 〈38선〉은 해방 직후 북한의 눈부신 발전 모습과 암흑의 땅으로 변한 남한의 현실을 대비적으로 보여주고 있다. 구체적으로 살펴보면, 약소민족을 해방시켜준 소련에 대해서는 고마움을 표하면서, 일본 제국주의에 대해선 정의의 군대인 소련 군대와의 대비를 통해 동방의 파쇼fascio일 뿐이라고 폄하한다. 둘째, 모스크바 3상회의에 대한 찬탁은 통일국가로 가는 유일하고 올바른 길이기 때문에 애국행위로, 반탁은 반동행위로 규정한다. 또한 김일성에 의해 수립된 조선민주주의인민공화국은 인민의 손에 의해 수립된 정통성을 가진 인민 정권임을 강조한다. 셋째, 북조선은 민주개혁을 실시해 나날이 인민의 삶이 향상되고 있는 반면에 남조선은 비참한 삶을 연명해가고 있는 점을 부각시킨다.

또한 〈38선〉에서는 대립항 내에서도 이항대립의 요소가 포착된다. 일제(타도된 적)와 미제(타도할 적)의 대립이 그것인데, 미제국주의를 새롭게 타도해야 할 대립항으로 재설정한 것이다. 이를 통해 새로운 적에 맞서 단결을 촉구하

표 2-1 〈38선〉의 이항대립 구조 분석

이항대립	내용
소련 군대 / 일제	평화의 사도 / 타도된 적
찬탁 / 반탁	애국 행위 / 반동 행위
김일성 정권 / 이승만 정권	인민 정권 / 미제 앞잡이
북조선 현실 / 남조선 현실	사회주의 우월성 / 암담한 삶
조선민주주의인민공화국 / 미제	혁명 주체 / 타도대상

고, 지배 이데올로기를 지속적으로 재생산한다. 〈38선〉에 나타난 이항대립 구조와 내용을 정리하면 〈표 2-1〉과 같다.

이와 같이 〈38선〉은 북조선과 남조선의 현실을 대비시켜 '우리(인민 정권) 대 그들(반동정권)'의 구조를 띤 채 명징하게 적敵과 아我를 구분하고 있다. 확연한 이항대립을 통해서 이승만 정권을 미제의 꼭두각시로 규정하고, 인민의 손으로 이들을 심판해 민주주의의 새 역사를 쓰자고 강조하고 있다.

영상기호 분석

영상기호 분석은 서사구조 분석을 토대로 의미실천의 기능을 수행하는 영상기호가 어떻게 구성되어 있고, 어떤 의미를 생성하고 있는지 분석해 북한 기록영화의 함축된 의미를 파악하고자 했다. 이를 위해 북한 기록영화의 영상 구성요소 분석을 통해 영상기호의 지시적 의미를 파악하고, 영상기호의 심층적 분석을 위해서는 기록영화를 시퀀스별로 분리해 내포의미와 작동구조를 살펴보았다.

영상구성요소: 선진 영상기법의 도입

래비거의 영상구성요소 분류법을 통해 분석한 결과, 〈38선〉은 현장화면이 51.4%로 가장 높은 비중을 차지했으며, 구성화면 24.8%, 기록영상 23.7% 순으로 나타났다. 현장화면의 비중이 상대적으로 높은 것은 정권 초기에 제작되어 누적된 기록영상이 부족했고, 기획의도에 맞게 현장화면을 촬영했기 때문인 것으로 추측된다. 이 기록영화의 특이한 점은 구성화면 중에서 재연reenactment의 비중이 19.5%를 차지한다는 점이다. 재연은 최근 북한 기록영화에서는 좀처럼 사례를 찾아보기 어려운 구성요소다.

CTL[10]을 기준으로 〈38선〉의 전체 영상구성요소 비율을 분석한 결과는 〈표 2-2〉와 같다.

표 2-2 〈38선〉의 영상구성요소 비율

구성요소	기록영상	현장화면			구성화면				기타	합계
세부분류		상황설정	현장촬영	삽입	재연	사진	자막, CG	합성	타이틀	
시간(분:초)	09:03	03:09	14:06	02:28	07:28	00:12	00:15	01:32	00:03	38:12
비율(%)	23.7	8.1	36.8	6.5	19.5	0.5	0.7	4.1	0.1	100

기록영상

기록영상은 역사적 기원을 지닌 특별한 흔적이기 때문에, 기록영상 내에 수록된 영상기호는 '지표적' 기호로서의 기능이 강하다.[11] 북한 기록영화에서 기록영상은 과거에 촬영된 영화문헌·자료영상·시보·행사자료 등의 영상화면을 말한다. 〈38선〉에서는 기록영상의 구성요소 비율이 23.7%를 차지한다. 주로 사용된 화면은 일제의 만행을 담은 화면과 전쟁화면, 역사자료 등이다. 기록영상은 대부분 변형을 주지 않고 사용한 것으로 보아 이 영상은 역사적 사실

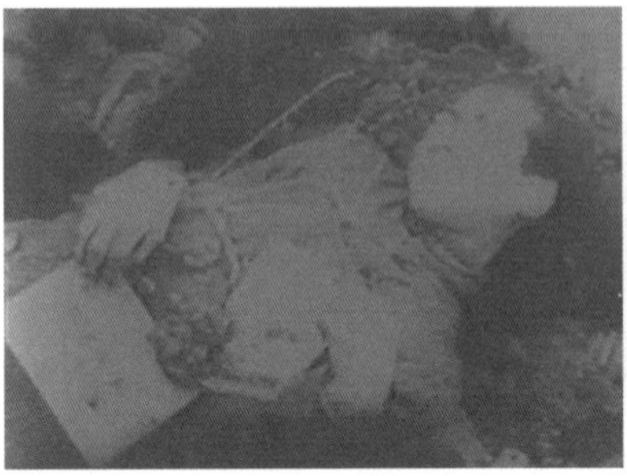
화면 2-1

화면 2-2

화면 2-3

화면 2-4

전달에 충실했음을 알 수 있다.

텍스트에서 표출된 기록영상을 구체적으로 살펴보자. '기'에서는 〈화면 2-1〉과 같이 산 사람을 생매장하거나 총살 처형, 강제 수탈 등의 기록영상을 여과 없이 제시한다. 이런 섬뜩한 이미지 배열은 현재 재현되고 있는 영상이 틀림없는 역사적 진실이라고 믿게 하는 한편 관객에게 '거울효과'를 일으켜 반영된 역사가 나에게도 일어날 수 있었다는 환상을 불러온다. 이는 곧 자연스럽게 개인의 문제를 넘어 치욕스러운 과거에 대한 민족적 분노로 이어지게 된다. 결국 도입부의 이런 리얼리즘의 구사는 관객에게 앞으로 재현되는 영상의 사실성에 대한 의심을 풀게 하고 현실 인식의 새로운 틀을 제시한다.

'승'에서는 태극기를 들고서 해방의 기쁨을 재현한 군중장면과 남한의 이승만 정권 아래 피폐한 국민들의 모습을 대비시키고(〈화면 2-2〉), 대규모 군중이 북조선에 진주하는 소련군을 열렬히 환영하는 장면과 미군정의 방탕한 생활상을 대비시킨다(〈화면 2-3〉). 또한 모스크바 3상회의를 삼천만 모든 조선 민족이 절대적으로 지지했지만, 미제의 앞잡이에 불과한 이승만 무리가 이를 파탄시켰다고 주장한다. 이를 위해 당시의 국내외 정세가 반영된 기록화면을 제시하고 이를 논증한다(〈화면 2-4〉). 이는 홀이 주장한 바와 같이 찬탁과 반탁의 옳고 그름을 떠나서 헤게모니를 획득한 지배계급이 생산자의 주장을 정당화하는 '상황 정의'를 재생산한다고 볼 수 있다.

〈화면 2-5〉는 이승만 정권이 찬탁에 찬동하는 남조선 인민을 탄압하기 위해 반동경찰과 테러단을 총동원하여 서울 거리가 마치 계엄령이 선포된 듯 삼엄한 분위기였음을 논증하는 기록영상이다. 알튀세르의 지적처럼 억압적 국가기구인 경찰과 어용 폭력조직을 앞세워 민중의 삶이 억압되고 권리가 박탈되는 모습을 영상재현으로 예시함으로써, '평화(북조선) 대 폭력(남조선)'이라는 대립관계를 부각시키고 있다. '승'의 시퀀스 2에서는 김일성의 육성연설 장면이 등장한다(〈화면 2-6〉). 연설 내용은 오디오 상태가 불량해 구체적으로 파악하기 어렵지만,[12] 영상에 비친 김일성은 젊고 자신감 넘치는 지도자의 모습으로 그려진다. 이 기록영화에서는 젊은 김일성이 좌우로 몸을 움직이며 연설하는 모습을 보이고 있는데, 움직이는 방향과 각도를 고려할 때 북한의 현재 최고지도자 김정은이 연설할 때 보여주는 모습과 매우 유사하다.

화면 2-5

화면 2-6

다큐멘터리는 그 자체만의 구체적인 기억의 극장memory theater에 대한 시각적 재현이다. 관객은 화자가 순차적으로 제시하는 주장을 상기해가면서 익숙한 공간 내에 다른 이미지가 제시될 때 다른 이야기 구성요소들을 상상적으로 위치시키게 된다.[13] 김정은의 이른바 '김일성 따라하기'는 혁명전통의 계승을 부각시키려는 전략적인 의도가 담긴 것이다.

현장화면

현장화면은 주제의 강화를 위해 현재의 모습을 필요에 따라 촬영한 화면으로, 관객에게 현실 세계를 제시함으로써 보이는 화면을 믿게 만드는 역할을 한다. 관객은 현장화면이 제작되는 과정을 볼 수 없기 때문에 현장화면을 자명한 사실로 받아들이게 되고, 그 화면을 사건 그 자체로 이해하게 된다. 결국 현장화면은 의미를 '당연시naturalizing'하게 하는 장치이다.[14]

〈38선〉의 현장화면 비율은 51.4%로 전체 영상구성요소 중 가장 큰 비율을 차지하고 있으며, 현장화면은 다시 상황설정 8.1%, 현장촬영 36.8%, 삽입화면 6.5%로 구성되어 있다. 상황설정은 주로 건물의 전경, 군중 씬mob scene, 배경 풀샷 등으로 보여주고 있다. 특히 흥남비료공장 전경은 항공촬영을 해 북한이 사회주의 공업강국으로 도약하고 있음을 암시함으로써, 사회 전체의

화면 2-7

화면 2-8

역동성을 표출하고 있다(〈화면 2-7〉). 기록영화 촬영 시에 국가의 전폭적인 지원이 있었음을 알 수 있다. 또한 〈화면 2-8〉은 한가로이 풀을 뜯는 양들과 방목된 젖소들의 모습을 통해서 목가적인 분위기를 연출하고 있다. 이러한 사회주의적 목가주의에 대한 경향은 북한의 최초의 예술영화 〈내고향〉(1948)에서도 나타난다.[15]

이 시기 작가들은 현실을 생생하게 묘사하는 것을 넘어서 해방 후 대중의 열정도 작품에 담아야 했는데, 이 지점에서 사실주의가 낭만성과 결합했다.[16] 이때는 북한이 카프KAPF의 미학적 전통과 당시의 창작방침인 사회주의적 사실주의와의 공존을 모색했던 점을 시사해준다.[17] 사회주의 농촌 전원의 아름다움을 관조하고 예찬한 이런 화면은 관객에게 쉼의 공간을 부여하고, 관객으로 하여금 현재 살고 있는 이곳이 지상낙원으로 믿게 하는 기능을 한다.

〈38선〉은 현장촬영이 36.8%로 가장 높은 비중을 차지한다. 이 영화는 현장촬영을 적극적으로 활용해, 해방 이후 부족한 자재와 기술에도 불구하고 김일성의 호소대로 모인 애국적 열성으로 가득 찬 산업현장과 각 직능 부문별 조직활동의 모습을 재현하고 있다(〈화면 2-9〉). 이와 같이 근로자들의 혁명적 열의를 보여줌으로써 인민을 사회주의 건국사상으로 계도하는 데 이바지하고 있다.

영화에는 김일성대학, 혁명가유자녀학원 등 교육시설이 활발히 개축되는

화면 2-9

화면 2-10

공사 모습이 등장하는데, 이를 통해 정권 초기부터 북한이 교육에 큰 관심을 가지고 있었음을 알 수 있다(〈화면 2-10〉).[18] 그리고 인민 정권의 다양한 시책 사업으로 사회보험혜택, '여성의 사회참여'[19]를 홍보한다(〈화면 2-11〉). 이처럼 새조국건설의 역동성을 보여주는 화면들은 기록영화의 흐름에 생동감을 줘 관객에게 볼거리를 제공하고 흥미를 불러일으킨다.

북한에서는 문화정서생활을 공산주의자들의 중요한 생활기풍으로 본다.[20] 이 기록영화에서도 〈화면 2-12〉와 같이 각종 문화예술 활동과 체육행사를 장시간에 걸쳐 보여줌으로써 젊고 건강한 국가 이미지를 형상화한다.[21] 김일성은 이 영화를 보고 "기록영화는 없는 사실을 꾸며가지고 찍어서는 안되며 반드시 력사적자료와 현실에 있는 자료를 그대로 예술적으로 찍어야 한다"[22]라고 말했다.

삽입화면은 전체 영상구성요소 중 6.5%로 높은 비중을 차지하지 않지만, 현장화면의 의미를 좀 더 강조하기 위해 보조적으로 사용됐다. 김정일은 "영화에서 상징적인 뜻으로 쓰이는 삽입화면 같은것은 성격이나 사건과 직접적으로 련결되여 있는것은 아니지만 인물의 정신세계를 정서적으로 펼쳐 보이며 극의 사상적내용을 돋구는데서 없어서는 안될 요소"[23]라고 말했다.

〈38선〉에서는 이런 상징을 재현하기 위해서 삽입화면을 적절히 사용한다. 예를 들어 일제의 가혹한 고문의 모습을 형상화하기 위해 각종 고문도구나 주사기의 모습을 삽입했다(〈화면 2-13〉). 이 장면은 짧은 분량이지만 관객에게 일제에 대한 잔인한 잔상을 각인시키는 효과가 있다. 남조선의 빈곤한 상황과 퇴폐적인 현실을 묘사하기 위해서는 거미줄이 쳐진 쌀독이나 휘황찬란한 네온사인 등을 통해 직관적으로 재현한다(〈화면 2-14〉·〈화면 2-15〉). 이에 반해 북조선은 쌓여 있는 생활용품과 풍족한 물자들을 보여줌으로써 남조선보다 월등하다는 것을 보여준다(〈화면 2-16〉). 북한은 정권 초기부터 인민들이 직관적으로 이해하기 용이한 이항대립항을 설정하고 기록영화의 효과성을 높이기

화면 2-11

화면 2-12

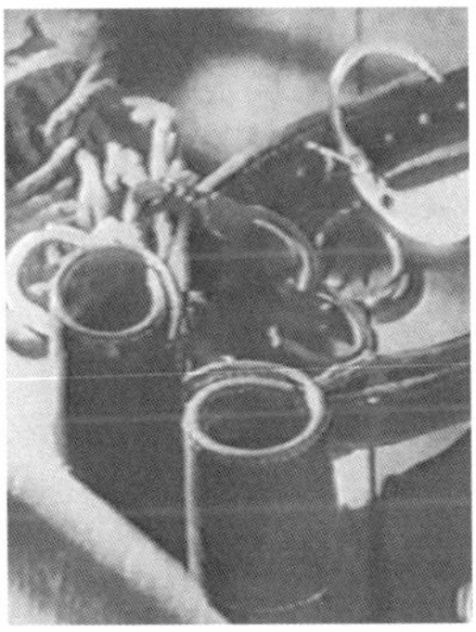
화면 2-13

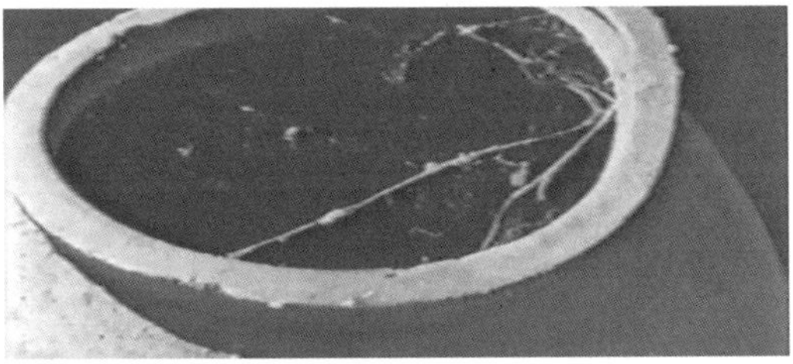
화면 2-14

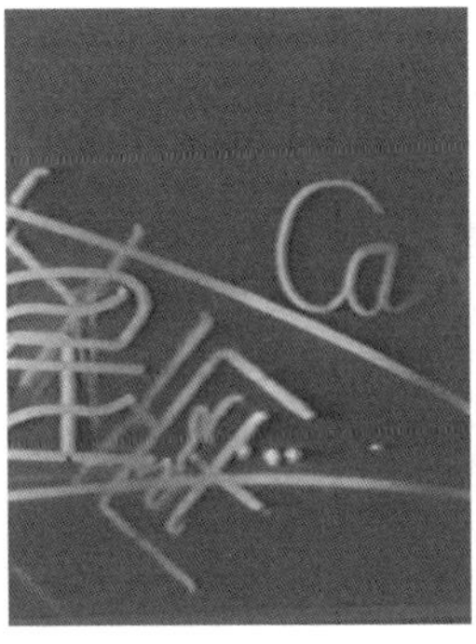

화면 2-15

화면 2-16

위해 영화제작에서 대비적 수법을 적용한 것이다.[24]

구성화면

구성화면은 제작자가 주제의식을 표출하기 위해 인위적으로 구성한 화면을 말한다. 기록영화에서 구성화면은 역사적인 기록물(사진)과 재연·자막과 CG·합성화면 등이 주로 사용된다. 서구의 다큐멘터리에서는 CG를 구성화면으로 많이 사용하는 경향이 있다. CG는 현실에서는 재현하기 어려운 상황을 시각적으로 구현해주는 역할을 한다. 이런 CG의 사용은 이미지의 객관성을 강화하고, 관객에게 닿는 메시지의 신뢰도를 높이고 이해를 돕는 역할을 한다.[25] 북한 기록영화에서는 사진·조선화·재연화면·CG 등이 구성화면에 속한다.

〈38선〉의 구성화면 비율은 24.8%이며, 구성화면은 다시 재연화면 19.5%, 사진 0.5%, 자막과 CG 0.7%, 합성화면 4.1%로 구성되어 있다. 구성화면 중에서 19.5%로 가장 높은 비중을 차지하는 재연화면은 다큐멘터리의 중요한 구성요소이며 아직도 논란거리로 거론되고 있다. 관객들은 재연화면을 허구가 아니라 실제 상황이라고 생각하게 되고, 어떤 장면을 재연했다면 관객에게 그 장면이 꼭 필요했는가에 답을 하는 것은 쉽지 않기 때문이기도 하다.[26] 그럼에도 다른 방법이 없을 때에 중요한 장면을 재연하는 것은 관객의 상상력을 자극해 이야기의 틈새를 채우는 유용한 방법 중 하나이다.

〈38선〉에서는 일제의 무자비한 고문과 학살 장면, 남조선의 현실을 그리는데 재연을 사용했다. 일제 강점기의 기록영상 획득이 쉽지 않았을 것이고, 대중의 공감을 얻기 위해서는 보다 효과적인 영상이 필요했기 때문이다. 재연화면은 당시 북한 문학예술의 미학적 기준이었던 사회주의적 사실주의의 영향을 받은 것으로 추측된다. 이 시기의 영화예술은 마르크스-레닌주의 미학 이론을 바탕으로 문학예술의 인식교양적 역할을 제고시키는 것을 중요한 원칙으로 삼고 있었다. 북한은 내용에 있어서 사회주의적이며, 형식에 있어서 민족적인 문학예술을 창작하고 이를 위해 사회주의적 사실주의 창작 방법에 의거할 것을 명시하고 있다.[27]

이런 창작 방법에 입각해 재연된 화면들은 민중의 삶에 공감하는 방식으로 사회주의적 충동을 창출해 사회주의 혁명에 나서야 하는 이유를 묘사하고 있다. 〈화면 2-17〉은 반나체의 여성이 일제에 의해 물고문, 불고문 등 온갖 악행에 쓰러지는 모습을 사실적으로 재현하고 있다. 〈화면 2-18〉은 강제 노동에 의해 쓰러진 젊은 투사의 넋을 보여주고 있다. 이런 장면들은 출연자들이 모두 배우들이었음에도 불구하고 사실적인 연기 덕분에 역사적 실체에 대한 감성적인 이해를 돕고 있다.

남조선의 현실은 〈화면 2-19〉와 같이 헐벗고 굶주리다가 비참한 윤락의 길

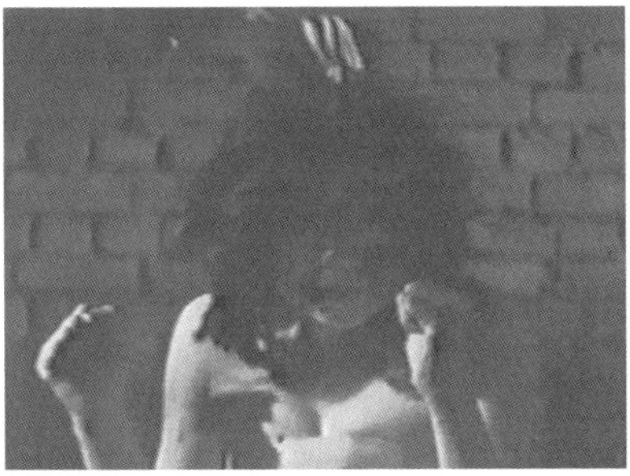

화면 2-17

화면 2-18

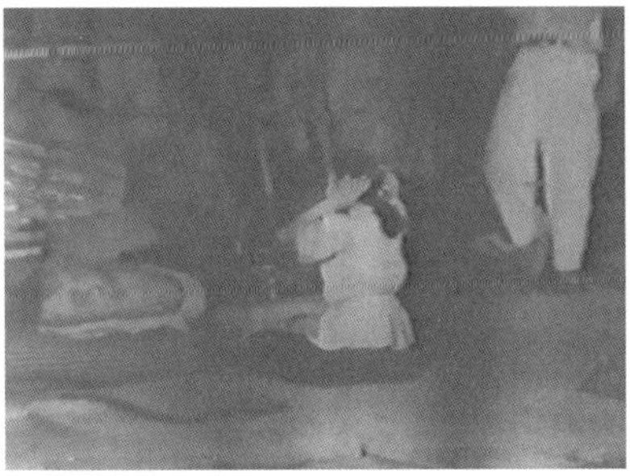

화면 2-19

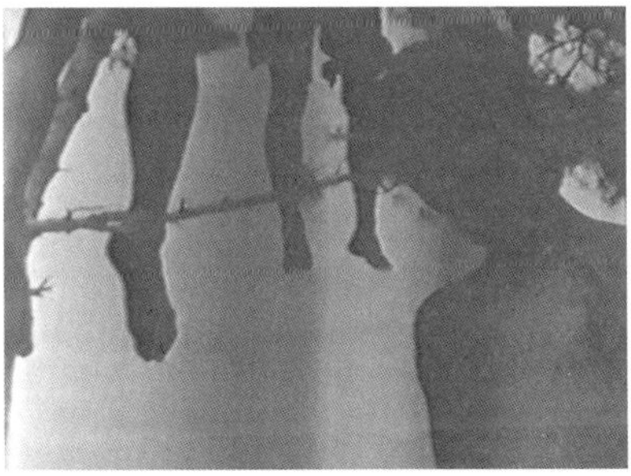

화면 2-20

화면 2-21

화면 2-22

로 떨어진 여성들의 삶과 향락에 도취해 퇴락한 권력층의 모습을 대비시켜 보여준다. 〈화면 2-20〉은 단독 선거를 반대하는 애국자들을 차에 매달고 다니다가 무참히 참수하는 모습을 재현하고 있다.

이런 처참한 장면들은 새로운 영웅을 갈망하는 대중의 심리를 이용한 것이다. 이와 유사하게 나치 독일 역시 돌격대·대 등의 폭력을 통해 대중의 '공포심리'를 자극하면서 선전선동의 효과를 극대화했다. 나치는 '희망'과 '공포'의 이중적 전략을 통해 나치당을 중심으로 국민의 마음을 하나로 모았다.[28] 〈38선〉에서는 이것이 현재 남조선의 현실임을 똑똑히 알아둘 것을 강조하고, 민족의 원수들을 심판하자고 역설한다.

〈화면 2-21〉과 〈화면 2-22〉에서는 일본인과 미국인이 재연에 등장한다. 일본에서 발간된 『조선민주주의인민공화국 영화사朝鮮民主主義人民共和國 映畫史』에 따르면, 북한 영화예술에서 정권 초기에는 영화 분장을 통해 외국인을 형상화[29]했지만 차츰 북한으로 귀화한 서양인이 직접 연기를 했다고 전한다.[30] 이렇게 외국인을 재연화면에 등장시켜 일제의 잔악한 모습과 미제의 음흉한 미소를 형상화해 대중에게 그들의 사악한 모습을 직관적으로 확인시켜줘 대중교양에 이용했음을 알 수 있다.

사진은 전체 영상구성요소 중 0.5%의 비율을 차지했으며, 총 여섯 컷cut이 사용됐다. 한일합방의 주역이었던 송병진과 친일파 김성수의 초상사진을 통

화면 2-23

화면 2-24

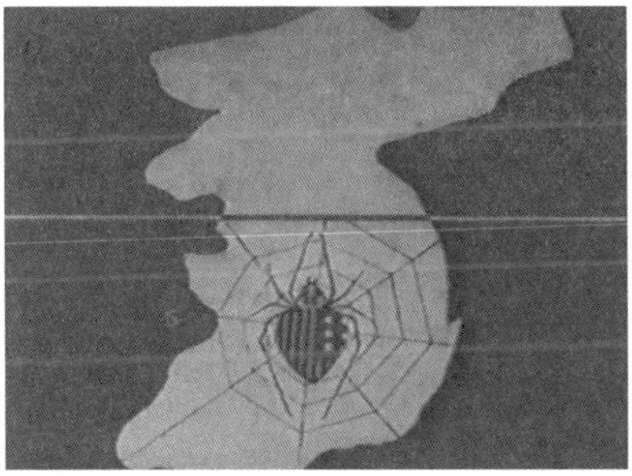
화면 2-25

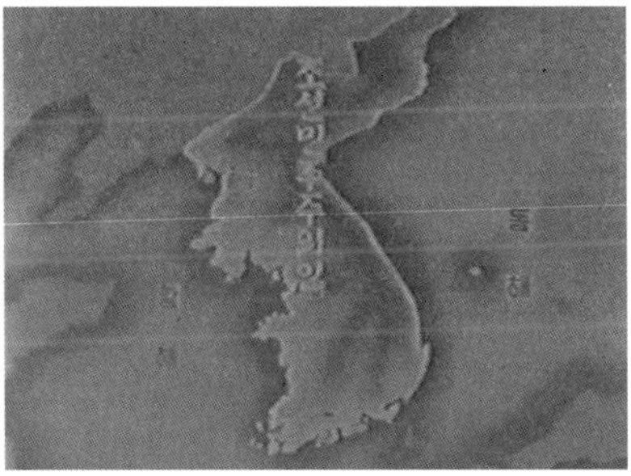
화면 2-26

해 원수의 얼굴을 확인시킨다. 또한 옥사한 애국열사의 수감사진과 광주학생 운동 사진을 통해 항일 운동의 자료를 제시한다.

자막과 CG는 각각 0.7%를 차지했으며, 자막은 세 컷, CG는 두 컷이 사용됐다. 이 기록영화에서 중간자막은 역사적 전환점을 나타내는 날짜를 직관적으로 보여주고 있다(〈화면 2-23〉). 중간자막은 북한 기록영화제작의 형상요소 중의 하나로서 사운드의 도움을 받지 않고 대상을 집약적으로 표현하는 역할을 수행한다. 따라서 중간자막은 화면의 내용에 맞게 간결하면서도 직관적으로 표출되어야 한다.[31] 무성시대의 영화에서는 자막의 시인성視認性이 대단히 중요했다. 비교적 초기 유성영화시대에 제작된 〈38선〉의 자막은 이런 영향으로 글꼴의 모양에 상당히 공을 들인 것으로 보인다(〈화면 2-24〉).

서구의 CG에 해당하는 북한 기록영화의 선화는 촬영으로 보여줄 수 없는 대상을 집약적으로 보여주기 위한 목적으로 화면창조에 활용되는 형상수법이다.[32] 〈화면 2-25〉의 선화는 남한의 영토에 거미가 서서히 거미줄을 치는 모습을 재현하고 있다. 이런 장면을 통해 이승만이 일본 깃발을 미국 깃발로 바꿔놓은 매국노라고 주장하고 있으며, 남조선은 미제국주의의 식민지 그물을 치고 동포들의 고혈을 착취하는 모습으로 형상화되고 있다.

또한 결말의 〈화면 2-26〉은 한반도의 지도 위에 '조선민주주의인민공화국'이라는 글자를 순차적으로 표출하고 있다. 이를 통해 북조선이 한반도 통일의 주체가 되어야 함을 강조한다. 이런 시도들은 정권 초기의 부족한 기술역량에도 불구하고 선진 영상기법들을 적극적으로 반영해 대중 교양에 힘을 쏟은 결과라고 판단된다.

표상요소: 카프영화인들의 실험과 헤게모니적 공조

북한의 기록영화는 실재하는 현실을 담고 있으나 기술적으로 전달되는 과정에서 특정한 의도에 따라 재구성되어 메시지의 전달효과를 노리는 전략적인 방식을 취하고 있다. 이런 메시지 전달은 촬영·편집·사운드 등을 활용하게 되는데, 이런 영상기호를 활용해 효과적으로 그 의도를 드러내게 된다. 이렇게 표출된 영상기호는 그 특징을 부각시키나 관련된 문제를 끌어내려는 의도적인 제작과정이 개입된다.[33]

피스크에 따르면, '현실'은 이미 사회적 관습에 의해 부호화되어 있으며 이것은 다시 카메라·편집·사운드 등의 기술적 코드로 현실을 재현한다고 봤다.[34] 이 책에서는 북한 기록영화에 피스크의 영상텍스트 코드 분석을 적용해 통합체 분석의 결과인 시퀀스 순서에 따라 〈38선〉의 기술적 코드들에 대한 표상요소들의 함축적 의미구조를 파악한 결과는 〈표 2-3〉과 같다.

표 2-3 〈38선〉 표상요소 분석 결과

순서	비디오	오디오	주요 내용	기술적 코드	내포의미
기	#1. 일제 식민지 통치 밑에서 조선 인민이 겪은 수난의 역사				
1		NA MU	아름다운 강산에 굶주린 이리 떼처럼 일제의 병력선이 쳐들어와 침략의 마수를 뻗쳤다.	평화로운 화면과 일제의 병력선을 대조편집한다.	대조편집으로 일제의 침략적 본성을 부각시킨다.
2	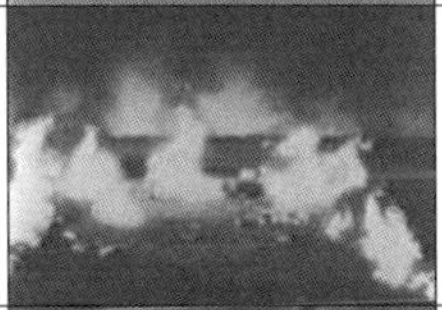	NA BGM	동포들은 거리마다 철천의 원한을 품고 수없이 쓰러져 갔다.	일제의 인민 학살과 주거지 방화를 회상편집한다.	도입부에 일제에 대한 강한 반감을 유도한다.
3		NA BGM	왜적의 무리는 온갖 잔악한 짓을 저질렀으며, 애국지사들은 조국을 등지고 쫓기는 신세가 됐다.	당시 상황을 재연과 기록영상으로 병행편집한다.	관객에게 표출된 화면을 사실로 믿게 한다.
4		NA BGM	송병진과 역적의 무리가 1910년 8월 29일 나라를 팔아먹었다.	자료사진과 기록영상을 병행편집한다.	매국노에게 공분을 불러일으키게 한다.
5		NA BGM	동양척식회사는 겨레의 피와 기름을 짜냈으며, 인민은 공출 명령에 곡식을 모조리 빼앗겼다.	기록영상과 재연화면을 내부편집한다.	재연된 장면을 사실로 확정시킨다.
6		NA BGM	일제는 각종 지하자원을 강탈해갔으며 젊은이들에게 가혹한 노동을 강요했다.	일제에 의한 수탈의 역사를 함축편집한다	일제의 만행을 결코 잊지 말 것을 강조한다.
7		NA BGM V/O	징용터에 끌려간 아들은 어머니를 불러보지만 들리는 것은 죽음을 재촉하는 대포소리뿐이었다.	처연한 음악이 깔리고 재연을 통해 어머니를 부른다.	관객에게 감정이입을 유도한다.

8		NA BGM	애국자들은 일제에 항거하기 위해 분연히 일어나 삼천리 방방곡곡에 투쟁의 불꽃을 올렸다.	사진·기록영상·재연 등을 통해 상황을 고증한다. 일제에 대한 민중의 저항·투쟁사를 상기시킨다.
9		BGM	학살되는 애국 열사의 수가 늘어갔으며, 혁명가들의 신음소리가 감옥 안에 넘쳐났다.	재연을 통해 잔악한 고문 장면을 내부편집한다. 일제에 대한 반감을 극대화시킨다.

승 #2. 정의로운 소련군대가 열어준 새 조국

10	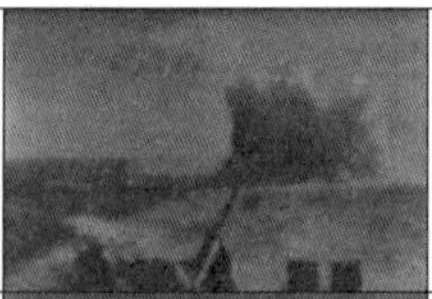	NA V/O	동방의 제국주의 침략자인 일제에 대해 정의의 전쟁이 선포됐다.	효과음을 배경으로 전쟁자료를 집중편집한다. 관객에게 통쾌한 반전을 느끼게 하는 효과가 있다.
11	 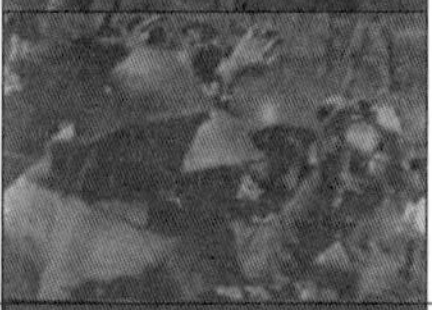	V/O MU	북방의 정의로운 민주성벽 소련군대 앞에 일본 제국주의는 여지없이 패망했다.	속도감 있는 편집기법으로 소련군은 용맹한 전사로, 일본군은 무기력한 패잔병으로 대비시킨다. 나약한 일본군의 모습을 보여주며 관객에게 카타르시스를 제공한다.
12		NA BGM	반세기의 긴 암흑에서 벗어나 조국 땅은 여명의 새 아침을 맞게 됐다.	자막 고지를 통해 8·15의 의미를 직관적으로 인식시킨다.
13		NA BGM	해방의 기쁨을 가득 품고서 태극기가 곳곳에 휘날렸다.	기록영상을 속도감 있게 반복편집한다. 새 조국에 대한 기대와 해방의 기쁨을 재현한다.
14		V/O	인민들은 감격의 노래를 부르면서 해방된 조국을 활보했다.	「적기가」에 맞춰 기록영상을 리듬감 있게 편집한다. 해방이 전 인민의 감격적 순간이었음을 표출한다.

15		NA BGM	일본의 죄상이 낱낱이 드러나고, 그들의 운명을 결정짓는 마지막 심판의 날이 왔다.	일본군이 항복조인을 하는 기록영상을 제시한다. 일제가 패망하고 새 시대가 열렸음을 내포한다.

승 #3. 미군정 아래에서 착취를 당하는 남조선 인민들

16		NA BGM	모스크바 3상회의는 민족이 걸어가야 할 올바른 길이었으나, 이승만·김정실의 무리는 이를 파탄시켰다.	기록영상을 연속적으로 내부편집한다. 북한이 취했던 찬탁운동의 정당성을 부여한다.
17		NA BGM	남조선은 찬탁운동을 저지하기 위해 반동경찰과 테러단을 총동원해 삼엄한 분위기가 조성됐다.	탱크와 기마경찰 등의 기록영상을 함축편집한다. 이승만 정권을 폭압적인 집단으로 각인한다.
18		NA BGM	이승만은 일본 깃발을 다만 미국 깃발로 바꿔놓은 장본인이며, 남조선의 상황은 점점 암흑으로 빠져들었다.	일본·미국 깃발을 디졸브로 보여주고 이승만을 비춘다. 직관적으로 이승만을 매국노로 인식시킨다.
19		NA BGM	미제의 앞잡이 이승만 무리는 호강을 누리기 위해 동포들을 착취했다.	거미줄 CG에서 동양척식회사로 확대편집한다. 이승만 정권의 부도덕성을 형상화한다.
20		NA BGM	반동경찰과 테러단은 당장 먹어야 할 양식까지 수탈해 갔다.	재연을 통해 당시의 상황을 실감나게 재현한다. 관객이 남조선의 상황에 대해 공분을 느끼도록 한다.
21		NA BGM	미군은 일제가 하던 그대로 남조선의 수인행세를 하며 안일한 생활을 일삼았다.	투우와 향락을 즐기는 미군의 모습을 내부편집한다. 새로운 대립항으로 미국을 설정한다.
22		NA BGM	남조선 동포들의 살림살이는 날로 어려워졌으며, 도박이 횡행하는 한심한 인생들이 늘어만 갔다.	남조선 상황을 재연과 기록영상으로 병행편집한다. 북조선은 상대적으로 희망찬 곳이라는 것을 암시한다.

승 #4. 처참한 남조선의 현실

23		NA MU	남조선 인민들은 비참한 윤락의 길로 떨어지기도 했으며 생활고에 부딪쳐 집에서 쫓겨나기도 했다.	삽입화면과 재연을 반복해서 함축편집한다. 남조선의 어려운 생활상을 환유한다.
24		NA BGM	거리로 쫓겨난 인민들에게 설상가상으로 전염병까지 번져서 한층 생활이 어려워졌다.	재연으로 인민들의 생활고를 형상화한다. 남조선의 상황이 점점 더 심각해지는 것을 뜻한다.
25		NA BGM	남조선은 음부탕녀들의 소굴이며, 음탕한 향락에 도취되는 것을 일삼고 있었다.	술 마시고 춤추는 현장화면을 내부편집한다. 북조선에서는 건전문화가 형성되고 있음을 암시한다.
26		NA BGM	서울의 밤거리는 암흑의 거리로 반동경찰과 테러단에게 애국자들이 무참히 박해를 당했다.	고문 장면을 연속으로 함축편집한다. 남조선은 애국자를 탄압하는 반동집단임을 폭로한다.
27	 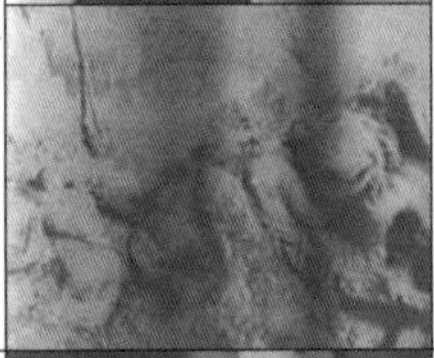	NA BGM V/O	남조선은 단독선거의 반대자들을 매국행위자로 규정하고 이들을 개성 송악산에서 집단 참수했다.	침울한 합창곡이 흘러나오면서 섬뜩한 재연화면과 기록영상으로 병행편집하고 있으며, 격정적인 내레이션으로 주장을 표출한다. 대립항의 잔혹성을 부각시키면서 관객에게 공감을 요구한다.
28		NA BGM	민족의 분노는 화산처럼 퍼져 올라 원수들을 심판하고, 조국의 독립과 통일을 이루려는 불길은 타올랐다.	당시 상황을 삽입화면과 재연으로 확대편집한다. 시퀀스를 정리하며 상황 반전을 예고한다.

전 #5. 민족의 영명한 지도자 김일성 장군

29		NA BGM V/O	소련군대가 진주한 북조선은 자유롭고 평화로운 가운데 인민 정권이 세워졌다.	소련군대를 열렬히 환영하는 모습을 집중편집한다. 미군은 환영받지 못하는 침략군임을 대비시킨다.
30		NA MU	김일성에 의해 조국의 독립과 민주발전의 탄탄대로를 힘차게 전진할 수 있었다.	김일성이 참석한 군중대회를 내부편집한다. 근거제시로 인민의 절대적 지지를 받았음을 재현한다.
31		V/O	김일성의 연설장면으로, 결의에 찬 모습으로 원고를 읽고 있다.	김일성의 육성연설 모습을 앙각으로 촬영한다. 젊지만 권위 있는 지도자의 모습을 부각시킨다.
32		NA MU	인민들은 지도자를 중심으로 민주건설을 약속하고 자유행복의 새 봄날을 노래했다.	김일성 추앙 팻말을 들고 행진하는 모습을 보여준다. 김일성이 단결의 중심이었음을 예증한다.
33		NA MU	농민들은 봉건적인 소작제도에서 해방되었으며, 농촌은 오곡이 풍성한 부유한 곳으로 바뀌게 됐다.	가을 추수를 역동적인 편집으로 재현한다. 새 조국의 힘찬 기상과 희망을 의미한다.
34		V/O	풍년의 기쁨을 누리며 농민들은 살맛 나는 세상에 살게 됐다.	농민들의 흥겨운 모습을 내부편집한다. 피폐한 남조선 농민의 생활상과 대비시킨다.

전 #6. 살기 좋은 농촌과 활기찬 산업현장

35		NA BGM	푸른 하늘 아래, 영양·산양·소·돼지 등의 목축들이 땅 위에 자라게 됐다.	목가적 음악을 배경으로 현장화면을 여유롭게 보여준다. 북조선은 평화롭고 살기 좋은 낙원임을 내포한다.

36	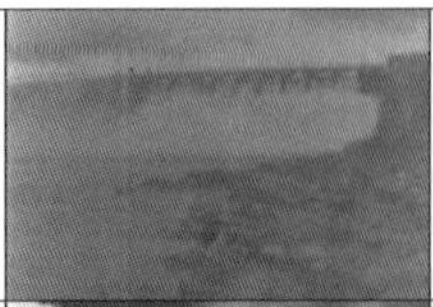	NA	압록강 수풍댐을 위시해 17개소의 발전소는 국가 산업 발전의 원천이 됐다.	댐 관련 시설물을 다양한 앵글로 제시한다. 국가기반시설이 정상적으로 가동되고 있음을 뜻한다.
37		NA MU	일제가 파괴한 모든 공장 시설을 복구해 국유화했다.	활기찬 산업현장을 연속적으로 병행편집한다. 기간산업 복구로 사회발전에 자신감을 내비친다.
38		NA BGM	부족한 물자사정에도 불구하고 김일성의 호소대로 창의를 발휘해 교통발전의 활로를 열었다.	기차·철선 신흥호의 진수식 행사화면을 보여준다. 국가의 물류 기능이 점차 갖춰져 가고 있음을 뜻한다.
39		NA BGM	제지공업·양잠·방직공장도 복구되어 인민 생활이 향상됐다.	산업현장을 다양한 샷으로 내부편집한다. 경공업 부문에도 활기가 넘쳤다는 점을 부각시킨다.
40		NA BGM	소금·식료품·양초 등이 사용하고 남을 만큼 충분하게 생산됐다.	현장화면과 삽입화면을 반복해서 집중편집한다. 인민 생활이 점차 향상되고 있음을 재현한다.

전 #7. 인민 정권의 시책 소개

41		NA V/O	인민들의 문화에 대한 요구가 고도로 높아져 문화예술사업을 활발히 전개했다.	아이들의 공연연습, 합창연습 장면을 집중편집한다. 사회 각 방면의 발전상을 예시한다.
42		NA BGM	노동자들은 사회보험혜택을 받을 수 있게 되었으며, 모범일꾼들은 휴양소에서 휴식을 취했다.	취재한 현장화면을 역동적으로 내부편집한다. 노동자가 인민 정권의 주인임을 내포한다.
43		NA BGM	여성들은 남성과 동등한 권리를 갖게 되었으며 민주여성으로서 자기의 권리를 찾게 됐다.	여성의 사회 활동상을 연속해서 제시한다. 북조선에서는 민주개혁이 실시되었음을 강조한다.

44		NA BGM	사회주의 민주교육의 승리를 위해 각급 학교의 신·개축 공사를 왕성히 벌였다.	건설현장, 학교, 학생들의 모습을 병행편집한다. 교육 부문이 최우선 사업이었음을 의미한다.
45		NA BGM	김일성의 배려로 국립영화촬영소가 창립되어 영화인들은 애국적 열성을 바쳤다.	영화촬영소의 현장 모습을 다양한 앵글로 보여준다. 대중교양 수단으로서 영화예술의 중요성을 내포한다.
46		NA V/O	문학인들은 선진적 이론을 발표했으며, 체육문화 부문도 인민에게 깊이 침투되어 체력을 향상시켰다.	속도감 있는 편집으로 현장 화면을 확대편집한다. 활기차고 희망찬 사회 분위기를 세부적으로 묘사한다.

결 #8. 미제를 몰아내고 이승만 무리를 심판하자

47	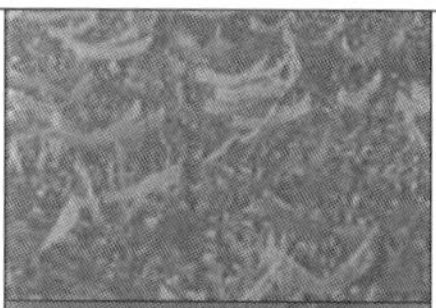 	NA BGM	북조선의 모든 민주건설은 조선민주주의인민공화국으로 통일할 수 있는 금자탑을 쌓아올렸다.	군중의 시위장면을 보여준 후에 CG를 보여주는 편집방법을 사용한다. 분위기를 전환시키면서 북조선 주도의 통일을 주장한다.
48		NA BGM	민족적 영웅인 김장군을 받들고 민족의 통일을 위해 봉화를 높이 들자.	화면을 합성하고 있으며, 내레이션 톤이 고조되고 있다. 주제의식을 몽타주를 통해 직접적으로 드러낸다.
49		NA BGM	미제를 조국 땅에서 몰아내고 이승만의 무리들을 인민의 손으로 심판하자.	가두행진 자료화면을 함축편집한다. 주적과 타도대상을 명확히 밝히고 있다.
50		NA V/O	민주역량이 새 역사를 이룰 수 있다는 사신감을 갖고서 힘차게 전진하자.	국기를 배경으로 김일성 초상화로 디졸브한다. 김일성을 중심으로 전진할 것을 역설한다.

북한 기록영화는 당국이 사전에 설정한 제작목표를 달성하기 위해 전략적으로 재현방식이 구성된다. 수열적으로 미·적분화된 영상기호는 기호적 코드 분석을 통해 해독할 수 있으며, 해독된 영상기호는 제작의도를 파악하는 데 유용하게 사용될 수 있다. 〈38선〉의 표상요소를 기술적 코드인 카메라기법·편집기법·사운드기법으로 구분해 심층적으로 분석함으로써 영상기호의 의미작용을 분명하게 밝히고자 하였다.

카메라기법

〈38선〉에서는 재연화면이 19.5%로 비교적 높은 비중을 차지한다. 이 화면은 관객의 이해를 돕기 위해 연출자가 임의로 연출한 화면으로서 주제의식을 강화하는 데 사용되고 있다. 이 기록영화에서는 〈화면 2-27〉과 〈화면 2-28〉에서 보는 바와 같이 재연화면 촬영 시 배우의 감정을 강렬하게 표현하기 위해 클로즈업 기법을 자주 사용한다.[35] 그런데 『영화예술론』이 발간된 1973년 이후부터는 클로즈업 기법의 사용에 변화가 나타나게 된다. 김정일은 촬영에서 "대상을 확대하기를 좋아하거나 인물들의 얼굴을 필요이상으로 크게 보여주는것은 다 형식주의적표현이다. …… 이런 수법은 한 영화에서 필요하다면 한두번 쓸수 있는것"[36]이라고 했다. 또한 인물들의 얼굴을 화면에 크게 촬영하는 시대는 이미 지나갔다고 선언했다.[37] 이것은 유일영도자인 김일성 외에

화면 2-27

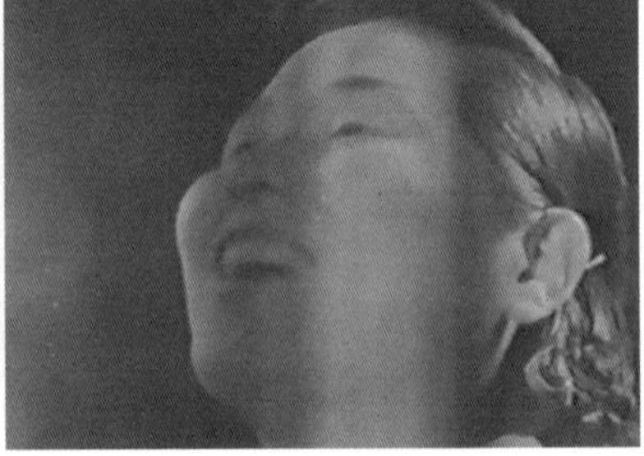
화면 2-28

는 확대·강조 촬영할 수 없다는 인식이 작용한 측면도 있을 것이다.

이와 같은 요구의 영향으로 북한 기록영화 전반에 걸쳐 클로즈업과 같은 극단적인 샷의 사용빈도가 점차 줄어들게 되어, 설명적인 풀샷을 중심으로 화면이 구성된다. 이렇게 최고지도자의 신체 일부를 자르지 않는 촬영 경향은 정치적 의도를 잘 반영할 수 있는 반면 화면이 단조로워지고 관객의 흡인력이 떨어지는 현상을 나타내고 있다.

조명은 배우의 심리변화를 섬세하게 표현할 수 있으며, 등장인물의 내면세계를 직관적으로 표현하기 위한 강력한 수단이다.[38] 〈38선〉에서는 조명의 그림자 효과ghost canceller를 적극적으로 사용한다. 그림자 효과는 조명의 강약을 사용하거나 그림자를 만들어 사실감을 높이거나 흥미를 유발시키는 기법이다. 그림자는 사물에 입체감을 주는 요소이기 때문에 그림자를 효과적으로 만드는 것은 영화조명의 중요한 미장센으로 인식된다. 따라서 조명은 단순히 화면 구성요소라기보다는 영화적 분위기와 배우의 심리를 표현하는 적극적인 촬영요소로 간주된다.[39] 〈화면 2-29〉에서는 측면 조명을, 〈화면 2-30〉에서는 후방 조명을 사용했다. 이 기록영화에서는 왜곡된 방식의 조명을 적극적으로 사용함으로써 배우의 극적 심리상태를 알리고 관객에게 공포심을 극대화시킨다.

〈38선〉은 인간 내면의 분출하는 감정을 드라마틱하게 표출하기 위해 표현

화면 2-29

화면 2-30

주의 영화expressionism film의 제작방식을 일부 수용한 것으로 보인다. 이런 점은 형식주의를 배척하는 사회주의적 사실주의의 입장과 배치되는 측면이 있다. 당시 영화제작의 주요 참여자들은 일제 강점기에 영화기술을 습득한 카프 영화인이었을 것이다. 이들은 표현주의를 포함한 러시아 및 유럽 아방가르드 미학에서 상당한 영향을 받았다. 북한영화사에 있어 카프영화인들이 보여준 실험과 노력은 국가 지배엘리트와의 '헤게모니적 공조hegemonic alliance' 속에서 혁명적 지식인들이 지향했던 사회주의 예술론이 현실화된 것이다.[40]

편집기법

〈38선〉의 편집은 대체로 풀샷FS → 미디엄샷MS → 클로즈업CU 또는 삽입화면INS 순으로 비교적 영상문법에 충실했다. 내용 전달을 위해서는 다양한 컷을 사용했고, 내용 전개를 위해서는 속도감 있는 편집기법을 사용했다.

일제의 만행을 재현하고 있는 '기' 부분에서는 우선 애국열사의 실제 자료사진을 제시(〈화면 2-31-1〉)한 후에 물고문, 불고문 등 가혹행위를 당하는 모습을 보여준다(〈화면 2-31-2〉). 이어서 독극물이 든 주사기 삽입화면(〈화면 2-31-3〉)을 제시한다. 이런 편집구성은 관객으로 하여금 현재 보고 있는 영상기호들이 역사적 사실이었음을 확인시켜주는 효과가 있다. 또한 〈화면 2-32-2〉는 연기자를 통해 고문 장면을 재연한 장면으로 손톱 밑을 날카로운 바늘로 찌르는 모습을 여과 없이 장시간 표출함으로써 관객으로 하여금 당시의 끔찍했던 상황에 대해 동질감을 느끼게 한다. 이런 편집기법은 충격적인 장면들을 도입부분에 배치하여 관객의 흥미를 유도하고, 뒤이어 나올 내용에 대한 극적인 반전을 기대하는 효과를 낳고 있다.

극적인 반전은 다음과 같은 편집구성으로 재현된다. 먼저, 〈화면 2-33-1〉과 같이 일제의 총칼에 쓰러진 민중들을 제시한 후에 일제의 강제 수탈 현장을 재연으로 제시한다(〈화면 2-33-2〉). 이를 통해 일본 제국주의를 극악무도한 집단

화면 2-31-1

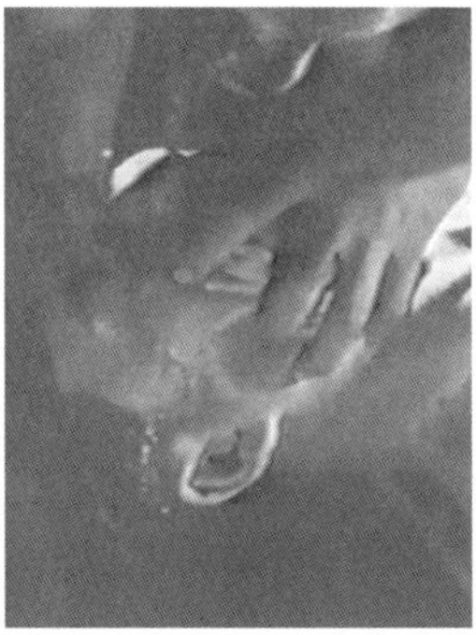
화면 2-31-2

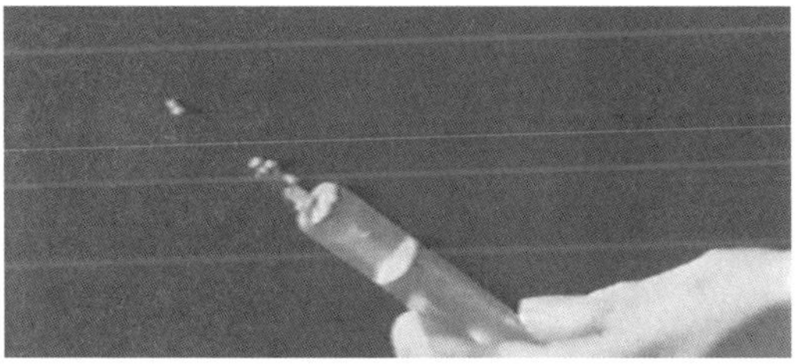
화면 2-31-3

화면 2-32-1

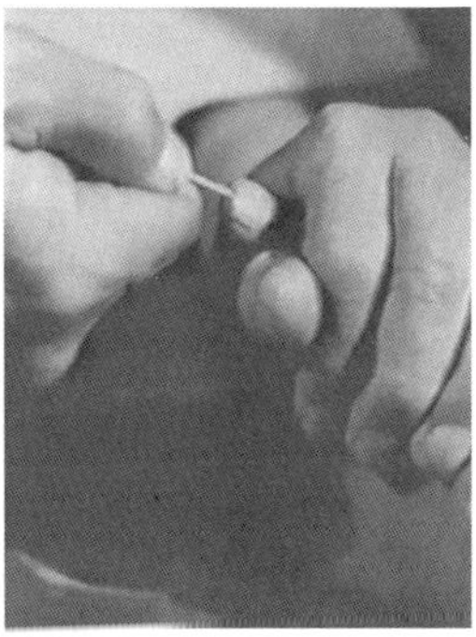
화면 2-32-2

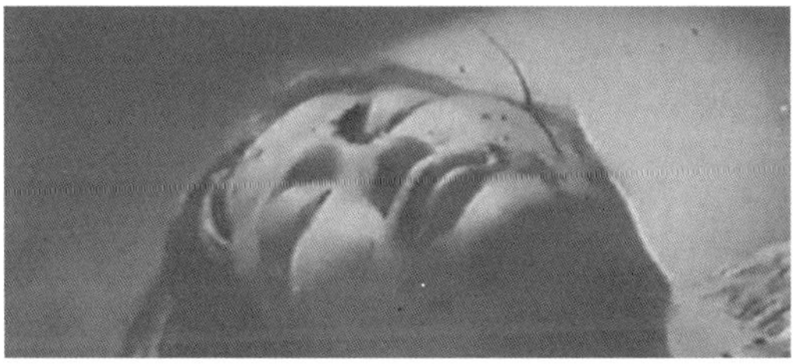
화면 2-32-3

으로 그린다. 다음으로, 일제에 맞서 분연히 일어선 광주학생운동과 같은 자료 사진을 통해 애국 인민의 투쟁을 재현한다(〈화면 2-33-3〉). 마지막으로, 소련 군대가 동방의 파쇼인 일제를 통쾌하게 무찌르고 조선을 해방시키기 위해 정의의 사도로 나선다(〈화면 2-33-4〉).

영화는 한 장소에서 다수를 집단적으로 교양시킬 수 있으며 관객의 뒤쪽에서 일방적으로 빛이 투사되기 때문에 관객의 해석 여지가 축소되는 특징이 있다. 더욱이 당시에는 영화가 신매체였고, 인민들의 여가생활에 있어 중요한 지점을 차지했으며, 이동영사기에 의해 주로 부락 단위로 상영됐다. 이런 점을 고려하면, 위와 같은 화면이 공공장소에서 상영됐을 때 그 공간에 있었던 인민들은 함성을 지르며 짜릿한 카타르시스를 느꼈을 것이다. 이를 통해 우리가 해냈고 하나라는 공동체적 이데올로기의 의미로 작동했을 가능성이 크다.

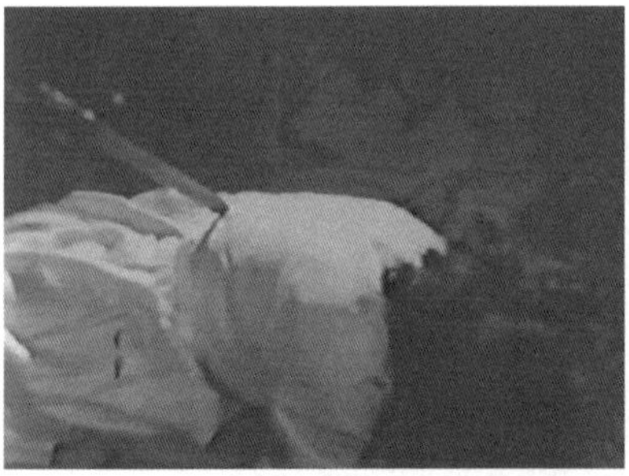
화면 2-33-1

화면 2-33-2

화면 2-33-3

화면 2-33-4

'승'에서는 남조선의 비참한 현실을 표상하기 위해 〈화면 2-34〉와 같이 까마귀가 날아가는 삽입화면을 통해서 섬뜩한 느낌을 준다. 영화감독 알프레드 히치콕Alfred Hitchcock에게 '새'는 혼돈과 죽음을 예고하는 상징물이다. 〈38선〉이 히치콕의 무성영화에서 영향을 받았는지는 정확하게 파악하기 어려우나, 이런 장면이 불길함을 전하는 데 아주 효과적인 매개체로 활용된 것은 분명해 보인다. 이 영화에서 새는 남조선의 암울한 현실을 표상하고 있으며, 피에 굶주린 악의 무리를 상한다. 〈화면 2-35〉는 고문에 죽어가는 애국자의 절규를 재현한 것으로 배우의 감정을 통해 관객에게 감정이입을 효과적으로 유도하고 있다.

'결'의 〈화면 2-36〉에서는 시퀀스 장면전환에서 아이리스 와이프iris wipe와 같은 트랜지션 이펙트transition effect를 사용한다. 이런 화면전환은 '텍스트 자

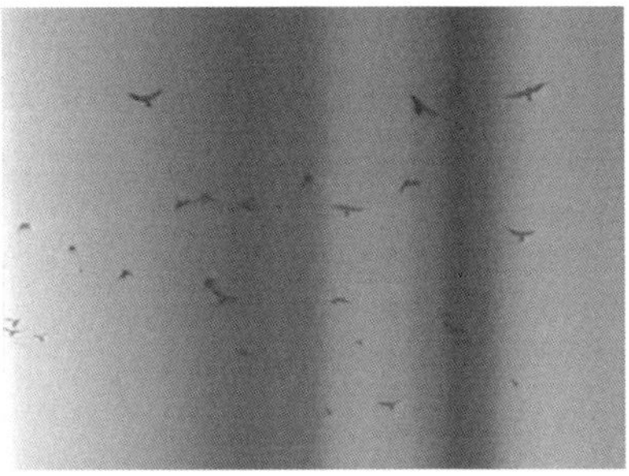

화면 2-34

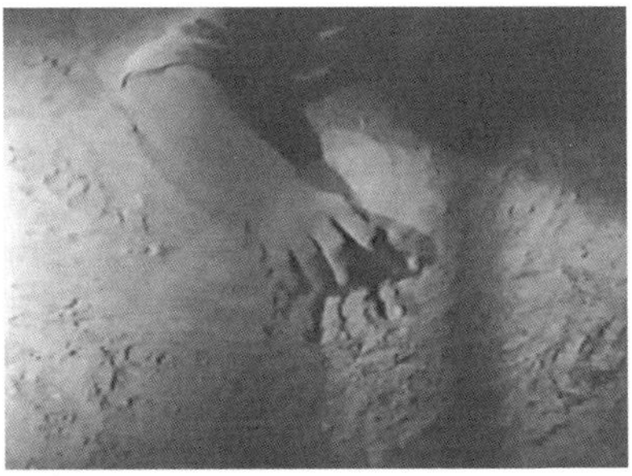

화면 2-35

화면 2-36

화면 2-37

체'에 내재되어 있는 기호의 의미를 바꾸는 작용을 한다.[41] 이 씬에서는 체육대회 모습을 보여준 후 군중 시위 장면으로 전환한다. 이것은 삼천만 인민의 피 끓는 민주 역량이라는 기호를 북조선 중심으로 통일하자는 기호로 의미를 재구축하게 된다. 또한 정권 초기 영화물자가 부족했던 실정과 리니어 편집기linear editor의 복잡성을 감안할 때 해당 시기의 선진 편집기법을 적극 도입·적용한 것으로 판단된다.

또한 〈화면 2-37〉에서는 군중들과 인민군대의 행진모습을 보여주면서 인민들이 사회주의 혁명에 나설 것을 역설한다. 주제의식을 강조하기 위해서 화면을 2중으로 오버랩over lap하는 몽타주montage 기법을 사용한다. 이런 기법은 제작자가 샷 간의 병치를 통해 관객에게 충격을 주고 새로운 통찰의 의미를 내포하게 된다. 세르게이 에이젠슈테인Sergei Eisenstein을 포함한 소련의 몽타주 이론가들은 영화가 단순히 감성에 호소하는 수준을 넘어서 대중의 의식을 바꿀 수 있는 지적 예술의 가능성을 탐구했다.[42] '결'에서 표출된 오버랩 몽타주는 억압받는 남조선을 해방시킬 '주체'로 국가가 인민들을 호명함으로써, 그들이 혁명에 앞장서서 민족의 반역자를 심판하자고 호소한다. 이데올로기는 개인을 행위의 주체로 만들어 실천하도록 작용한다. 그 결과, 개인들은 스스로 복종이 아닌 주체적 참여를 한다고 생각하게 된다. 〈38선〉은 동시대 소련의 편집기법을 적극적으로 수용하고 있으며, 이로 보건대 북한이 정권 초기부터 영화기술 향상에 상당한 노력을 한 것으로 판단된다.

사운드기법

유성영화의 도래는 영화사에서 영상이미지에 대한 사운드의 규정력으로 인해 수많은 논란을 일으켰지만, 기록영화사에서는 새로운 영역을 개척하게 하는 중요한 계기가 됐다. 사회주의 기록영화들은 사운드를 활용하여 보다 확실하게 대중선전과 교양을 표현할 수 있었다.[43]

〈38선〉에서는 현장음, 배경음악, 효과음, 내레이션 등의 사운드 요소들을 적절하게 사용한다. 현장음은 자체를 들려준다는 의미보다 텍스트 전체의 맥락에 부합되는지의 여부가 중요하다. 이 영화에서는 소련 군대를 환영하는 만세소리, 어린이의 합창소리, 체육활동에서 탄성을 지르는 소리 등을 흐름에 맞춰 효과적으로 들려준다. 이런 점들은 최근 북한 기록영화가 거의 모든 현장음을 통제하는 경향과 차이가 있다.

배경음악은 전체적으로 튀지 않게 믹싱mixing되어 있으며, 해당 화면의 분위기에 맞춰서 수록되어 있다. 예를 들어 '기' 부분에서는 비장한 음악을, '승' 부분에서 해방된 북조선에 대해서는 경쾌한 음악을, 남조선의 현실에 대해서는 암울한 음악을 사용했다. 특히 해방의 감격을 표현하는 데 「적기가」를 합창 형태로 사용한다.

북한에서 「적기가」는 특별한 의미가 있는데, 이 노래는 항일혁명투쟁시기에 김일성에 의해 창작, 보급됐다고 주장된다.[44] 김일성은 이 노래와 관련해, "이 노래가사에 '비겁한자야 갈라면 가라, 우리들은 붉은기를 지키리라'라는 구절이 있습니다. 노래가사에도 있는바와 같이 비겁한자들이 간다 해도 혁명하는 사람들은 굳게 뭉쳐 혁명을 끝까지 계속할것입니다"[45]라고 언급했다. 한편 김일성의 육성연설에는 배경음악을 삽입하지 않아서 목소리에 집중할 수 있게 했다. '전' 부분은 평화로운 목가적 음악이나 비장한 음악 등을 분위기에 맞춰 다양하게 수록했다. '결' 부분은 후시 녹음된 무반주 행진곡으로 처리했다.

일반적으로 영화에서는 영상이 사운드를 지배하는 경향이 있기 때문에 음향효과는 주로 잠재적 차원에서 작용한다. 이런 효과음은 극적 맥락에 따라 중요한 상징적 기능도 해낼 수 있다. 이 영화의 경우, '승'에서는 일제에 대한 소련의 전생 개시 선언을 뜻하는 대포 소리를 반복해서 들려주는데, 이는 관객에게 반전의 요소를 제공한다. 또한 '전'에서 풍년의 기쁨을 누리는 농민들의 풍악 소리는 그 어떤 음악보다도 분위기를 고조시키면서 살맛 나는 세상을 표상한다.

북한 기록영화에서 내레이션은 화면과 함께 중요한 역할을 차지한다. 해설은 이야기 전개의 수단이자 화면에서 볼 수 없는 이면까지도 밝혀줘 창작가의 주정토로[46]를 표현한다.[47] 이 영화에서 내레이션은 전반적으로 원고를 또박또박 읽어서 내용 전달에 중점을 두고 있다. 또한 내레이션 도중에 호흡 조절로 여유를 주어 관객들이 편안하게 따라오게 한다. 예컨대 '기' 부분에서 징용터에 끌려간 아들이 어머니를 부를 때는 감성적으로,[48] 일제의 폭압과 남조선의 현실을 이야기할 때는 격정적으로 내레이션 톤tone의 변화를 준다.[49] '전' 부분에서 향상되는 인민생활에 대해서는 아주 천천히 호흡을 조절하며 내레이션을 진행한다. 이런 점에서 〈38선〉은 내용 전개의 형식에서 설명적 양식을 취하고 있다. 즉 인민이 이해하기 쉬운 말을 사용해 대중 인식교양 자료로 활용하고 있으며, 그럼으로써 대중 속에서 혁명을 선전하고 해설하는 역할을 하는 것이다. '결'에서는 성우가 바뀐다. 이는 이 기록영화가 상당 기간에 걸쳐서 제작됨으로써 이 기간 중에 성우가 바뀌었거나, 사운드트랙 판본[50]이 여러 개였던 것으로 추정된다.

표상요소를 살펴본 결과, 〈38선〉은 드라마틱한 효과를 구사하기 위해 표현주의 영화의 제작방식을 일부 수용했다. 또한 편집기법에서는 풀샷FS → 미디엄샷MS → 클로즈업CU 또는 삽입화면INS 순으로 편집했다. 그리고 속도감 있는 편집기법으로 내용 전달을 위해서는 다양한 컷을 사용했다. 이와 더불어 현장음, 배경음악, 효과음, 내레이션 등의 사운드 요소들을 적절하게 사용했다.

이데올로기: 새 형의 진지 구축

영상기호는 영상구성요소의 착상과 배치에 따라 그 의미가 달라질 수 있으며, 표상요소를 통해 역사적 사실을 호명하고 재현된 현실을 기술적 코드로 표상한다. 피스크는 기술적 코드가 사회적 통념이나 상식에 맞게 조직되는 과정에서 이데올로기적 의미가 발생하고, 이것을 분석하는 것이 이데올로기적 코드 분석이라고 했다.[51] 이 책에서는 피스크의 3단계 이데올로기 분석 방법을 적용해 표상요소 분석 결과 드러난 이데올로기적 코드를 추적했다.

재현의 차원에서 이데올로기는 관계의 실현방식이 실제의 존재조건을 통해 형성된다는 점에서 실제적이면서도 가상적이다.[52] 즉 존재하는 현실은 엄연히 있지만, 이 실제 조건들을 자신에게나 타자에게 재현하는 방식도 있는 것이다. 이런 면에서 재현된 이데올로기는 궁극적으로 관객의 마음에 결정적 의미를 일으킨다.[53]

〈38선〉에서 재현된 내용을 간략히 살펴보자. 도입 부분에서는 백두산의 위용과 아름다운 자연풍광들을 통해 조선민족은 예로부터 아름다운 금수강산에서 평화롭게 살아왔다는 것을 강조한 다음 일제 침략자들의 강점으로 조선 인민에게 수난의 역사가 시작됐다고 보여준다. 일제를 침략자로 규정하고 모든 화살을 돌리고 있는 것이다. 남조선에 대해서는 일장기를 성조기로 바꾼 것에 불과하기 때문에 주적主敵을 미제로 재설정한다. 이에 반해 북조선에 대해선 김일성을 수반으로 인민이 주인이 된 민주건설을 통하여 새 국가의 기틀을 마련해갔다는 의미를 내포한다. 이를 통해 북조선의 인민 정권은 김일성이 세웠고 그의 지도로 모든 민주개혁과 인민경제 계획을 이루었다는 건국 신화를 생성한다. 더 나아가 김일성을 민족의 영명한 지도자로 묘사해 그가 북조선뿐만 아니라 남조선을 아우르는 민족의 지도자라고 추앙한다. 김일성의 유일체계가 갑산파 숙청 이후 불현듯 확립된 것이 아니라 정권 초기부터 그 단초가 생성되어왔음을 시사해준다.

〈38선〉에서 표출된 이데올로기는 다음과 같이 정리할 수 있다. 첫째, 국가 정체성national identity의 확립을 역설하고 있다. 국가 정체성의 확립은 공동체의식 구축의 문제를 포함한다. 공동체의식은 문화를 공유하거나 공동의 목표를 위해 대중을 하나로 묶어주는 유기적인 성질을 의미한다.[54] 이 기록영화에서는 민족주의를 통해 공동체의식을 얻고자 한다. 인민은 일제의 식민 지배를 체험했기 때문에 민족주의적 호소가 다른 정체성을 압도할 수 있었다. 민족주의가 정치적 언술이 아니라 문화적 언술로 구사될 때, 대중은 민족주의를 민족의식으로 혼동하게 된다. 그리고 대중 동원을 위한 이데올로기는 좀 더 효율적으로 작동한다.[55] 이런 민족주의를 기반으로 젊고 역동적인 신생 국가의 정체성을 사회주의에 기반을 둔 국가체제 수립에서 찾고 있으며, 지금 살고 있는 북조선이 바로 지상낙원이라는 이데올로기를 생성해내고 있다.

둘째, 이항대립적인 요소들을 통해 북한 정권의 역사적 정통성을 부각시키고 있다. 즉 인민의 손에 의해 수립된 북조선 정권과 달리 남조선은 미제에 의해 수립된 꼭두각시에 불과하다는 것이다. 또한 소련 군대는 정의의 군대이고 늘 인민의 편에 서 있으나, 이에 대항하는 미제와 남조선은 인민을 탄압하는 타도대상이라는 것이다. 이를 통해 한반도 분단의 책임을 미국에 귀결시켜 북한 정권의 역사적 정통성을 강화하고 있다.

셋째, 사회주의 체제의 우월성을 적극 선전하고 있다. 새 조국건설시기의 영화예술 앞에 나선 과업은 일제의 사상 잔재를 척결하고 새로운 민족영화예술을 발전시켜 인민대중을 애국주의로 교양하는 데 있었다.[56] 영상기호 분석결과와 같이, 〈38선〉은 소련의 영향을 많이 받아 제작됐다. 소련의 영화는 유럽이나 미국의 영화제작 방향과 전혀 다른 이데올로기에 기초를 둔다. 그 목적은 새로 탄생한 국가를 위해 가장 강한 의미의 프로파간다로서 역할을 하는 데 있었다.[57] 혁명의 동기가 된 사건을 드라마틱하게 재구성해 널리 상영함으로써 대중에게 새로운 사회적 신념을 주입시키려 했다. 이 영화에서는 인민정권의 다양한 시책을 소개해 자본주의의 모순과 대비하면서 사회주의 체제의 우월성을 사회적 신념으로 주입하고 교육시키고 있다. 다양한 선진 영화기법을 적용해 새로 형성된 국가의 당위성을 적극 설득하고 있는 것이다.

그림 2-2 〈38선〉에서 표출된 이데올로기

1단계	현실(reality)
	· 분단된 조국의 현실

2단계	표상(representation)
	· 다양한 미학 방식의 공존 · 선진 기법을 통한 관객의 흥미를 유도 · 사운드를 통한 주제의식의 확실한 표출

3단계	이데올로기(ideology)
	· 북조선은 지상낙원이라는 이데올로기를 생성 · 이항대립적인 요소들을 통해 자신의 정통성을 부각 · 사회주의 체제의 우월성 강조

〈38선〉에서 표출된 영상재현은 '민주기지론'을 뒷받침하는 영상해설집을 연상케 한다. 즉 북조선의 급속한 민주개혁의 성과를 토대로 단숨에 남조선을 해방해야 한다는 주장을 지속적으로 재현한다. 그람시는 이데올로기를 하나의 사상적 무기로 보고 헤게모니 획득 전략을 일종의 진지전으로 설명한다. 이런 맥락에서 정권 초기 북한은 인민의 동의와 동조를 수반하는 이데올로기 투쟁의 수단으로 〈38선〉과 같은 기록영화를 통해 하나의 진지를 구축하려 노력했다. 피스크의 3단계 이데올로기 분석 방법에 따라 〈38선〉에서 표출된 이데올로기를 정리하면 〈그림 2-2〉와 같다.

1967년 이후 주체문학예술이 부각되면서 기록영화에서 가장 두드러진 경향은 수령의 혁명정통 재현을 위한 수령형상창조에 있었다. 수령형상은 공산주의 인간학의 최고 성품이자 인물 묘사 중 가장 높은 지위로 강조됐다. 수령의 형상을 창조하는 것은 당의 유일사상체계를 세우는 것과 직접적으로 연관되어 있기 때문에 새로운 혁명문학 건설에서 핵으로 인식됐다.

02

유일체제 확립기

〈수령님은 언제나 우리와 함께 계시네〉(1969)

서사구조 분석

통합체: 양괄식 서사구조로의 변화

갑산파 숙청 이후 유일체제 확립기인 제2시기의 대표적 기록영화 〈수령님은 언제나 우리와 함께 계시네〉는 1969년 조선기록영화촬영소 만경대촬영단이 흑백으로 제작했으며, 분량은 일곱 권이다. 이 기록영화는 북한의 기록영화 중에서도 가장 중요한 현지지도 영화문헌에 속한다. 김정일은 1961년 5월 조선기록영화촬영소 현지지도에서 영화문헌의 본보기를 제작할 것을 교시했다.[58] 이 기록영화는 그 결과물 중 한 편이다.[59] ≪로동신문≫에서는 "위대한 수령 김일성동지의 조국과 인민에 대한 열렬한 사랑과 헌신적인 복무정신 …… 겸손하고 소박한 인민의 수령으로서의 고결한 풍모가 차넘치고 있어 관중들을 끝없이 감동케 한다"[60]고 이 텍스트를 평한다.

북한영화사에서는 1967년을 큰 전환의 해로 평가한다. 이전의 카프와 항일

혁명전통의 공존에서 벗어나 이때부터 항일혁명전통을 유일전통으로 내세우게 됐기 때문이다. 대부분의 연구자들이 이때를 '주체문예의 교조화', '유일사상의 시작' 등의 표현을 동원해 설명해온 사실에서도 알 수 있듯이, 해방 후의 사회주의적 사실주의의 테두리 안에서 비교적 자유를 누려온 북한 예술은 1967년 이래로 공식적인 목소리에 더욱 민감한 예술이 됐다.[61] 이때부터 북한 당국도 문학예술이 전면적인 개화기에 들어섰다고 주장하면서 사회주의 완전승리와 수령형상창조를 강조하기 시작했다. 기록영화 부문에서도 당성, 노동계급성, 인민성을 활동방침으로 제시했으며, 김일성의 아버지 김형직을 애국자, 혁명적 교육자로 자세히 묘사하는 등 가계 우상화가 시작됐다.[62]

이런 시대적 배경에서 제작된 〈수령님은 언제나 우리와 함께 계시네〉를 시퀀스별로 분석한 결과, 〈그림 2-3〉에서 보는 바와 같이 총 일곱 개의 시퀀스로 기승전결의 구조를 형성하고 있다. '기'에 해당하는 시퀀스 1에서는 사회주의 모범의 나라인 조선은 수령의 영도로 번영하고 있다고 소개한다. '승'에 해

그림 2-3 〈수령님은 언제나 우리와 함께 계시네〉의 시퀀스 분석

구분	시퀀스	주요 내용
기	1	인민의 수령 김일성 동지
		⇩
승	2	해방 직후 김일성 동지의 인민에 대한 사랑
	3	사회주의 혁명을 진두지휘하는 김일성 동지
	4	김일성 동지의 인민에 대한 따스한 어버이 품성
		⇩
전	5	사회주의 낙원인 조선
	6	김일성 동지의 세심한 사랑의 손길
		⇩
결	7	김일성 동지 만세

당하는 시퀀스 2~4에서는 해방 직후의 사회주의 혁명을 진두지휘하는 수령의 모습을 회고하고 인민에 대한 어버이 품성을 재현한다. '전'에 해당하는 시퀀스 5와 시퀀스 6에서는 사회주의 낙원 건설에서 김일성의 현지지도를 자세히 조명한다. 마지막 '결'에 해당하는 시퀀스 7에서는 인민의 지지를 받는 수령의 모습으로 귀결되는 구조를 보여준다.

다음은 시퀀스 순서별로 핵심 사건을 중심으로 텍스트의 서사 구성방식과 텍스트가 생산된 콘텍스트의 지점에 대해 살펴보자. '기'에서 김일성은 인민의 수령이며 인민은 그의 영도 아래 세상에서 부러움 없이 살고 있다고 전한다.

> 이 영화는 4천만 조선인민의 경애하는 수령 김일성동지께서 우리인민에게 베풀어 주신 **무한히 높고 깊으신 덕성과 두터운 배려** 중에서 그 일부를 편집한 것입니다.

> 김일성 원수님의 따뜻한 햇빛아래 우리 인민은 사회주의 제도에서 **먹을 걱정, 입을 걱정, 집 걱정**을 모르고 행복하게 살고 있습니다.

> 오직 인민을 위하여 인민들 속에서 인민들과 생사고락을 같이 하시며 한 평생을 걸어오신 **인민의 수령 김일성 동지**.

첫 번째 단락 인트로intro의 자막 고지는 서두에 제작목적을 밝혀 제작의도를 사전에 주지시킨다. 다음 단락의 "먹을 걱정, 입을 걱정, 집 걱정을 모르고 행복하게 살고 있습니다"[63]라는 언술에서 보듯이 도입부에서 북한은 모든 사람이 풍족하게 의식주 문제를 해결한 사회주의 모범국가로 이 모든 은덕은 수령의 영도 아래 이룩한 성과라고 주장한다. 그런데 북한이 1961년부터 시작한 제1차 7개년 계획은 명백히 실패했다고 볼 수 있다.[64] 그럼에도 당시 남한보다는 우월했던 경제적 자신감을 기반으로 사회주의 체제의 우월성을 알리고 우회적으로 자본주의 체제를 비판하고 있는 것이다.

'승'에서는 수령이 왜 인민의 어버이인지를 사례 제시를 통해 논증한다.

> 국제 공산주의운동과 **노동운동의 탁월한 영도자**의 한 분이신 사천만 조선인민의 위대한 수령 김일성동지 …… 해방된 조국 땅에 개선하시여 **맨 먼저 노동계급을 만나주신** 위대한 수령님.

> 전쟁이 스쳐간 땅, 벽돌 한 장 성한 것 없고 의류 한 장 성한 것 없는 폐허의 땅 …… 이 어려운 시기 수상동지께서는 **먼저 노동계급을 찾으셨습니다**.

> 준엄한 1957년. 역사는 다시 준엄해지고 정세는 다시 시련에 찼을 때 …… 어려울 때는 **언제나 노동계급을 찾으시는 수상동지**. 수령님께서는 노동계급과 가슴을 맞대이시고 당의 아픈 사정을 허심히 말씀하셨습니다.

북한은 노동계급이 인민대중의 근본 이익을 대표하는 가장 자주적이고 창조적인 계급이며 인민대중의 자주성을 실현할 수 있는 혁명적인 계급으로 인식한다.[65] 이런 노동계급에 대한 인식을 반영하듯 수령이 인민의 어버이가 될 수 있는 근거 중 하나를 그가 노동계급과 자주 소통을 했다는 점에서 찾고 있다. 즉 수령은 나라가 어려울 때마다 맨 먼저 노동계급과 국사를 의논해 해결책을 도출해낸 노동운동의 탁월한 영도자라는 것이다. 이 시기는 '대안의 사업체계'가 확립된 때로, 문학예술의 사명은 천리마 기수들의 형상을 통해 노동계급의 사상으로 교양되는 것이 강조됐다.

'전'에서는 수령의 어버이 품성을 구체적인 사례들로 심화해서 제시한다.

> 어버이 수령님께서는 **그렇게도 자애롭고 그렇게도 살뜰한 사람**으로 어느 마을 뉘 집이라 할 것 없이 언제나 따뜻하게 보살펴 주셨습니다.

한 평생 어떻게 수령님의 태산 같은 은혜에 다 보답할 수 있겠습니까 …… 부모의 사랑이 재아무리 큰다한들 어버이 수령님의 사랑이야 어찌 비길 수 있겠습니까 …… 어버이 수령님의 한없는 사랑을 이 몇 권의 책에 어떻게 다 담을 수 있겠습니까 …… 수령님의 뜨거운 사랑. 태양이 아무리 뜨겁다 한들 이 사랑에 비기겠습니까. **바다가 아무리 깊다한들 이 은덕에 비기겠습니까**.

1967년 이후 주체문학예술이 부각되면서 기록영화에서 가장 두드러진 경향은 수령의 혁명정통 재현을 위한 수령형상창조에 있었다. 수령형상은 공산주의 인간학의 최고 성품이자 인물 묘사 중 가장 높은 지위로 강조됐다. 수령의 형상을 창조하는 것은 당의 유일사상체계를 세우는 것과 직접적으로 연관되어 있기 때문에 새로운 혁명문학 건설에서 핵으로 인식됐다.[66] 위 언급에서 나타난 바와 같이 수령형상을 재현하기 위해 이 기록영화에서는 관객에게 호의적인 반응을 이끌어낼 수 있는 단어와 결합된 '화려한 미사여구glittering generality'를 사용한다. 이런 미사여구는 확실한 증거를 조사해보지도 않은 채 사실을 받아들이고 찬성하게 만드는 효과가 있다.[67]

'결'에서는 도입부의 주제를 재차 환기시키면서 어떤 역경 속에서도 김일성을 믿고 투쟁할 것을 호소한다.

우리당과 우리나라 **첫 프롤레탈리아 독재국가**의 창단자이시며 …… 국제 공산주의운동과 세계의 혁명의 진두에서 모든 공산주의자들과 혁명적 인민들이 나아갈 길을 밝혀주시는 우리시대의 **탁월한 맑스-레닌주의이신 김일성 동지**.

우리에게 조국을 수시고 우리에게 삶을 주시고 우리에게 희망찬 미래를 안겨주신 우리 **모든 승리의 조력자이신 김일성 동지**.

위의 언술체계에서는 다소의 혼선이 발견된다. 공산주의 종주국 소련이 건재함에도 불구하고 김일성이 국제 공산주의의 지도자로 규정된다는 점이다. 북한 사회주의 건설의 독자성을 강조하여 국제 공산주의 운동의 분열을 종식시키려 하고 있고, 세계적 공산주의 운동의 지도자로 발돋움을 시도하고 있는 것이다. 이런 시대적 배경에는 당시 중소분쟁이 1960년 내내 계속되는 와중에 소련공산당의 수정주의적 경향과 코민테른식의 강압적 헤게모니 행사, 그리고 북한의 내정에 간섭하는 태도에서 비롯됐다고 볼 수 있다.[68]

북한에서 주체사상의 형성은 '탈소련화'를 정당화하기 위한 이데올로기적 필요성으로부터 전개된 측면이 강하다.[69] 이렇게 '반反사대주의'라는 문제의식을 기반으로 형성된 이때의 주체사상은 마르크스-레닌주의의 창조적 적용으로 상당히 합리적 측면도 있다고 할 수 있다.[70] 대중적 공감 아래 형성된 이데올로기가 우리에게 조국과 삶, 그리고 희망찬 미래까지 안겨주는 "우리 모든 승리의 조력자이신 김일성 동지"라는 결론으로 제시될 때, 관객은 이를 비판 없이 수용하게 되고 관객에게 능동적으로 작용했을 것이다.

〈수령님은 언제나 우리와 함께 계시네〉는 도입부에서 주제를 분명히 밝히고, 결론에서는 이를 재강조하는 양괄식 구성을 띠고 있다. 이는 주제를 분명하게 전달하고 제시한 주제를 관객에게 오래 기억하게 하는 효과가 있다. 이 영화는 수령을 정점으로 유사한 이야기를 반복하는 서사구조와 역사적 사건의 진실을 주장하는 논증의 구조를 보여준다. 이런 서사구조를 통해 텍스트 내에서 북한 당국이 의도하는 바를 편향적으로 재구성하여 북한 주민에게 전달하고 있음을 알 수 있다.

계열체: 혁명주체들의 자각 요구

〈수령님은 언제나 우리와 함께 계시네〉는 이야기 구조 속에서 '자애로운 어버이 수령'의 모습 뒤에 숨겨진 이항대립 구조를 엿볼 수 있다. 구체적으로 살펴보자.

첫째, 유일사상은 절대적 개념이기 때문에 개인의 자유와 권리를 포기하면서도 수령에 대한 충성을 강제함으로써 '수령 대 개인'의 대립을 부각시킨다.

둘째, 어버이에 대한 효심의 강조를 통해 불순종을 불효로 호명함으로써 인민에게 자식의 도리를 다할 것을 요구한다.

셋째, 우리의 적은 미제와 그 추종세력들임을 분명히 하며 사회주의 혁명을 위해 혁명주체에게 자각할 것을 요구한다. 또한 이 기록영화는 제시된 주제를 관철하기 위해 '수령'이라는 어휘를 반복해서 과도하게 기호화한다.[71] 광고와 선전의 핵심은 반복에 있다. 아돌프 히틀러Adolf Hitler는 선전선동의 기본원칙으로 추상적인 관념을 피하고 감정에 호소할 것과 언어적·시각적으로 끊임없이 반복할 것을 제시했다.[72]

〈수령님은 언제나 우리와 함께 계시네〉에서 나타난 이항대립 구조와 내용을 정리하면 〈표 2-4〉와 같다.

이와 같이 〈수령님은 언제나 우리와 함께 계시네〉는 뚜렷한 이항대립 구조를 이루면서 전개되고 있음을 알 수 있다. 이런 대립구조는 사회 내의 부족한 혁명사상을 부분적으로 공개해 사회를 교화시키는 역할을 담당하게 된다. 이 기록영화는 인민의 지도자 김일성과 혁명주체 세력을 중심으로 사회주의 혁명의 길에 함께 가자고 강조한다.

표 2-4 〈수령님은 언제나 우리와 함께 계시네〉의 이항대립 구조 분석

이항대립	내용
수령 / 개인	혁명 뇌수 / 인민
유일사상 / 다원주의	절대 개념 / 상대 개념
어버이 / 자식	가르침 / 순종
우리 / 그들	동지 / 미제국주의
노동계급, 농민 / 자본가	혁명 주체 / 타도대상

영상기호 분석

영상구성요소: 재현의도에 따라 재구성

〈수령님은 언제나 우리와 함께 계시네〉에서는 기록영상이 전체의 83.8%로 가장 높은 비중을 차지했으며, 다음으로 현장화면 5.1%, 구성화면 10.9%, 기타 0.2% 순으로 나타났다. 기록영상의 비중이 매우 높은 것은 기록영상이 과거의 의미를 전달하고 정통성의 근거를 제시해주기 때문이며, 역사성을 강조하는 의미가 내포되어 있다. 그런데 특이한 점은 구성화면에서 조선화와 사진의 사용 비율이 높다는 점이다. 이는 그림과 정지화면을 대체로 사용하지 않는 서구의 다큐멘터리와 차이가 있다.

〈수령님은 언제나 우리와 함께 계시네〉의 전체 영상구성요소를 분석한 결과는 〈표 2-5〉와 같다.

표 2-5 〈수령님은 언제나 우리와 함께 계시네〉의 영상구성요소 비율

구성요소	기록영상					현장화면	구성화면			기타	합계
세부분류	현지지도	대민접촉	역사자료	상황설정	삽입		조선화	사진	자막, CG	타이틀	
시간(분:초)	06:20	26:12	04:31	19:31	02:51	03:36	02:56	04:07	00:39	00:07	70:50
비율(%)	8.9	37.0	6.4	27.5	4.0	5.1	4.2	5.8	0.9	0.2	100

기록영상

〈수령님은 언제나 우리와 함께 계시네〉에서는 기록영상의 세부 분류에서 현지지도와 대민접촉이 전체의 45.9%로 높은 비중을 차지했다. 사회주의 건설에 인민과 함께 하는 김일성의 모습을 형상화하기 위한 것으로 판단된다. 나머지 영상구성요소들은 기록영상의 의미를 보조하는 영상장치들로 사용됐다.

현지지도와 대민접촉은 격식을 따지지 않고서 인민들과 열정적으로 토론하고[73](〈화면 2-38〉), 자신이 말을 하기보다는 농민의 얘기를 허물없이 잘 들어주며(〈화면 2-39〉), 심지어 인민의 말을 받아 적는 화면을 통해 재현된다(〈화면 2-40〉). 이런 화면은 군림하는 수령이 아닌 소통을 중요시하는 지도자상을 재현하고 있다. 또한 화면에서 김일성은 스킨십을 하거나 밝게 웃는 모습이 많으며, 인민을 대하는 자세는 편안하다 못해 삐딱하기까지 하다(〈화면 2-41〉).

이와 같이 서민적 이미지plain folks의 구사는 화자가 청자에게 자신의 생각이 다수의 평범한 서민의 생각이기 때문에 믿을 수 있다는 점을 확신시키는 방법이다.[74] 또한 이 영화에는 김일성이 어린이와 함께 있는 장면이 자주 등장하는데, 엄격한 수령의 이미지보다는 편안한 어버이로서의 이미지를 부각시키는 일종의 '거리 줄이기'[75]를 구사하고 있다. 또한 오직 인민을 위해 인민

화면 2-38

화면 2-39

화면 2-40

화면 2-41

들 속에서 인민들과 생사고락을 같이하며 한평생을 걸어온 '인민의 수령 김일성 동지'로부터 모든 것이 시작됐음을 강조한다. 김일성의 통치이념이었던 '이민위천以民爲天'을 재현한 것이다.

현장화면

현장화면은 5.1%의 비율을 차지한다. 현장화면의 비율이 다른 구성요소에 비해 적은 것은 이 텍스트가 영화문헌이기 때문에 기록영상을 중심으로 편집됐기 때문이다. 대체로 잘 정비되어 있는 평양 시내, 웅장한 건축물, 정돈이 잘된 살림집(주택)의 내부 등을 재현한다(〈화면 2-42〉·〈화면 2-43〉). 이처럼 잘 가꿔진 평양 시내의 건물들과 정갈히 정돈된 살림집을 보여준 것은 북한이 수령의 영도 아래 번영하며 전진하는 사회주의 모범의 나라임을 표상하려 했기 때문이다.

대부분의 북한 기록영화에서는 번영하는 자신들의 모습을 웅장하고 세련된 건축물로 표현하는데, 이는 시각화visualization가 용이하고 건축을 '전통의 새로운 창조'[76]로 보는 시각에 기인한 것이다. 그리고 이런 현장화면 뒤에는 전쟁으로 폐허가 된 자료화면을 보여준 후 김일성의 영도로 현재의 발전하고 있는 사회주의의 모습을 남한과 이항대립적으로 묘사한다(〈화면 2-44〉·〈화면 2-45〉).

화면 2-42

화면 2-43

화면 2-44

화면 2-45

구성화면

조선화는 약 3분 동안 총 여섯 컷이 사용됐고, 사진은 약 4분 동안 스물네 컷이 사용됐다. 조선화의 내용은 주로 김일성의 혁명투쟁의 과정을 그리고 있으며, 사진은 '1호 사진'[77]이 사용됐다. 그런데 구성화면은 사용된 컷 수에 비해서 장시간 편집됐다. 이들 모두 주밍zooming과 패닝panning 같은 카메라워킹을 사용하기 때문이다. 북한에서 보도사진은 그 어떤 현실 반영 수단보다도 가장 생동감 있게, 있는 그대로를 반영하는 것으로 인식된다.[78] 특히 북한에서 '1호 사진'에 대한 대중들의 신뢰도가 높기 때문에 사진으로 최고지도자의 권위를 세우는 기제는 효율적으로 작동하고 있다.[79]

〈화면 2-46〉은 김일성의 현지지도 자료사진이다. 이 자료사진에서 수령은 보잘것없는 작은 어촌까지 찾아와 인민의 어버이로서 모든 인민을 아우르는 지도자의 모습으로 재현된다. 인민을 위한 낮은 행보는 현지지도가 갖는 '위상과 의미'이나. "어느 국가를 막론하고 '통치한다는 것'은 단순한 제도적 권력과 카리스마적 리더십만을 의미하는 것이 아니라, '어떻게 관철될 수 있는가'가 중요하다."[80] 〈화면 2-47〉은 혁명을 하다가 부모를 잃은 영옥이네 4형제가 수령의 은덕으로 김일성종합대학에서 미래의 혁명가로 커가고 있다는 사진이다. 이 사진은 자상하게 가방끈을 메어주는 수령의 품성을 근거로 제시하고 있으며, 현지지도가 어떻게 인민들에게 관철되는지를 잘 강조하고 있다.

화면 2-46

화면 2-47

김일성은 조선화가 북한의 고유한 미술형식, 힘 있고 고상한 것이 특징이라고 지적하면서, 전통(동양화)의 재창조를 통해 조선화가 현재적 감정과 정서에 맞게 발전되도록 요구했다.[81] 김정일도 조선화 위주로 미술을 발전시키는 것은 당의 일관된 방침이라고 강조했다.[82] 〈화면 2-48〉은 김일성이 인민의 자유와 해방을 위해 몸 바쳐 싸워온 것을 형상화한 조선화로, 그가 항일무장투쟁 시기부터 인민의 충직한 아들이자 인민의 친근한 어버이, 그리고 혁명의 위대한 수령으로서 인민을 승리로 영도해 조국광복을 이루었음을 재현하고 있다. 갑산파 숙청 이후 북한은 사회주의적 사실주의를 폐기하고 주체사실주의가 출발한 시점이라고 본다. 기록영화에서 조선화의 적극적인 사용은 이전 시기와 다른 미학적 특징으로, 이런 영상재현 특성은 주체사실주의의 영향을 받아 생성된 것으로 볼 수 있다.

바르트의 사진 분석에 따라 〈화면 2-48〉을 분석해보자. '구역 1'에서는 김일성의 모습을 다른 인물들에 비해서 크게 형상화함으로써 수령의 권위를 드러낸다. 또한 인민군과 함께 있는 모습을 통해 혁명 군대를 이끄는 장군의 의미를 부각하며, 혁명은 '총대'에서 나온다는 것을 암시한다. '구역 2'에서 김일성이 목에 건 망원경은 그가 시대를 통찰하는 천리안을 가지고 있음을 뜻하며, '구역 3'에서 먼 곳을 가리키는 손끝에 여백을 둔 것은 수령이 제시하는 사회주의 혁명의 비전 제시로 해석할 수 있다.

화면 2-48

일반적으로 사람들은 미학이 개입하게 되면 재현된 현실이 왜곡되거나 변화된다고 생각한다. 영화는 허구적 양식으로 구성되고, 다큐멘터리는 실재한 비허구적 양식으로 구성된다. 그럼에도 허구와 비허구를 구분하는 기준은 형식이나 스타일보다는 오히려 의도나 맥락에 있다.[83] 이처럼 북한 기록영화에서 조선화의 적극적인 사용은 존재하지 않는 기록을 보완하며, 이를 통해서 김일성을 신화화mythicization한다. 영상구성요소를 분석한 결과, 〈수령님은 언제나 우리와 함께 계시네〉는 영상구성요소를 재현의도에 따라 재구성함으로써 특정인물과 국가체제에 대한 역사성과 정통성을 보여주고 있다.

표상요소: 특정 이미지를 집중 재현·확대

통합체 분석의 결과인 시퀀스 순서에 따라 〈수령님은 언제나 우리와 함께 계시네〉의 기술적 코드들에 대한 표상요소들의 함축적 의미구조를 심층적으로 파악한 결과는 〈표 2-6〉과 같다.

표 2-6 〈수령님은 언제나 우리와 함께 계시네〉 표상요소 분석 결과

순서	비디오	오디오	주요 내용	기술적 코드	내포의미
기	#1. 인민의 수령 김일성 동지				
1	 	NA MU	인민을 한품에 안아 키워주는 사천만 조선 인민의 어버이 수령은 김일성 동지다.	김일성을 찬양하는 음악을 배경으로 slow ZI FS에서 CU으로 시점이 이동한다.	어린이의 손을 잡고 행진하는 사진을 도입부에 배치함으로써 어버이의 이미지를 부각시킨다.
2	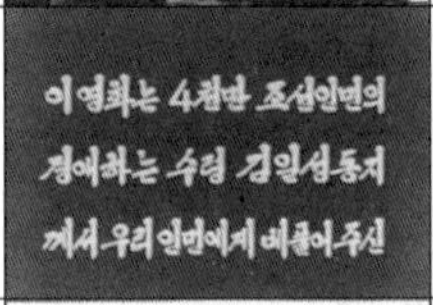	MU	이 영화는 김일성이 인민에게 베풀어준 은덕 중 일부를 편집한 것이다.	중간자막으로 주제를 도입부분에 표출한다.	관객에게 주제의식을 미리 고지하는 효과가 있다.
3		NA BGM	사회주의 조국은 온 세상에 빛을 뿌리며 한없이 번영하며 전진한다.	현대적 건물들을 PAN-L, ZI 등으로 보여주고 있다.	사회주의 모범국가로 발전했다는 것을 암시한다.
4		NA BGM	북한은 전쟁의 흔적은 말끔히 사라졌고, 영광스러운 역사를 창조하는 나라이다.	정돈된 평양의 모습을 스케치해 병행편집한다.	풍족하고 번영한 모습을 재현한다.
5		NA BGM	인민은 수령의 은덕으로 사회주의 제도 아래에서 행복하게 살고 있다.	김일성 초상화들을 ZI해 내부편집한다.	주인공을 확실하게 각인시키는 효과를 주고 있다.
6		NA BGM	수령은 항상 인민들과 함께 있으며, 이것이 인민의 행복이자 영광이다.	인민들과 함께 있는 사진들을 연속 디졸브로 편집한다.	역사자료 제시를 통해 사실로 그것을 믿게 한다.

7	 	NA BGM	수령은 혁명의 길에 나설 때부터 인민의 친근한 아들이자 어버이였다. 또한 혁명의 수령으로서 인민을 영도하고 조국의 광복을 이룩해줬다.	조선화를 연속으로 Slow ZI으로 촬영한 후 집중편집·확대편집한다. 논증자료가 없는 사실을 조선화를 통해 시각화해 인지적으로 사실화하고, 수령의 신화를 형성시킨다.

승 #2. 해방 직후 김일성 동지의 인민에 대한 사랑

8	 	NA BGM	해방된 조국에 개선한 수령은 인민들의 새 생활과 새 조국 건설을 위해 심혈을 기울였으며, 한평생 안식을 모르는 생을 살고 있다.	집무실에서 일하는 과거 사진자료과 현장화면(Slow ZI)을 커트편집한다. 과거에서 현재로 시간차를 두어 쉼 없이 일하고 있는 모습을 형상화한다.
9	 	NA BGM	인민이 나아갈 길을 밝혀준 수령의 노작들은 온 세상에 빛을 뿌리고 있으며, 인민은 수령의 영도를 따라 승리의 한길로 달려갔다.	「김일성 장군의 노래」를 배경음악으로 해, 삽입화면들을 ZI·PAN-L 등 다양한 카메라워킹으로 찍으며 역동감을 준다. 수령은 문무를 겸비한 지도자라는 점을 내포한다.
10		NA BGM	수령은 20년 만에 조국에 돌아와서 고향을 지척에 두고도 강선으로 향했다.	강선으로 향하는 길을 TRK 롱테이크로 찍어 제시한다. 현장감을 극대화하면서 역동감을 준다.
11		NA BGM	수령은 해방된 조국에 개선해 맨 먼저 노동계급을 만났다.	조선화와 김일성의 자료사진을 연속편집 한다. 이런 구성은 허구의 역사를 사실로 굳히는 효과가 있다.

12	 	NA BGM	수령은 농민들에게는 토지를 무상분배하고 건설장에서 첫 삽을 떴으며, 조국의 미래를 보면서 새 조국의 기둥을 세워나갔다.	자료사진과 기록영상을 반복해서 병행편집한다. 토지개혁의 성과를 홍보하고 있으며, 김일성이 새 조국의 기틀을 세웠다는 역사적 정통성을 강조한다.

승 #3. 사회주의 혁명을 진두지휘하는 김일성 동지

13		NA BGM	미제와 그 주구들에 의해 이 땅 위에 준엄한 역사가 시작됐다.	전쟁의 포연이 가득한 기록영상을 제시한다. 심각한 상황으로의 반전을 암시한다.
14	 	NA BGM	수령은 포탄이 빗발치는 전장에서 언제나 전사들과 함께했으며, 탁월한 군사예술로 전쟁을 승리로 이끌었다.	한국전쟁과 관련한 조선화·사진·기록영상을 반복해서 함축편집한다. 김일성을 천재적인 군사 전략가이자 백전백승의 명장으로 묘사한다.
15		NA BGM V/O	김일성 원수는 미제의 불패신화를 짓부수고 미제 멸망의 시초를 열었다.	함성소리와 함께 김일성을 환영하는 인파를 보여준다. 한국전쟁의 승리를 곧 김일성의 승리로 귀결시킨다.
16	 	NA BGM	수령은 전쟁으로 폐허가 된 인민경제를 발전시키는 독창적이고 자주적인 경제노선(중공업을 우선 발전시키며 경공업과 농업을 동시에 발전시키는 노선)을 제시했다.	황폐화된 시가지를 제시한 후에 김일성의 현지지도 기록영상을 집중편집한다. 수령은 폐허 속에서도 조국의 미래를 통찰한 지도자이자, 창조적인 이론가임을 강조한다.

17		NA BGM	인민들은 전후 복구사업에서 모든 것이 부족했지만 수령이 가르치는 데로 나아갔다.	농촌 부문 현지지도 기록영상을 내부편집한다. 수령만을 믿고 따르면 희망찬 미래가 온다고 주장한다.
18		NA BGM	언제나 노동계급을 믿는 수상동지는 어려운 시기마다 맨 먼저 노동계급을 찾았다.	조선화를 다양한 앵글과 카메라워킹으로 재현한다. 노동자가 사회변혁의 주체임을 재차 확인시킨다.
19		NA BGM	수령은 인민들에게 혁명이란 어떤 것이고 원수와는 어떻게 싸워야 하는지를 하나하나 가르쳐줬다.	대민접촉 기록영화를 집중편집한다. 수령의 자상한 품성을 근거영상을 통해 각인시킨다.
20		NA BGM	협동농장의 대가정(大家庭)을 묶어 세웠으며 농민들을 고된 노동에서 해방시켰다.	김일성의 농업 부문 현지지도를 자료화면으로 제시한다. 자애로운 농업 지도자의 모습을 형상화한다.
21		NA BGM	3개년 경제계획의 성과를 바탕으로 수상은 5개년 계획의 원대한 전망을 세워나갔다.	기록영상을 집중편집·확대편집한다. 경제발전의 성과를 확인시키고 동의를 구한다.

승 #4. 김일성 동지의 인민에 대한 따스한 어버이 품성

22		NA MU	1957년 준엄한 시기에 수령은 다시 강선의 노동계급을 찾아 1만 톤의 강재 생산을 호소했다.	감성적인 내레이션으로 기록영상을 내부편집한다. 수령과 노동계급의 '거리 줄이기'를 시도한다.
23		NA BGM	수령은 짐승들만 울던 산골부터 조그만 어촌까지 찾아가 노인과 여성을 만났다.	현지지도 기록영상을 반복해서 집중편집한다. 소수자까지 배려하는 지도자상을 구축한다.
24		NA BGM	노동계급은 언제 어디서나 당의 명령에 충직했으며, 수령의 부름이라면 물불을 가리지 않고 전진했다.	노동자를 CU하고 산업현장 삽입화면을 함축편집한다. 모범사례 제시를 통해 계급성을 강조한다.

25		NA BGM	희천에 봉방로가 세워졌으며 세계 1등급의 비날론공장도 준공했다.	준공식 행사의 기록영상을 내부편집한다. 주체공업의 성과와 환희를 알리고 있다.
26		NA BGM	수령은 노동계급의 기름 묻은 손을 잡아줬으며, 노동계급은 두터운 신임에 충성으로 보답했다.	현지지도 기록영상과 삽입화면을 반복편집한다. 수령과 노동계급의 혼연일체를 표출한다.
27		NA BGM	수령의 원대한 구상에 힘입어 산업 각 부문이 비약적으로 발전했다.	삽입화면을 통해 풍족한 물자상황을 재현한다. 사회주의 공업 강국의 자신감을 내비친다.
28	 	NA BGM MU	수령은 비가 오나 눈이 오나 인민을 찾아 걷고 또 걸었다.	수령을 찬양하는 노래, 감성적인 내레이션과 더불어 기록영상을 함축편집한다. 관객에서 쉼의 공간을 제공하면서 수령의 인민에 대한 사랑을 형상화한다.
29		NA BGM	수령은 노동계급에게 혁명가의 투지를 키워주고 혁명하는 방법을 일깨웠다.	공업 부문 현지지도 기록영상을 차례로 반복편집한다. 수령을 세심한 지도자로 재현한다.
30		NA BGM	수령은 농민과 무릎을 마주하고 담배를 나누며 토론했다.	이름 없는 촌로와의 에피소드를 제시한다. 격의 없는 자세로 인민 속에 있는 수령을 형상화한다.
31		NA BGM	수령은 청산리에 수십 차례나 찾아와 농사일을 구체적으로 지도하고 청산리방법을 창조했다.	농민들과 밤늦게까지 토론하는 모습을 내부편집한다. 농업혁신의 대안을 제시해 준 지도자의 상을 내포한다.

32		NA BGM	수령은 옥수수밭에도 찾아와 풍작의 기쁨을 농민들과 함께 나누었다.	농업 부문 현지지도 기록영상을 집중편집한다. 인민과 기쁨을 함께 나누는 어버이의 품성을 재현한다.
33		NA BGM	사회주의 농촌테제의 실현을 위해 수많은 들길에서 농민의 염원을 기록했다.	핸드헬드로 촬영해 현장감을 극대화한다. 늘 소통하는 수령의 이미지를 부각시킨다.

전 #5. 사회주의 낙원인 조선

34		NA BGM	수령이 혁명의 씨앗을 뿌리고 간 들판에 꽃이 피고 있다.	김일성이 다녀간 들판을 연상편집한다. 관객에게 감정이입을 유도한다.
35		NA BGM	수령은 직접 설계도에 줄을 긋고 점을 찍어가며 인민이 행복하게 살아갈 사회주의 낙원을 건설했다.	건설 부문 현지지도 기록영상과 삽입화면을 제시한다. 온 사회에 수령의 손길이 닿았음을 강조한다.
36		NA BGM	전국의 산야에 백화가 만발하고 백과가 주렁져 인민은 사시사철 과일을 먹게 됐다.	기념식수 기록영상과 산야를 내부편집한다. 기본적인 의식주 문제는 해결되었음을 암시한다.
37	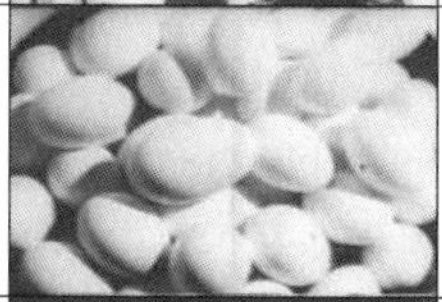	NA BGM	수령의 원대한 구상에 의해 도처에 닭목장이 세워졌고 달걀이 쏟아져 나오게 됐다.	풍요로움을 상징하는 삽입화면을 상징편집한다. 지금 살고 있는 이곳이 사회주의 낙원임을 내포한다.
38		NA BGM	수령은 인민에게 더 싼값에 달걀을 공급할 수 있도록 상점에 들러 생산원가를 직접 계산해봤다.	현지지도 기록영상을 반복편집한다 계획경제의 우수성을 우회적으로 표출한다.
39		NA BGM	수령은 인민들이 의식주에 대한 근심걱정 없이 행복한 생활을 누릴 수 있도록 해줬다.	대민접촉 기록영상을 확대편집한다. 수령에 의해 모든 행복이 시작되었음을 상기시킨다.

전 #6. 김일성 동지의 세심한 사랑의 손길

40		NA BGM	수령은 살뜰한 어머니와 같이 인민들의 생활을 구석구석까지 살펴주었다.	살림집을 방문한 수령의 모습을 확대편집한다. 수령의 한없는 은혜에 보답해야 함을 의미한다.
41	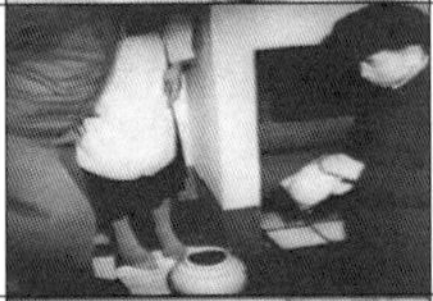	NA BGM	수령은 장맛까지 보고서야 마음을 놓았으니, 인민을 향한 수령의 마음이 부모의 사랑과는 비길 수 없이 컸다.	기록영상과 장독을 순차적으로 내부편집한다. 수령은 모든 인민의 어버이라는 신화를 생성한다.
42	 	NA BGM	친정아버지도 미처 다녀가지 못한 신혼부부의 집을 방문해 어버이의 사랑으로 세간까지 알아봐줬다.	밝게 웃는 수령과 순종적인 부부의 모습을 대조편집한다. 사랑을 베풀어주는 어버이에게 자식은 효심을 다해야 함을 내포한다.
43	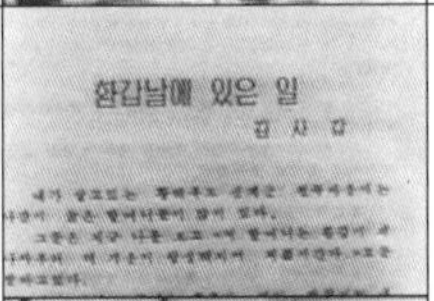 	NA BGM	시골의 작은 상점 책임자인 이름 없는 할머니의 환갑잔치를 열어준 수령은 할머니에게 평생 동안 한 번도 못 입어본 비단옷을 선물해줬다.	소설『인민들속에서』의 일화를 삽입화면으로 제시한 후 사진자료와 기록영상으로 회상편집한다. 수령은 온 인민을 한품에 안은 인민의 친어버이임을 논증한다.
44		NA BGM	수령은 어디를 가나 노동계급의 합숙소를 먼저 찾고 사랑을 베풀었다.	노동자의 밥을 시식하는 장면을 롱테이크로 제시한다. 수령과 인민의 동질성을 높이는 효과를 준다.

45		NA BGM MU	후대 교육문제를 모든 혁명 사업의 최우선 과제로 삼고 어린이들을 한품에 안아 혁명의 꽃봉오리로 키워줬다.	어린이들의 합창곡에 맞춰 어린이들과 함께 행복해하는 장면을 집중편집·확대편집한다.
46				수령은 모든 인민의 친어버이라는 이미지를 재차 각인시킨다.
47		NA BGM	현지지도의 바쁜 날들에도 불구하고 가는 곳마다 학교에 들러 원대한 희망과 포부를 안겨줬다.	현지지도 기록영상을 반복편집한다. 수령의 사회주의 교육의 비전을 재현한다.
48		NA BGM	수령은 혁명발전의 매 시기마다 문화예술이 나아갈 길을 뚜렷이 밝혀줬다.	예술 부문 현지지도 기록영상을 내부편집한다. 예술성을 겸비한 지도자의 형상을 함축한다.
49	 	NA BGM MU	수령은 부모 없는 아이들을 한품에 안아 김일성종합대학에서 미래의 혁명가로 키워줬다.	자료사진을 먼저 보여주고 기록영상을 통해 증명한 후에 조선화를 제시한다. 실제 사례를 통해 사회주의 교육제도의 우월성과 수령의 자애로운 품성을 부각시킨다.
50		NA BGM	재일동포의 아픔과 설움을 헤아려 동해의 뱃길을 열어줬다.	환호하는 군중과 수령의 모습을 회상편집한다. 수령은 해외동포까지 챙기는 진정한 민족의 어버이이다.
51		NA BGM	수령은 혁명가 유자녀들과 영예군인의 생활을 친어버이 심정으로 구석구석 보살펴줬다.	대민접촉 기록영상을 순차적으로 반복편집한다. 수령의 혁명적 의리와 배려를 강조한다.

52	 	NA BGM	수령은 유자녀들을 위한 혁명학원들을 세워 혁명의 수비대로 키우고 있으며, 이런 넓은 품이 있었기에 사람들은 자기의 모든 운명을 수령에게 맡기고 목숨을 바쳐 싸울 수 있었다.	만경대혁명학원 유자녀와 함께 행진하고 이를 열렬히 환영하는 기록영상을 다양한 앵글로 제시한다. 수령에 의해 혁명의 씨앗들이 자라고 있으며, 혁명의 대는 계속 이어질 것을 의미한다.
53	 	NA BGM MU V/O	수령은 고지의 어린 병사의 손을 잡아주었으며, 병사들의 취사장에서 세면장까지 그이의 손길이 닿지 않는 곳이 없었다.	군사 부문 현지지도 화면을 순차적으로 확대편집·병행편집한다. 수령은 언제나 병사들 속에 있으며, 어버이 수령을 위해 목숨 바쳐 싸울 것을 유도한다.

결 #7. 김일성 동지 만세

54		NA V/O	탁월한 마르크스-레닌주의자이자 인민의 위대한 수령은 김일성 동지이다.	군중의 만세 함성과 함께 행사화면을 집중편집한다. 주위를 환기시켜 상황설정을 한다.
55	 	NA MU	혁명의 시련을 헤치고 영광스러운 혁명전통을 창시한 수령은 우리에게 희망찬 미래를 안겨주고 모든 승리의 조직자이다.	환호하는 군중과 답례하는 김일성의 모습을 교차해 역동적으로 편집하고 있으며, 내레이션 톤이 고조된다. 수령이 인민의 절대적 지지를 받고 있음을 내포한다.
56		NA MU	수령이 있기 때문에 우리 당은 전진하고 우리의 미래는 찬란하다.	격정적으로 환호하는 군중을 내부편집한다. 모든 비전의 동인을 수령에게서 찾게 한다.

57		NA MU	어떤 역경 속에도 유일사상 체계로 튼튼히 무장해 공산주의 지평선으로 꿋꿋이 나아갈 것이다.	행사의 피날레를 알리는 기록영상을 확대편집한다. 수령의 충실한 혁명전사가 될 것을 요구한다.
58	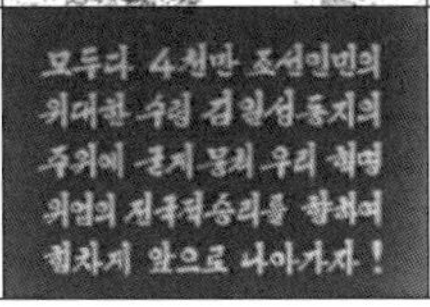	MU	자막 고지를 통해 김일성의 주위에 뭉쳐서 혁명을 향해 전진할 것을 요구한다.	관객에게 제작의도를 재차 주지시키는 효과를 준다.

이 책에서는 표상요소를 기호적 코드인 카메라기법, 편집기법, 사운드기법으로 구분하여 심층적으로 분석함으로써 영상기호의 의미작용을 분명하게 밝히고자 하였다.

카메라기법

〈수령님은 언제나 우리와 함께 계시네〉에서 상황설정을 재현한 샷은 전체 영상구성요소 중 약 27.5%로 비교적 높은 비중을 차지한다. 이 영화 안에서 상황설정은 주로 롱샷long shot을 사용해 주위를 환기시키고, 새로운 이야기가 시작되고 있음을 알리고 있다. 이는 이 영화의 편집적 특징 중 하나로 전후 상황에 대해 자세히 설명한 다음에 컷을 이어붙이는 구성방식을 취하고 있다(〈화면 2-49〉·〈화면 2-50〉). 이런 기법의 잦은 구사는 북한 영화예술의 특징 중

화면 2-49

화면 2-50

의 하나이다. 김정일은 "화면들을 짧게 여러 토막으로 나누어 가지고 한 대상으로부터 다른 대상으로 급하게 넘어 가는것은 광폭영화의 특성에 맞지 않으며 우리 인민들의 비위와 정서에도 맞지 않는 것"[84]이라고 했다.

선전의 중요한 요소는 설득과 공감이다. 이 기록영화에서는 직접적인 아나운싱announcing에 상응하는 영상(근거)을 관객이 이해할 때까지 충분히 보여준다. 이런 롱테이크long take는 연출가에게 미장센을 구사할 수 있는 충분한 '시간'과 '공간'을 제공한 것이기도 하다.[85] 이 점에 충실했기 때문에 이야기 전개가 전반적으로 억지스럽지 않고 자연스럽다. 특히 〈화면 2-51〉은 김일성이 해방 직후 강선降仙으로 향했던 길을 37초의 롱테이크로 재현한다. 그리고 1956년 8월 종파사건으로 정세가 어려워졌을 때 다시 찾은 눈 덮인 강선 길의 모습을 보여준다(〈화면 2-52〉). 이 롱테이크는 세 컷으로 이루어져 있으며, 34초 분량이다. 이렇게 강선 길을 롱테이크로 반복해서 보여주는 것은 수령형상 창조에 입각해 노동계급의 계급성을 강조하는 의미로 해석할 수 있다.

소련을 비롯한 사회주의 국가에서 프롤레타리아트는 자기 스스로를 재현할 수 없기 때문에 그들은 재현되어야 한다는 인식이 있었다. 그런데 이 기록영화에서 노동계급을 강조해 재현하는 것은 그들의 입장을 대변하는 것이 아니라, 오히려 수령의 자질을 보다 더 적극적으로 주장하고 그 사례를 제시해주는 기능을 한다. 이는 수령이 노동계급의 수령으로 형상화되어야 한다는 관점

화면 2-51

화면 2-52

에서 기인한다. 이 관점은 사회주의 문학예술의 본성은 당성에 있으며, 당성은 노동계급의 이익에 대한 철저성에서 나오고 당성의 최고 표현은 수령에 대한 충실성에 있다는 것이다.[86] 따라서 노동계급을 영도하는 수령에 대한 '수령형상'이 곧 노동계급 이익과 직결되는 문학예술의 본성이 된다. 김정일은 수령형상의 핵심은 노동계급의 수령으로 그려져야 한다고 밝혔으며, 수령형상 창조는 사회주의적 사실주의의 운명을 좌우하는 근본문제로 이 사업의 중요성을 강조했다.[87]

북한의 기록영화는 카메라를 사용함에 있어서 '높은 정치적 식견과 올바른 사상 미학적 안목'을 가지고 남다른 화면 구성력을 키울 것을 요구한다.[88] 〈수령님은 언제나 우리와 함께 계시네〉에서 카메라 렌즈는 상황에 따라 다양하게 사용됐다. 〈화면 2-53〉에서 보는 바와 같이 대민접촉 상황에는 주로 50mm 표준렌즈를 사용한 것으로 보인다. 표준렌즈의 특성은 사람이 실제로 보는 것과 가장 유사한 화각angle of view과 피사계 심도depth of field를 제공한다는 데 있다. 이 기록영화에서는 주로 표준렌즈를 사용해 관객에게 편안한 시선을 제공하고, 수령이 늘 인민과 함께 하고 있음을 표상한다.

김일성이 촌로에게 담배를 권하는 장면에는 105mm 이상의 망원렌즈를 사용한 것으로 추측된다(〈화면 2-54〉). 이는 피사체(인민)와 밀착된 느낌을 주고 화면이 꽉 차게 보이는 효과를 준다. 결국 피사체와의 친밀감을 극대화시킴으

화면 2-53

화면 2-54

화면 2-55

화면 2-56

로써 수령에 대한 위화감을 감소시키는 효과를 창출한다. 효과적인 영상재현을 위해 예술영화와 유사하게 형식미학적인 측면도 고려한 것이다.

〈화면 2-55〉는 35mm 내외의 광각렌즈를 사용한 것으로 판단된다. 군중과 김일성을 구분하고, 김일성을 강조하기 위한 의도이다. 실제 김일성의 몸집이 크기도 하지만 광각렌즈의 광학적 특성을 이용하여 김일성을 군중에 비해 크게 재현하고 있다. 즉 군중보다 김일성을 광각렌즈 앞쪽에 배치함으로써 광각렌즈의 디스토션distortion 효과[89]를 노리고 있다(〈화면 2-56〉).

〈수령님은 언제나 우리와 함께 계시네〉의 카메라기법상의 특징은 대부분의 영상기호들이 안정적으로 생산되고 있으며, 카메라기법상의 오류를 거의 찾아보기 어렵다는 점이다. 북한에서는 허락된 자만이 기록영화 장르를 제작할 수 있기 때문에 잘 훈련된 전문가에 의해 생산됐음을 의미한다.

북한은 기록영화에서 개별 인물들을 크게 묘사하거나 간부들을 내세우는 것은 편향이라고 지적한다. 특히 수령의 혁명 활동을 수록한 영화문헌기록영화에서는 수령의 영상을 가장 정중하고 존엄하게 그려야 한다.[90] 즉 북한의 기록영화는 일반인이 영웅시되는 것을 경계하면서도 수령에 대해서는 가장 빛나게 형상화하는 데 최대의 관심을 돌리면서 구성해야 한다는 것이다. 이런 점에서 북한의 기록영화는 서구의 휴먼다큐멘터리나 인물다큐멘터리가 한 인물의 내면세계를 집중적으로 재현하는 것과는 차이가 있다.

편집기법

〈수령님은 언제나 우리와 함께 계시네〉는 수령과 당의 혁명역사를 수록한 영화문헌이다. 영화문헌은 혁명발전의 단계와 시기마다 전형적인 사건들과 사실을 체계적으로 수록한 기록물로서, 연대기적 성격을 띠며, 역사문헌적인 의의를 가진다. 이는 수령의 현지지도를 포함한 모든 혁명 활동을 기록영화로 제작하는 이론적 근거이다. 특히 북한은 기록영화 편집을 "위대한 수령님의 영광찬란한 혁명력사와 령도의 현명성, 고매한 덕성을 수록하여 우리 인민들을 교양하며 귀중한 력사문헌으로 남기기 위한 중요한 사업"[91]으로 인식한다.

따라서 영화문헌은 역사의 사초史草와 유사한 역할을 한다. 본 편에서는 신원불명의 인물이 10여 곳에 걸쳐 수정·편집됐다(〈화면 2-57〉·〈화면 2-58〉). 삭제된 인물은 김일성의 현지지도를 수행했던 것으로 미루어봤을 때 최측근이었을 것으로 추측된다. 사회주의 국가 연구에서는 크렘리놀리지Kremlinology 기법을 통해 고위지도자의 탈락 혹은 누락을 발견하고 거기에서 정치변동의 단초를 발견해낸다.[92] 서구 사회에서는 역사적 사실을 기록한 기록영화를 삭제 혹은 변형하는 일은 흔치 않다. 그러나 북한의 기록영화에서는 이런 흔적을 종종 발견할 수 있다.[93] 이는 북한이 기록영화를 특정한 정치적 목적에 맞게 수정·편집해 역사를 전유하려고 노력했음을 보여주는 결정적인 증거이다.

화면 2-57

화면 2-58

화면 2-59-1

화면 2-59-2

화면 2-59-3

편집 배열은 '사진(〈화면 2-59-1〉) → 조선화(〈화면 2-59-2〉) → 자료화면(〈화면 2-59-3〉)' 순으로 연속적으로 편집해 마치 조선화의 내용도 사실인 것처럼 다섯 차례에 걸쳐 보여준다. 김일성은 인민의 아들이자 어버이, 더 나아가 인민의 영도자로 묘사된다. 이런 기호체계는 관객에게 수령 영도의 본질적 이점들에 대한 위계질서를 부여한다. 즉 수령은 자식이자 부모라는 모순된 상황을 인민이 누리는 사회적 혜택의 편리 강조를 통해 그 위계질서에 필연성을 부여한다. 이로 말미암아 이것이 최상이라는 점을 신화로 자연스럽게 형성해낸다. 이처럼 유일영도자 김일성의 신화가 후시에 제작된 구성화면인 조선화를 이용해 표상 조작된다. 이 시기에 출현한 조선화를 활용한 편집방식은 현재까지 북한 기록영화의 대표적인 편집상 특징 중 하나로 구축됐다. 서구의 다큐멘터리에서는 이런 목적으로 주로 재연이나 컴퓨터그래픽을 활용한다.

〈수령님은 언제나 우리와 함께 계시네〉에서는 수령의 인민에 대한 따뜻한 인간적 품성을 반복해서 제시한다. 〈화면 2-60-1〉은 김일성이 어느 인민의 막내아들의 집에까지 직접 와서 세간을 걱정하고 인민의 생활을 구석구석 보살펴주는 김일성의 '어머니'와 같은 품성을 새댁의 모습 위에 덧씌워 수사한다. 여기에서 제시된 '어머니'라는 기표에 주목할 필요가 있다. 이는 김일성이 그동안 구축한 천재적 군사전략가, 즉 일제를 무찌른 강인한 남성이라는 기의 위에 간장까지 맛보는 살뜰하고 섬세한 어머니의 기의를 덧씌우려는 의도이

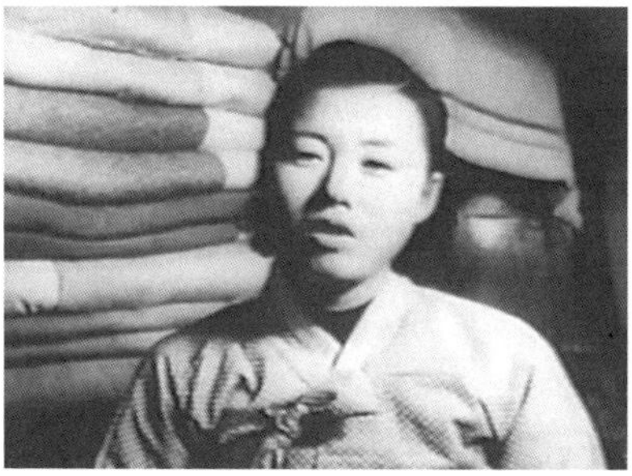
화면 2-60-1

화면 2-60-2

화면 2-60-3

화면 2-60-4

며 새로운 담론을 재생산하려는 시도라고 할 수 있다(〈화면 2-60-2〉).

이로써 수령은 수많은 딸들을 둔 인민의 어머니가 된다. 더 나아가 환갑 할머니의 일화를 통해 남편과는 비교할 수 없는 절대적 존재로 거듭난다(〈화면 2-60-3〉). 수령은 비록 인간이지만 완벽한 남근男根과 자애로운 자모慈母의 성품을 지닌 무결점의 인간으로 재탄생된다. 이런 영상재현의 진화는 그를 존경할 수밖에 없는 환상의 인물로 구축해낸다(〈화면 2-60-4〉).

사운드기법

동시 녹음이 가능해짐에 따라 '현실의 시간real time'이라는 개념이 등장하게 됐다.[94] 이에 따라 대부분의 다큐멘터리도 대개 동시 녹음된 현장음을 가급적 살리는 방향으로 구성한다. 그런데 이 기록영화에서는 김일성에 대한 환호의 함성을 두 개의 씬에서만 들려주고, 나머지 동시 녹음은 모두 삭제됐다. 이마저도 입모양이 맞지 않는 걸로 미뤄보아 후시더빙된 것으로 보인다. 북한 기록영화의 특성 중 하나는 당이 들려주고 싶은 소리만 들려주고 있다는 점이다. 이런 편집구성은 거의 들리지 않던 현장음이 간헐적으로 들림에 따라 관객은 그 소리에 주목하게 된다는 특징이 있다. 따라서 북한 당국은 정보통제와 선전의 극대화를 동시에 공략하고 있다. 현장음의 통제는 이후 북한 기록영화에서 지속적으로 적용되고 있다.

〈화면 2-61〉은 촬영 시 별도의 마이크로 현장음을 녹음하는 장면으로, 촬영 원본에는 사운드가 녹음된 것으로 추축된다. 음악은 선전의 효과를 높이기 위해 〈김일성 장군의 노래〉와 같은 기성곡과 귀에 익은 선율의 배경음악을 사용하고 있다. 북한은 기록영화에서 파악이 쉽게 안 되는 음악은 현실을 사실대로 인식하는 데 혼란을 주며 영화적 흐름을 조성하는 데 지장을 준다고 여기고 있다.[95]

다큐멘터리에서 목소리(내레이션)는 제작자의 관점을 전달하고 주장을 펼치는 역할을 하며, 제작자는 목소리를 통해 관객을 설득하고 납득시킨다.[96]

화면 2-61

다큐멘터리의 내레이션에 해당되는 북한의 기록영화 해설문은 당의 정책을 해설하는 역할을 수행하는데, 『주체의 기록영화』에 따르면 이런 해설문은 당의 정책을 인민에게 관철하는 데 이바지해야 한다고 규정한다.[97] 기록영화 해설문의 구성서술방식은 크게 두 가지 형식을 띤다. 그중 하나는 화면내용을 먼저 제시한 뒤 해설 의도를 보여주는 방법이며, 다른 하나는 화면내용과 해설 의도를 구분하지 않고 정론서사체로 써나가는 것이다.[98] 이 기록영화는 정론서사체를 주로 사용하면서도, 정서적이고 사색적인 화면에서는 오디오 리드인audio lead in 방법을 선택적으로 사용하고 있다는 점이 특징이다. 이런 정론성은 어떤 사건에 대한 사회계급적 판단을 제시하는 데 유리하며 관객에게 그 사건의 동향과 전망을 밝혀준다.[99]

일반적으로 북한 기록영화의 엔딩에서는 이미지보다 사운드가 우위인 경우가 많으며 '객관적이고 공정하다'고 간주되는 신의 목소리(내레이터)가 격앙된 톤의 설명을 들려주는 경향이 있다. 이 영화의 경우에도 엔딩 내레이션 톤이 갑자기 고조되면서 "모두다 사천만 조선인민의 위대한 수령 김일성 동지의 주위에 굳게 뭉쳐 우리 혁명 위업의 전국적 승리를 향하여 힘차게 앞으로 나아가자"라고 격정적으로 마무리된다. 이런 웅변적인 호소는 주제의식을 직접적으로 강조하는 데에는 효과적이지만, 이의 전형화는 영상기호들을 닫힘 구조로 도식화해 영화의 결말에 대한 수용자의 상상력을 가로막게 된다.

〈수령님은 언제나 우리와 함께 계시네〉는 특정한 이미지를 집중적으로 재현하고 확대하면서 관객에게 수령에 대한 이미지를 각인시키고 있으며, 과거와 현재를 비교하면서 현재의 발전상을 부각한다. 또한 시계열적인 역사자료 등 관련된 증거자료를 제시하면서 현장감을 극대화하거나, 허구이지만 사실로 받아들일 수 있게 하는 특징이 있다. 내레이션은 정론적 서사체를 통해 관객이 사회계급성을 깨닫도록 하고 있다.

이데올로기: 수령 중심의 당위성 부여

대부분의 북한 문학예술 작품들은 신화와 이데올로기로 가득 차 있다. 북한 기록영화도 예외가 아니다. 북한은 끊임없는 신화 및 이데올로기 창조를 통해서 사회를 통합하고 있으며, 기록영화를 제작하고 북한 주민들에게 지속적으로 의무 관람하게 함으로써 지도자에 대한 다양한 신화를 만들고 있다. 이는 북한사회에 직간접적으로 많은 영향을 미친다. 신화의 주요 속성들은 이데올로기로 표현되고, 지속적으로 재생산되는 과정을 거친다. 〈수령님은 언제나 우리와 함께 계시네〉에서 재현된 다양한 영상기호들은 뚜렷한 신화적 구조를 보여주고 있는데, 김일성에 대한 위대한 영도자로서의 신화적 속성들을 부각시키면서 북한 주민들로 하여금 이 신화를 믿게 하고 있다.

구체적으로 살펴보자. 첫째, 김일성은 '위대한 수령'이라는 신화이다. 김일성은 북한 사회의 발전과 사회주의 혁명의 위대한 수령으로서, 조국과 인민의 해방을 위해 일제에 맞서서 의연히 항거하고 사회주의 혁명과 노동자 중심 사회를 이룩한 '성공 신화'를 이끌었다는 점을 강조한다.

둘째, 김일성은 '혁명의 동지'라는 신화이다. 수령은 군림하는 지도자가 아니라 늘 혁명의 편에 서서 인민과 함께 투쟁한다는 것이다. 또한 '우리'라는 표현을 반복함으로써 '너와 나는 남이 아니다'라는 의미를 강조한다.

셋째, 김일성은 '인민을 사랑하는 지도자'라는 신화이다. 김일성은 항상 인민들의 행복을 위해 고뇌하고, 특히 농민과 노동자들을 대변하는 존재라는 것이다. 또한 신격화된 존재일 뿐만 아니라 한 인간으로서 따뜻한 감성을 갖고 있다는 점도 강조한다. 풍요로운 국가건설을 이룩한, 어느 누구도 대신할 수 없는 신적인 지도력을 가지고 있으면서도 언제나 인민의 곁에서 그들을 돌보며 항상 함께 있음을 부각시킨다.

넷째, 김일성은 '소통하는 어버이'라는 신화이다. 이 기록영화에서는 수령에 대해 자애로운 어버이의 품성으로 인민과 끊임없이 토론하고, 이야기를 들어주고 소통하는 모습을 보여준다.

일정한 형식의 기호로 제작된 신화는 이데올로기를 어느 정도 함축하고 있다. 즉 이데올로기는 신화를 받아들이는 사람들에게 철학적 의미를 제공하게 된다. 신화를 표현하는 방법은 다양하지만, 기록영화의 경우 기존의 사회질서와 사회적 네트워크를 설명함으로써 이데올로기를 재생산하는 역할을 수행하게 된다. 〈수령님은 언제나 우리와 함께 계시네〉에서는 김일성에 대해 다양한 기호적 의미를 부여함으로써 하나의 상징적인 존재로서의 부각을 통해 그를 신화화하고 있다. 이런 신화화는 인민들로 하여금 사회주의의 우월함과 혁명적 낙관을 자연스럽게 각인시키는 효과를 낳고 있다.

이 기록영화의 이데올로기 특성을 구체적으로 제시해보면, 첫째, 사회주의 체제의 우월한 이데올로기적 의미를 생성하고 있다. 즉 모든 인민이 수령의 영도 아래 의식주 문제를 해결한 사회주의 모범국가에서 풍요로운 삶을 누리고 있다고 강조함으로 체제의 우수성으로 귀결시키고 우회적으로 자본주의 체제를 비판한다. 둘째, 자주적인 이데올로기의 형성을 들 수 있다. 즉 일제의

그림 2-4 〈수령님은 언제나 우리와 함께 계시네〉에서 표출된 이데올로기

1단계	현실(reality)
	· 김일성의 현지지도

2단계	표상(representation)
	· 특정한 이미지를 집중적으로 재현·확대 · 시계열적인 역사자료 등 논증자료의 반복 · 영상기호 재구성으로 허구를 진실로 시각화

3단계	이데올로기(ideology)
	· 사회주의 체제의 우수성에 대한 이데올로기 생성 · 자주적인 이데올로기 형성 · 수령을 중심으로 온 사회가 뭉쳐야 하는 당위성 부여

혹독한 만행과 미제가 일으킨 전쟁을 모두 극복한 김일성의 영도력을 믿고 사회주의 혁명을 계속 해나가자고 강조한다. 셋째, 수령을 중심으로 온 사회가 뭉쳐야 하는 당위성을 부여하고 있다. 수령은 천재적인 군사전략가임과 동시에 자애로운 어머니의 성품도 지니고 있는 무결점의 인간으로, 그를 따르면 자신에게 편리한 사회적 이득이 돌아오기 때문에 그를 중심으로 단결하자는 이데올로기적 의미를 생성시키고 있다.

이 시기에는 1970년대부터 진행되어온 김정일로의 후계구도에 대한 대중적 설득이 중요한 문제 중 하나였다. 따라서 조선혁명은 장기적인 위업이기 때문에 대를 이어서 완성하자고 유자녀들을 내세워 은유적인 표현으로 권력세습의 당위를 설득한다. 이렇게 다소 감성적이고 은유적인 서사 구성은 이전 시기와의 변화점을 시사해준다.

03

공동 집권기

〈계승자들〉(1985)

서사구조 분석

통합체: 은유적 서사 구성

북한은 1980년대에 들어서면서 온 사회를 주체사상의 요구대로 개조하기 위한 투쟁을 벌였다. 이런 시대 상황은 그에 맞는 영화창작의 종자와 소재들을 새롭게 제공하게 했으며, 수령의 혁명사상을 따라 배우려는 인민들의 의지와 지향을 영화작품에서 예술적으로 깊이 있게 형상화할 것을 요구했다.[100] 또한 1980년 제6차 당대회에서 김정일이 공개적으로 등장한 이후 그를 주체혁명의 계승자로 확고히 하기 위한 선전활동을 강화했다.[101]

김정일은 1981년 3월 전국문화예술인열성자대회를 소집해 '주체적문학예술을 더욱 발전시키기 위하여'라는 서한을 발표하고, 기록영화가 대중을 당의 사상으로 교양하는 역할이 크기 때문에 사회주의 현실을 생동감 있게 수록한 기록영화를 더 잘 만들 것을 요구했다.[102] 또한 당의 일관된 방침은 영화예술

에 화력을 집중해 돌파구를 열고 영화예술의 성과를 문학예술 전반으로 일반화해나가야 한다고 말했다.[103]

북한에서 1985년은 중요한 의미를 지닌다. 이 해는 조국해방 40주년, 당창건 40주년, 조총련결성 30주년의 해이기 때문이다.[104] 북한은 여러 '정주년' 중에서도 10년 단위를 가장 중요하게 여긴다.[105] 이런 시대적 상황을 고려해 김일성·김정일 공동 집권기의 대표작으로 1985년에 제작된 기록영화 〈계승자들〉을 선정했다. 이 기록영화는 다섯 권 분량이며, 혁명가유자녀들이 혁명의 대를 순결하게 이어가자는 주제기록영화이다. 주제기록영화는 사회정치적으로 의의가 있는 일정한 주제를 설정하고, 그것을 보여주기 위한 현실 자료와 사실들을 수록·편집한 영화이다. 따라서 주제기록영화는 이미 설정된 주제를 잘 재현할 수 있는 서사구조를 띠게 된다.

〈계승자들〉을 시퀀스별로 분석한 결과, 기승전결의 구조를 이루며 총 여덟 개의 시퀀스로 구성되어 있다.

'기'에 해당하는 시퀀스 1에서는 혁명전사들이 남기고간 자녀들을 맡아 키우는 문제는 주체의 혁명위업을 대를 이어 계승·완성하기 위한 핵심골간을 육성하는 문제로, 수령과 당은 오늘도 혁명가유자녀 육성에 힘을 쏟고 있다고 소개한다. '승'에 해당하는 시퀀스 2~4에서는 해방 직후부터 김일성이 혁명가유자녀를 찾아 그들과 혈육의 관계를 맺게 됐으며, 혁명학원의 유자녀들은 혁명 1세대들의 대를 이어 수령에게 충성의 행진을 하고 있다고 전한다. '전'에 해당하는 시퀀스 5·6에서는 혁명학원을 거쳐 당 일꾼으로 성장한 사례를 보여주고, 이제 가정의 대를 혁명의 대로 이어갈 것을 강조한다. '결'에 해당하는 시퀀스 7·8에서는 혁명의 핏줄기는 수령의 향도성을 따라 전진하고 있음을 강조하면서, 주체의 혁명위업을 대를 이어 계승할 것을 역설한다.

〈계승자들〉의 시퀀스 분석 결과를 요약하면 〈그림 2-5〉와 같다.

그림 2-5 〈계승자들〉의 시퀀스 분석

구분	시퀀스	주요 내용
기	1	혁명가유자녀들은 혁명의 핏줄
		⇩
승	2	혁명가유자녀들을 품은 수령
	3	만경대혁명학원과 남포혁명학원의 유자녀들
	4	강반석정치대학을 마련해준 당중앙
		⇩
전	5	계승자들의 성장의 역사는 위대한 사랑의 역사
	6	가정의 대를 혁명의 대로 이어 충성하자
		⇩
결	7	전진하는 혁명의 계승대오
	8	주체의 혁명위업을 대를 이어 계승·완성하자

다음은 시퀀스 순서별로 핵심 사건을 중심으로 텍스트의 서사 구성방식과 텍스트가 생산된 콘텍스트의 지점에 대해 살펴보자. '기'에서는 혁명의 핏줄인 혁명가유자녀들이 앞장서서 혁명의 대를 계승해야 한다고 다소 시적인 어조로 영화의 전체 주제를 제시한다.

> 캄캄하던 밤하늘에 **샛별**이 솟아 짓밟힌 강산에 먼동이 터오던 개척기 그날에 이어 우리 혁명의 행군대오는 대를 이어오며 오늘도 줄기차게 전진하고 있습니다.

> 혁명전사들이 남기고간 아들딸들을 다 맡아 키우는 문제를 주체혁명 위업을 대를 이어 계승완성하기 위한 **핵심골간을 육성하는 문제**로 …… 오늘도 혁명가유자녀 육성에 역사는 계속되고 있습니다.

참으로 조선혁명. 그것은 한 세대에 끝낼 수 없는 장기적인 위업이어서 혁명을 **대를 이어** 끝까지 완성하시려는 위대한 수령님과 우리당.

도입부는 '샛별(김일성)'을 따라 '핵심골간(유자녀)'이 중심이 되어 대를 이어(김일성에서 김정일로) 혁명을 완성하자는 것으로 해석될 수 있다. 이 시기에는 1970년대부터 진행되어 온 김정일로의 후계구도에 대한 대중적 설득이 중요한 문제 중 하나였다. 따라서 조선혁명은 장기적인 위업이기 때문에 대를 이어서 완성하자고 유자녀들을 내세워 은유적인 표현으로 권력세습의 당위를 설득한다. 이렇게 다소 감성적이고 은유적인 서사 구성은 이전 시기와의 변화점을 시사해준다.

'승'에서는 혁명가유자녀들을 품은 수령의 배려와 은덕으로 혁명가유자녀들이 직업적 혁명가로 성장해온 역사적 배경을 논증한다.

유자녀들의 친부모가 되시어 그들 모두를 지극적인 혁명가로 키우시려는 어버이 **수령님의 숭고한 뜻은 순전히 유자녀들만 쭉 올라가는 대학**. 강반석정치대학을 마련해준 우리 **당중앙**에 의하여 더욱 빛나게 실현되고 있습니다.

어버이 수령님께서는 혁명가유자녀들은 우리 혁명의 대를 이어나갈 핵심 골간이며 금싸라기처럼 귀중한 **혁명의 씨앗**이라고 하시며 …… 최상의 수준에서 보장해 주어야 한다고 뜨겁게 말씀하시었습니다.

혁명의 1세들의 한생은 물론 그 자녀들까지 다 책임져 주시는 수령님께서는 …… 그는 아버지가 받았던 전투명령은 **자기가 집행**해야 한다는 것을 잊지 않고 있습니다.

첫 번째 단락에서, 수령은 혁명가유자녀들의 친부모가 되어 그들만 진학할 수 있는 대학을 마련해주고 당중앙(김정일)이 이를 실현해주고 있다고 전한다. 즉 수령이 유자녀를 위한 제반 시설을 마련해주었지만 그 운영(실현)은 김정일에 의해 확립되고 완성된다는 것이다. 이 시기의 문학예술은 시대의 참다운 본보기를 만들기 위해 당의 영도가 강화되고 주체형의 인간전형이 창조됐으며 문학예술의 각종 형식을 새롭게 했다.[106] 이처럼 수령의 권위를 상징화하는 혁명전통은 유일사상체계의 확립으로 이어졌고 이를 주도한 것은 김정일이었다. 환언하면, 김정일 후계체제의 구축 과정은 곧 수령체제의 제도적 확립·완성 과정이기도 하다.[107] 두 번째 단락에서는 첫 번째 단락에서 제시된 조선혁명의 난관을 극복하기 위해 유자녀들을 '혁명의 씨앗'으로 호명한다. 혁명위업 수행에서 혁명의 세대교체는 불가피하기 때문에 새로운 씨앗을 통해 역사적 위업을 관철하자는 의미이다.

'전'에서는 계승자들의 성장의 역사와 대를 이어 충성하는 사례 제시로 주제를 심화한다.

> 김경석 동지가 수령님의 뜻을 받들어 당사업을 하던 초소에서 오늘은 혁명학원을 거쳐 당일군으로 자라난 **그 아들이 당중앙의 수도건설 구상을 받들어**가고 있습니다.
>
> 태성집의 손자이며 전사한 연대장의 아들인 리병성 동무는 만경대 혁명학원을 낳은 **혁명의 3세**답게 할머니와 아버지의 충성의 대를 변함없이 이어가는 당일군으로 영광스러운 당중앙을 이 세상 끝까지 받들어 갈 것을 굳게 다짐하고 있습니다.
>
> 김량남 동무가 사랑의 라디오를 가슴에 안고 심장의 마지막 박동을 다해서 부르던 **충성의 노래**기 그의 막내아들 피아노에서 다시 울리고 있습니다.

위의 언사와 같이 '전'에서는 아버지의 대를 이어 충성하는 것에서 더 나아가 혁명의 3세에 이르기까지 혁명의 대를 이어 충성하고 있음을 논증한다. 당시 1980년대에는 사회주의 완전 승리를 기치로 내걸고 있었으나 북한을 둘러싼 주변 정세는 어두운 상황이었다. 1983년 아웅산Aung San 사건 이후 북한은 국제사회에서 고립되어갔으며, 혈맹이었던 중국의 개혁개방정책은 북한을 초초하게 만들었다. 더욱이 대척점에 있던 남한은 1986년 아시안게임과 1988년 올림픽대회 개최를 앞두고 있었다. 이런 맥락에서 이 시기에는 외부의 적에 대한 비판보다는 내부의 적을 척결하는 것이 더 중요했을 것이다. 따라서 수령의 사랑에 보은하고자 대를 이어 충성한 성공사례를 제시함으로써 내부 결속을 도모하고 있다. 이런 배경에는 유일체제가 어느 정도 자리를 잡았다는 확신이 있었음은 물론이다.

'결'에서는 도입부에서 제기한 혁명계승을 위한 실천을 강조하고 그 당위를 재차 호소한다.

> "주체의 붉은 노을을 찬란히 펼쳐가는 향도성을 모시어 우리 혁명의 계승의 대오는 **억세게 자라나며 전진**하고 있습니다."

> "우리의 시대는 아버지의 금별이 아들딸의 가슴에 끊임없이 안겨지는 투쟁의 시대. **우리 나라는 혁명하는 나라**이고 혁명학원의 역사는 계속 되어가며 새로운 영웅들을 수없이 키워내고 있습니다."

> "우리인민은 혁명의 길이 아무리 멀고 험난해도 위대한 당의 두리에 철통같이 뭉쳐 **주체혁명 위업**을 대를 이어 빛나게 완성하고야 말 것입니다."

첫 번째 단락과 같이 '결'의 상당 분량은 백두의 행군길을 이어가는 계승자들의 행군 모습을 그리는 데 할애한다. 김정일은 새 세대들을 주체혁명위업의 계승자로 키우는 문제와 관련해 항일혁명사적지 답사를 통한 교양사업에 큰 의의를 부여하고 '배움의 천리길'과 '광복의 천리길' 답사행군을 조직했다.[108] 혁명계승의 문제는 백두혈통을 따라 배우는 것에 있다는 의미로 해석할 수 있다. 요컨대 유자녀들이 당에 운명을 전적으로 의탁하고 당과 운명을 끝까지 같이할 철석같은 의지가 넘치고 있다는 서사를 통해 관객에게 이들처럼 혁명의 물줄기를 이어갈 것을 요구하고 있는 것이다.

〈계승자들〉의 서사구조는 총 여덟 개의 시퀀스로 구성되어 있으며 논증argument과 설득persuasion을 반복하는 전형적인 수사적 구조rhetorical structure를 띠며 양괄식 구성양식으로 이루어져 있다. 이 기록영화는 관객에게 혁명가유자녀들의 성장과정을 통해 계승자의 역할을 논증하고 있으며 김정일이 후계자로 확정된 것이 진정한 계승의 완성이라고 설득하고 있다.

계열체: 모범 사례 제시로 주체적 인간상 제시

〈계승자들〉에서는 이야기 구조 속에서 혁명가유자녀들이 대를 이어 충성하는 이면에 숨겨진 이항대립 구조를 보이고 있다. 첫째, 혁명가유자녀들은 혁명의 핏줄기·혁명의 씨앗·혁명의 핵심골간이며 이에 반하는 계급적 원수들은 척결 대상이라는 것이다. 둘째, 조선혁명은 간고하고 복잡하기에 대를 이어 해결해야 하며 반혁명적인 내부적인 요소들의 척결을 요구한다. 셋째, 애국투사는 수령과 한 몸이 되어 투쟁을 벌이다 일제와 미제에 의해 희생됐기 때문에 그 자녀들도 아버지(수령)의 품에 안겨야 한다는 이항대립항을 제시한다.

〈계승자들〉에서는 심층 구조에서 이항대립 구조를 이루면서 이야기가 전개된다. 이런 이원항의 이데올로기 생산은 각 대립항에 부정적 가치와 긍정적 가치를 부여해 더욱 강화된다.[109] 즉 계급적 원수가 여전히 살아 있음을 보여주면서, 그들을 척결하기 위해 혁명가유자녀들이 당에 더 열성적으로 충성해

표 2-7 〈계승자들〉의 이항대립 구조 분석

이항대립	내용
혁명가유자녀 / 계급적 원수	혁명의 핏줄기 / 척결 대상
혁명 / 반혁명	대를 이어 당에 충성 / 종파 행위
애국 투사 / 적	무장투쟁 / 일제, 미제
혁명적 의리 / 변절	유자녀를 보살핌 / 개인주의

야 한다고 유도하는 것이다. 또한 혁명적 의리를 지키며 개인주의를 타파하고 유자녀들의 복수대상은 미제라는 대립항을 배태한다. 〈계승자들〉에서 나타난 이항대립 구조와 내용을 정리하면 〈표 2-7〉과 같다.

이와 같이 계승자들의 성장사는 당과 수령의 위대한 사랑의 역사이기에 수령이 개척하고 김정일이 이끄는 주체위업의 계승문제가 해결됐음을 밝히고 있다. 이 과정에서 혁명의 길이 멀고 험난해도 당을 중심으로 뭉쳐서 주체의 혁명위업을 대를 이어 완성하자고 역설하고 있다.

영상기호 분석

영상구성요소: 다양한 미학적 실험

〈계승자들〉에서는 현장화면이 전체의 71.4%로 가장 높은 비중을 차지했으며, 다음으로 기록영상 21.9%, 구성화면 5.6%, 기타 1.1% 순으로 나타났다. 현장화면이 가장 높은 비율을 차지하는 것은 이 기록영화가 주제기록영화로 제작의도에 따라 실제 상황을 필요에 따라 촬영했기 때문이다. 〈계승자들〉의 전체 영상구성요소를 분석한 결과는 〈표 2-8〉과 같다.

표 2-8 〈계승자들〉의 영상구성요소 비율

구성요소	기록영상		현장화면			구성화면		기타	합계
세부분류	기록화면	현지지도	상황설정	현장촬영	삽입화면	사진	자막, CG	타이틀	
시간(분:초)	07:12	03:12	04:28	18:11	11:12	01:38	00:46	00:33	47:12
비율(%)	15.2	6.7	9.4	38.4	23.6	4.1	1.5	1.1	100

기록영상

전체 영상구성요소 중 기록영상은 기록화면이 15.2%, 현지지도가 6.7%를 차지했다. 기록화면은 시대적 상황을 설명하는 역할을 수행한다. 예컨대 기록화면으로 김일성이 혁명가유자녀들을 찾아 학원을 설립하는 과정을 보여주고 있다. 또한 혁명가유자녀들이 김일성혁명사적지를 방문하고 열병식에 참가함으로써 수령에 대한 충성을 다하고 있는 모습을 통해 이들이 혁명의 대를 잇고 있음을 확증하려 한다.

〈화면 2-62〉는 김일성이 혁명가유자녀들에게 "이제부터는 우리가 아버지가 되어 보살펴 줄 터이니 너희들은 부모가 없다 하여도 절대로 슬퍼하지 말

화면 2-62

라"라고 말하면서 격정에 찬 김일성의 표정을 보여준다. 이런 전달delivery은 주장을 진전시켜 나가는 방식인 해설과 유사한 면이 있다. 또한 제스처는 비언어적인 커뮤니케이션으로 의미전달의 중요한 부분이다. 그리고 전달에 있어 화술과 예절decorum은 또 다른 핵심적인 측면이다.[110] 이 기록영상에서 재현된 김일성은 이런 점을 상당히 고려한 것으로 보인다. 즉 상황에 따른 적절한 제스처를 보여주며 인민들 앞에서는 근엄한 권위를 내려놓고 예의 바른 지도자의 모습으로 혁명적 의리를 지닌 지도자로 재현되고 있다.

북한의 기록영화 속에 비쳐진 김일성은 베테랑 연기자로 보이는 경향이 있다. 다시 말해서 프레임 안에서 마치 잘 훈련된 연기자처럼 어떻게 행동해야 하는지를 잘 알고 있었던 것이다. 반면에 기록영화에 비쳐진 김정일은 호방하고 카메라를 의식하지 않는 모습을 종종 보여준다.[111] 또한 과도한 제스처 – 특히 손짓 같은 – 와 근엄한 모습을 교차해서 재현한다. 김정일은 영화에 대한 해박한 지식을 바탕으로 과도한 부분들은 추후 편집이 될 것을 유념하고 있었던 것으로 보이며 김일성과 다른 이미지메이킹을 하고 싶은 측면도 있었던 것으로 추측된다.

〈화면 2-63〉은 혁명가유자녀들이 열병식에 참여해 충성을 맹세하는 장면이다. 김정일은 열병식에서 "항일혁명투사종대와 로병종대뒤에 만경대혁명학원

화면 2-63

화면 2-64

화면 2-65

종대를 세우면 사람들에게 주체혁명위업이 우리 후대들에 의하여 믿음직하게 계승되고있으며 혁명의 계승자들이 훌륭히 자라나고있다는것을 보여줄수 있을것"112이라고 했다. 〈화면 2-64〉는 유자녀들이 동해의 명승지 송도원에서 운 나날을 보내는 모습을 보여준다. 이런 설정은 유자녀들이 혁명의 핵심골간으로 당의 특별한 보살핌을 받고 있음을 재현한다. 또한 〈화면 2-65〉는 배경음악으로 세상에 부러움이 없다는 내용의 노래가 흘러나오면서 명승지 송도원 松濤園에서 아이들이 행복한 날들을 보냈다는 기록영상을 제시하고 있다.

이런 화면은 광고에서 자주 사용되는 대세 편승band wagon 기법113을 사용한 것이다. 즉 '모든 사람들이 다 이 제품을 구매하는데 왜 너는 안 하느냐?'라는 식의 질문을 통해, 여기서는 모든 사람 또는 최소한 우리는 수령의 보은에 힘입어 혁명가유자녀들이 행복을 누리고 있다는 영상기호를 재현한 것이다. 이로써, 이 영상을 보는 관객들 역시 이에 편승해야 한다는 의미를 배태한다. 따라서 이 기록영화에서는 혁명가유자녀가 되는 것은 곧 행복의 시작이라는 점을 동기화시키고 있다.

현장화면

〈계승자들〉에서는 현장에서 촬영한 화면이 전체 영상구성요소의 38.4%로 가장 높은 비중을 차지하며 이런 현장촬영화면을 통해 유자녀들이 핵심 당원으로 성장하는 과정을 보여준다. 〈화면 2-66〉과 〈화면 2-67〉은 백두산 밀영密營을 찾은 혁명가유자녀 출신 병사들의 생활총화를 드라마타이즈dramatize 기법으로 재현하고 있다. 북한 기록영화에서는 드물게 등장인물의 현장 독백을 통해 감수성 어린 목소리로 다음과 같은 시를 낭송한다.

언제나 내 가슴우엔 조용히 빛을 뿌리는 메달이 있어라
적후에서 돌아가던 나의 아버지
목숨으로 넘겨준 금별 메달이
바라보면 아버지 그 미소 안겨오고
우러르면 아버지 목소리도 들려오는 금별 메달
아버지 금별 메달
언제나 힘이 되고 용맹이 되며 충성의 한길로 이끌어주고
세월이 갈수록 나의 심장에 투쟁의 불씨를 안겨주나니

이와 같은 장면은 마치 다부작 예술영화 〈조선의 별〉에서 김혁이 한별(김일

화면 2-66

화면 2-67

성)을 칭송하며 시를 읊조리는 장면과 유사하다. 이 기록영화는 시기적으로 〈조선의 별〉이 제작됐던 시대이고, 영화에 대한 연구토론회도 진행됐던 것으로 미뤄 볼 때 그 영향을 받은 것이다.[114] 또한 유자녀들을 미래의 김혁, 차광수로 키우고자 하는 의도가 엿보인다.[115] 이렇게 한 시대의 대표 인물로 연상을 유도하는 화면은 존경받는 어떤 것에 대한 권위·승인·명망 등을 그렇지 않은 다른 것이 인정받을 수 있도록 전이transfer시킨다.[116] 예술영화 〈조선의 별〉은 〈민족의 태양〉과 함께 김일성의 혁명투쟁을 형상화한 대표적인 본보기 작품으로 평가된다.[117] 이런 연상은 특히 '금별 메달'과 같은 징표를 통해 시대 감성을 더욱 자극하게 된다. 관객은 복잡한 감정을 불러일으키고 그 징표의 의미를 마음속에 되새기게 된다.

시각매체는 관객의 공감과 설득을 얻기 위해 필연적으로 예술적 형상화의 변화를 모색하고 적용한다. 이 시기에 들어서면서 기록영화의 정치적 목적은 여전히 강조되지만 이와 더불어 높아진 '인민들의 지향'에 맞춰 예술적 변화를 통해 기록영화의 인민성이 부각된다.[118] 이런 변화는 당시의 북한 사회를 뒤흔들었던 〈조선의 별〉의 창작 기풍이 이 영화에도 크게 작용했거나 당시 문학예술을 주도했던 김정일이 주체사실주의의 새로운 경향성 제시를 위해 미학적 실험을 했다고 추측해볼 수 있다.

북한 기록영화에서 상징기법은 "사건의 내용과 인물의 사상 감정을 직접적으로 보여주지 않고 그를 대신하여 상징화할 수 있는 화면으로써 간접적 묘사를 목적으로 하는 것"[119]이다. 이 기록영화에서는 상징의 기표로 삽입화면을 통해 온도계·줄당콩·라디오·금시계 등 다양한 사물을 상징적으로 보여준다. 앞서 살펴본 바와 같이, 피스크는 현실이 재현될 때 그 문화구성원들이 함께 공유할 수 있는 표상적 코드의 형태를 띠고서 현실의 일부가 '환유적'으로 전환된다고 봤다.

이런 맥락에서 대수롭지 않게 보이는 이런 기표들은 당이 보내준 사랑의 온

화면 2-68

화면 2-69

화면 2-70

화면 2-71

도계가 사랑의 시간을 지켜주는 의미로 환유되고(〈화면 2-68〉), 줄당콩이 당중앙(김정일)이 보내온 은정 어린 이야기로 미화되며(〈화면 2-69〉), 오래된 라디오가 심장의 박동을 다해 부르던 충성의 노래를 상징하게 된다(〈화면 2-70〉). 그리고 김일성의 이름이 새겨진 금시계를 김정일이 혁신자에게 채워준다(〈화면 2-71〉). 즉 김정일은 김일성의 불변체를 전달해주는 매개자(계승자)의 역할을 표상하게 된다. 이런 삽입화면들은 화면이 담고 있는 내용에 의미를 부여함과 동시에 관객이 영화의 내용으로 끌려들어가게 하는 효과를 준다.

구성화면

〈계승자들〉에서는 구성화면의 비율이 총 5.6%이다. 그중 사진은 4.1%, 자막은 1.5%이다. 그리고 타이틀은 1.1%를 차지한다. 이 중에서 사진은 1분 38

화면 2-72

화면 2-73

화면 2-74

화면 2-75

초에 걸쳐 총 열여덟 컷이 사용됐다. 김일성 사진이 여덟 컷, 김정일 사진이 두 컷, 일반인 사진이 여덟 컷으로 나타났다. 구체적으로 살펴보면, 김일성 사진은 혁명가유자녀들과 함께한 촬영분이 일곱 컷, 현지지도 사진이 한 컷 사용됐다. 그리고 김정일의 사진은 모두 현지지도 사진으로 파악됐다.

이 기록영화의 특이한 점은 이른바 '가운데 선線'[120] 준수를 지키지 않은 사진이 김일성은 여덟 컷 중 다섯 컷에서, 김정일은 두 컷 모두에서 나타났다는 점이다(〈화면 2-72〉·〈화면 2-73〉·〈화면 2-74〉). 이런 비대칭구도의 활용을 통해 대칭구도가 주는 엄숙한 종교적인 효과를 탈피하고 매일의 일상적 의미를 담고자 했다. 즉 이 영화에서는 수령과 후계자의 정중한 사진보다는 계승자들을 친히 돌보아주며, 생사고락을 함께하는 지도자의 이미지를 강조한 것이다. 한편 일반인 사진은 사망한 혁명가들의 사진을 통해 역사적 사실성을 증명해보

화면 2-76

화면 2-77

이고 있다(〈화면 2-75〉).

〈화면 2-76〉에서는 "영원히 다시 돌아오지 못할 동무여! 동무는 일본제국주의를 타도하기 위하여 용약 항일무장투쟁에 뛰여나와 영용하게 싸우다가 애석하게도 희생되였다"라는 중간자막이 흘러나온다. 북한은 중간자막이 "선동성과 호소성을 기본으로 하기 때문에 일반적으로 글체가 힘이 있고 뚜렷해야 작품의 주제사상을 더욱 강조하는 데 이바지할 수 있다"[121]고 본다. 이 화면에서는 항일무장투쟁에서 희생된 혁명전사들의 원한을 복수하고 그가 다하지 못한 혁명위업을 계승자들이 완수하자는 의미를 표출하고 있다. 이런 중간자막은 관객에게 주제의 내용을 집중시키는 효과가 있지만 사용이 빈번하게 되면 극의 흐름을 깨는 역효과도 있을 수 있다.

한편 서구의 타이틀에 해당하는 표제자막은 기록영화의 첫 얼굴이고, 영화의 내용에 복종되는 서예이다(〈화면 2-77〉).[122] 북한 기록영화에서는 표제자막이 전일적인 영화의 흐름을 조성하는 하나의 형상요소이며 그것이 담고 있는 내용과 형식에 따라 영화의 주제사상과 양상을 더욱 부각시킨다. 이런 점은 서구의 다큐멘터리의 타이틀이 사실상 관객들에게 보여줄 수 있는 유일한 광고 카피라는 점과 차이가 있다.[123]

북한 기록영화에서 서구의 엔딩 크레딧에 해당하는 창조성원자막과 제작연도자막은 "영화의 마감을 장식하는 글로서 일정한 형식으로 고정된 화면구도

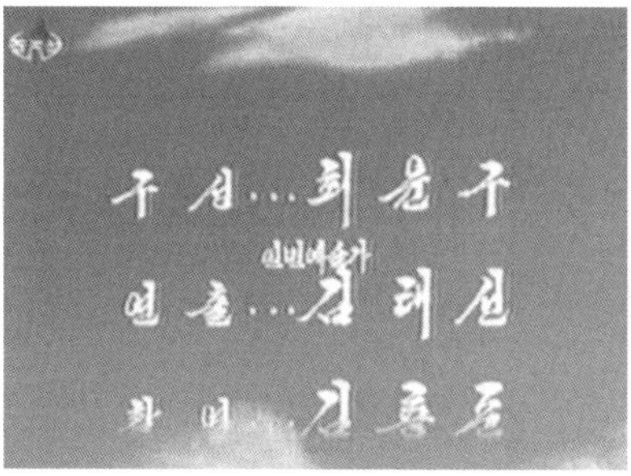

화면 2-78

화면 2-79

에 맞게 씌여져야 하며 보는데 편리하게 형상되여야 한다."[124] 이 기록영화에서는 "최윤구 구성, 김태선 연출, 김룡준 리수길 촬영" 등으로 창조성원이 표출된다(〈화면 2-78〉). 북한 기록영화에서 구성은 1960년대까지만 해도 '기록영화 씨나리오'[125]로 불리었다가 영화창작에서 주체의 인간학의 요구를 확실히 구현하기 위해 '기록영화문학'으로 바뀐 것으로 추측된다.[126] 그런데 김정일은 '기록영화문학'이라는 용어를 다시 '구성'으로 바꿀 것을 지시하고, 다음과 같이 언급했다.

> "이 영화자막에 예술영화처럼 영화문학작가의 이름을 밝히였는데 그렇게 하면 기록영화를 없는 사실을 꾸며서 만든것 같은 감을 줄수 있으며 기록영화의 특성을 제대로 살릴수 없습니다. …… 기록영화에서는 어디까지나 구성과 연출이 기본입니다."[127]

이는 실재한 역사적 사실을 취급하는 기록영화가 허구를 기본형상방법으로 하는 예술영화와 같이 영화문학에 의해 영화를 만드는 것처럼 된다면, 기록영화의 특성이 제대로 살아나지 못한다는 점을 지적한 것이다. 김정일이 기록영화 제작 부문에서 세세한 면까지 지도하고 관여한 것을 알 수 있다. 한편 이렇게 영화광으로까지 회자되는 김정일의 영화에 대한 높은 관심은 김정일의 개인적인 문제를 넘어서 영화의 정치교육적인 측면을 높이 산 사회주의 국가의 최고지도자들의 일반적인 경향으로 이해할 수 있다.[128] 〈화면 2-79〉의 제작연도자막에는 조선기록영화촬영소가 김일성훈장을 받았다는 것을 표출하고 있다.[129] 서구의 다큐멘터리에서 엔딩 크레딧이 모두 끝난 다음에 제작연도와 함께 저작권자를 표기해 저작권 관계를 분명히 고지하는 것과 차이가 있다.

〈계승자들〉에서 표출된 영상구성요소는 현장화면의 비중이 매우 높게 나타났다. 이 기록영화에서 현장화면은 상징과 은유로 구사된다. 주로 사실성을 강화하는 역할을 하는데 진실을 파헤치는 방식이 아닌 사실 전달에 치중하는 경향을 띤다. 기록영상은 시대 상황을 설명하고 수령의 혁명적 의리를 재현한다. 구성화면은 계승자의 역할을 표상하고 다양한 방식의 논증 부가로 주제의식을 부각시키는 기능을 수행하고 있다.

표상요소: 세련된 기법으로 주제의식 재현

통합체 분석의 결과인 시퀀스 순서에 따라 〈계승자들〉의 기술적 코드들에 대한 표상요소들의 함축적 의미구조를 심층적으로 파악한 결과는 〈표 2-9〉와 같다.

표 2-9 **〈계승자들〉 표상요소 분석 결과**

순서	비디오	오디오	주요 내용	기술적 코드 / 내포의미
기	**#1. 혁명가유자녀들은 혁명의 핏줄**			
1		NA BGM	오늘도 혁명의 행군대오는 대를 이어오며 줄기차게 전진한다.	소년단의 행군 모습을 역동적으로 재현한다. 인상적인 장면을 제시하며 영화의 시작을 알린다.

2		NA BGM	반세기가 넘는 싸움에서 기수는 수없이 바뀌어 왔어도 혁명의 붉은 깃발은 계속해서 나부끼고 있다.	깃발과 일출장면 slow ZO으로 상징편집한다. 주체혁명위업은 계속되어야 함을 의미한다.
3		NA BGM	혁명의 대를 잇고자 하는 수령과 당의 원대한 뜻은 혁명가 유자녀학원에도 깃들어 있다.	깃발을 지키는 초병의 모습을 집중편집한다. 유자녀들이 혁명의 기수임을 암시한다.
4		NA BGM	혁명가 유자녀를 키우는 문제는 주체혁명위업의 대를 이어가는 문제로, 오늘도 육성사업은 계속되고 있다.	기록영상을 순차적으로 병행편집한다. 계승자 문제의 중요성을 환기시킨다.
5		NA BGM	수령은 후대들을 잘 키워야 한다며 유자녀들의 학원복에 붉은 줄을 몸소 띄워줬다.	현장화면 뒤에 '혁'이 새겨진 혁대를 제시한다. 조선혁명은 장기적인 위업임을 시사한다.
6	 	NA BGM	유자녀들을 순결한 혁명가로 키우려는 아버지 원수와 어머니당의 높은 뜻이 유자녀들의 어린 가슴들에도 안겨지고 있다.	김일성 동상에 참배하는 유자녀들의 모습을 집중편집한다. 관객에게 김일성은 아버지로, 당은 어머니로 주지시킨다.

승 #2. 혁명가 유자녀들을 품은 수령

7	 	NA BGM	수령은 해방 직후 조국에 개선한 첫날부터 희생된 전우들의 아이들을 모두 만경대로 부르기 위해 그들을 신문으로도 찾았고, 편지로도 찾았다.	해방 직후의 기록영상을 보여준 후에 후시 촬영된 '선열의 유지를 계승'이라는 신문기사를 통해 회상편집한다. 역사자료를 제시함으로써 보이는 바를 사실로 군히는 효과를 노린다.

8	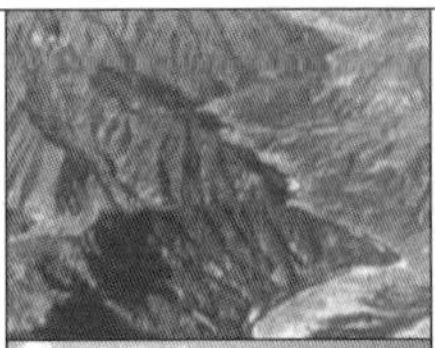 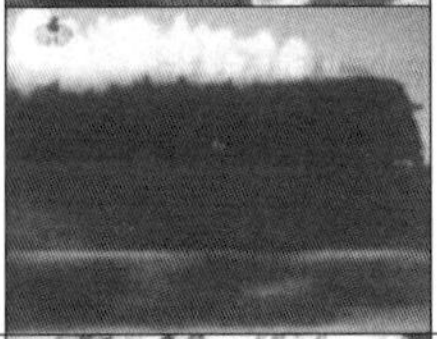	NA BGM V/O	수령은 이 세상 끝까지 가서라도 유자녀들을 다 찾아오자며 사람들을 띄우고 또 띄웠다.	배경음악으로 「동지애의 노래」가 흐르는 가운데 험준한 산령들과 기적을 울리며 질주하는 기차를 함축편집한다. 수령이 혁명적 의리를 지키는 인물이라는 점을 관객에게 주지시킨다.
9	 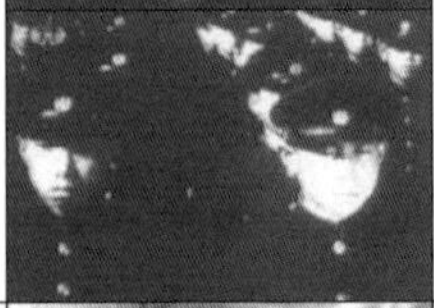	NA BGM	부모를 잃은 유자녀들 생각으로 잠을 이루지 못했던 수령은 유자녀학원 개원식에서 이들의 부모들을 생각하며 가슴 저려옴을 느꼈다.	학원 개원식에 참석한 김일성의 침통한 표정을 보여준 후에 유자녀들의 모습을 대조편집한다. 유자녀들에게 이제부터는 '수령이 곧 어버이이다'라는 신념을 갖게 한다.
10	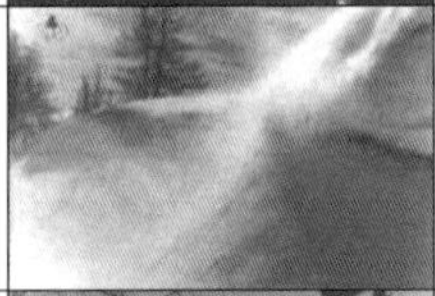	NA BGM V/O	수령은 희생된 동지의 추도문을 손수 써주고 뜨거운 눈물을 흘렸다.	효과음과 함께 눈보라치는 삽입화면을 상징편집한다. 관객에게 애통한 심정을 갖도록 감정이입을 유도한다.
11		NA BGM	수령은 혁명과 동지들을 위해 싸우다가 희생된 혁명전사들을 생각하며 비통해했다.	중간자막을 통해 일제에 희생된 동지들을 추모한다. 일제에 대한 공분을 느끼게 한다.
12		NA BGM	수령은 이제부터 내가 아버지가 되어줄 것이니 유자녀들은 절대로 슬퍼하지 말라고 말했다.	김일성의 격정적인 연설과 유자녀들을 내부편집한다. 혈육의 관계로 발전했다는 점을 내포한다.
13		NA BGM	혁명학원 유자녀들은 김일성 원수를 우러러 충성의 행진을 시작했다.	자료화면과 삽입화면을 확대편집한다. 대를 이어 충성하는 것이 혁명가의 참모습임을 뜻한다.

승 #3. 만경대혁명학원과 남포혁명학원의 유자녀들

14		NA BGM	만경대혁명학원은 유자녀들을 주체혁명 위업의 계승자로 키우고 있으며, 당은 최상의 교육조건을 마련해줬다.	혁명학원 기록영상을 집중편집한다. 유자녀를 직업적 혁명가로 키우려는 의지를 재현한다.
15		NA BGM V/O	밀림의 적후에서 부르던 혁명의 노래가 오늘은 그 아들들의 맑은 목소리로 이어져 메아리치고 있다.	체육활동 모습을 함성소리와 함께 연상편집한다. 유자녀들이 혁명적 낭만으로 가득하다고 강조한다.
16		NA BGM	유자녀들은 자신들을 불굴의 전사로 단련해야 한다는 점을 마음속 깊이 간직하고 있었다.	유자녀들의 군사훈련 장면을 내부편집한다. 혁명의 계속성과 군사중시 사상을 표출한다.
17		NA BGM	아이들이 잠들었을 때도 당중앙은 수많은 전화를 해 아이들의 안부를 물었다.	slow ZI, ZO으로 온도계와 전화기를 순차편집한다. 자녀를 사랑하고 아끼는 부모의 모습을 형상화한다.
18		NA BGM	새 아침이 밝아 학원의 학생들이 너도 나도 찾아드는 만경대 초가집은 진정 유자녀들의 고향집이다.	만경대 초가집을 가꾸는 모습을 집중편집한다. 유자녀들이 충직하게 대를 이어 충성하고 있음을 의미한다.
19		NA BGM	혁명학원에 새 유자녀 남매가 들어서고 있으며, 혁명학원의 품은 언제나 다심한 어머니 품이었다.	관련 자료화면을 연속해서 반복편집한다. 따뜻한 어머니 당의 형상을 관객에서 재차 주지시킨다.
20		NA BGM	학원의 후방창고는 언제나 차고 넘치고 있으며, 아이들의 식성까지 맞춰서 생일 특식을 차려주고 있다.	현장화면과 삽입화면을 집중편집한다. 유자녀들에 대한 당의 전폭적인 지원을 뜻한다.

21		NA BGM	당의 품에 모든 것을 맡기었기에 이 나라의 아버지들은 혁명의 길에서 마음 놓고 눈을 감을 수 있었다.	근거자료를 연속해서 내부편집한다. 목숨을 바쳐서 혁명에 나설 것을 강조한다.
22		NA BGM MU	남포에서 달려온 학원의 유자녀들은 동해의 명승지 송도원에서 바다처럼 푸른 희망을 마음껏 펼쳐나갔다.	경쾌한 노래에 맞춰 뛰노는 아이들을 환상편집한다. 세상에 부러움이 없는 유자녀들의 모습을 형상화한다.
23	 	NA BGM	학원의 선배가 찾아와 지난날을 회고하며 수령의 뜻을 받들어서 유자녀들을 키워주시던 항일의 여성 영웅인 김정숙 동지에 대한 이야기를 들려주었다.	증언화면과 사진자료를 반복해서 확대편집한다. 사진자료를 통해 진실성을 논증하고, 김정숙의 항일무장투쟁 신화를 생성한다.
24		NA BGM V/O	수령은 유자녀들이 귀중한 혁명의 씨앗이기 때문에 최상의 수준에서 돌봐야 한다고 했다.	김일성의 만경대혁명학원 현지지도 자료를 제시한다. 유자녀들이 혁명의 대를 이을 핵심골간임을 강조한다.

승 #4. 강반석정치대학을 마련해준 당중앙

25		NA MU	수령은 유자녀들만 진학할 수 있는 강반석정치대학을 설립해줬다.	대학 전경을 스케치한 현장화면을 집중편집한다. 유자녀들을 당의 엘리트로 키우려는 의도를 내포한다.
26		NA BGM	강반석정치대학의 유자녀들은 당의 탁월한 사상이론과 정치사업 방법을 정력적으로 배우고 있다.	재연화면과 삽입화면을 연속적으로 반복편집한다. 고등교육을 통해 유자녀들을 미래의 당 일꾼으로 키우고 있다.
27		NA BGM	유자녀들에게는 정치대학기간 동안에 사상적으로 준비된 계승자로 키워주고 노동당원의 칭호를 안겨주었다.	삽입화면과 학습화면을 상징편집한다. 유자녀들에 대한 당의 절대적 신뢰를 뜻한다.

28		NA BGM	평양에서 식당으로 수십 톤의 콩이 내려왔는데, 이 콩은 1211 고지의 전사들이 당중앙에 올렸던 콩이었다.	실사례를 확대편집으로 제시한다. 인민군대와 유자녀, 당중앙은 한마음인 것을 의미한다.
29	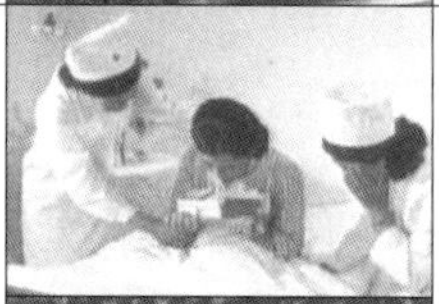 	NA BGM	파상풍에 걸린 유자녀에게 어머니 당은 나라의 중앙약품창고를 다 열어서 70일 전투 때 희생된 이름 없는 혁명가의 딸을 치료해주었다.	처연한 배경음악과 함께 삽입화면, 현장화면, 증언화면을 내부편집한다. 당은 지위고하를 막론하고 희생된 유자녀들을 모두 책임지기 때문에 목숨을 바쳐서 투쟁하라고 주문한다.
30		NA BGM	정치대학의 유자녀들은 당중앙을 못 견디게 그리워하며 잠들지 못했다.	충성의 맹세를 당중앙으로 귀결시킨다. 불이 켜진 건물 FS을 PAN으로 재현한다.

전 #5. 계승자들의 성장의 역사는 위대한 사랑의 역사

31		NA BGM	대학을 졸업한 후에도 어디를 가나 해와 별만 반기는 한송이 은방울꽃이 되자고 굳은 약속을 했다.	현장화면과 삽입화면(은방울꽃)을 연상편집한다. 김정일처럼 고결한 계승자가 될 것을 은유한다.
32		NA BGM	유자녀들은 영광의 졸업증을 받았으며, 김정일 동지의 햇발 아래 혁명의 꽃으로 계속 피어나고 있다.	삽입화면(졸업증·꽃)을 연속으로 상징편집한다. 김정일의 향도를 따라 혁명할 것을 강조한다.
33		NA BGM	학원을 떠나면서 졸업생들은 아버지들의 무기를 그대로 넘겨받은 심정으로 수령에게 인사를 드렸다.	졸업식과 삽입화면(김일성 동상)을 내부편집한다. 수령을 유자녀들의 아버지로 확정 짓는다.
34		NA BGM	지난날 학원에서 자라난 수많은 졸업생들은 언제나 가장 먼저 준엄한 전선으로 달려갔다.	전선으로 향하는 버스행렬을 반복편집한다. 졸업생들에게는 혁명적 유전자가 있음을 부각시킨다.

35		NA BGM V/O	전쟁의 포화 속에서 혁명가 유자녀들은 당과 군대의 중요 초소를 지켰으며, 수령은 만경대혁명학원 학생들로 친위중대를 꾸리고 그들을 대학에도 보내줬다.	전쟁 기록영상과 1호 사진을 교차해서 회상편집한다. 근거자료(사진)를 제시해 유자녀들이 수령의 친위대였음을 확증시킨다.
36		NA BGM	전사한 영웅들의 아들들을 학원으로 다 불러서 승용차까지 태워 보내주는 친어버이의 사랑을 보여주었다.	기록영상을 순차적으로 집중편집한다. 유자녀 육성의 역사는 사랑의 역사임을 의미한다.
37		NA BGM MU	수령은 만경대혁명학원 20주년을 맞이하여 졸업생들을 모두 불렀다.	여성 솔로곡과 함께 현지지도 기록영상을 내부편집한다. 수령과 졸업생들의 끈끈한 유대감을 강조한다.
38		NA BGM	수령은 혁명의 1세들의 한 생은 물론 그 자녀들까지 다 책임져 주었으며, 강근·김경석·최춘국 동지의 아들들은 아버지의 핏줄을 순결하게 이어가고 있다.	사진자료(아버지)와 현장화면(아들)의 모습을 교차해서 제시한다. 혁명가 유자들이 사회주의 건설 현장에서 당의 수호자로 확고히 서 있음을 확증한다.

전 #6. 가정의 대를 혁명의 대로 이어 충성하자

39		NA BGM	수령이 추억하던 태성할머니는 떠났지만, 전사한 연대장의 아들인 리병성 동무는 혁명의 3세답게 충성의 대를 변함없이 이어가고 있다.	사진자료와 삽입화면·자료화면을 시간 순으로 편집한다. 대를 이어 충성하는 본보기 제시로 이들의 모범을 따를 것을 시사한다.

40		NA BGM	항일투사의 딸들인 김보옥·김순하 동무는 당의 간부로 일하고 있다.	혁명학원 재학사진과 현장화면을 반복편집한다. 가정의 대는 아들딸 상관없이 지속되어야 함을 뜻한다.
41		NA BGM	아버지들은 투쟁 중에 희생되더라도 당이 그의 자녀들을 책임지기 때문에 마음 놓고 위훈을 세워가고 있다.	산업현장의 근로모습을 연속해서 확대편집한다. 자식 걱정 하지 말고 수령과 당에 충성할 것을 내포한다.
42	 	NA BGM	김정일은 간도에서 아버지를 잃고 만경대혁명학원의 품에 안긴 심창완을 정치국장으로 키워주고 그가 죽은 후 그 자녀들을 혁명의 3세로 키워주었다.	역사사진(김정일과 담소), 삽입화면(금시계), 자료화면(훈장 수여), 현장화면(3세의 현재 모습) 순으로 편집한다. 김정일의 품성을 소개하고 그에게 충성을 다할 것을 요구한다.
43	 	NA BGM	김정일은 항일전에서 가족을 잃고 혼자 남은 김량남의 동생을 찾아 당의 문화기술초소에 세워줬으며, 그의 막내아들은 문화예술 현장에, 딸은 강반석정치대학에, 맏아들은 초소에 세워줬다.	다양한 삽입화면(김정일 친필·신문·액자·라디오·악보) 사이에 현장화면을 배치한다. 김정일의 영도를 상징하고 있으며, 김정일이 가정의 대를 혁명의 대로 이어줬다고 강조한다.

결 #7. 전진하는 혁명의 계승대오

44		NA BGM	주체의 붉은 노을이 찬란히 펼쳐가는 향도성을 따라 혁명대오는 억세게 자라나고 있다.	군가풍의 배경음악에 자연풍광을 집중편집한다. 주위를 환기시키고 결말에 이르렀음을 시사한다.
45		NA BGM	혁명가 유자녀들은 영웅전사들의 붉은 피가 스며 있는 옛 싸움터를 찾았다.	취재한 현장화면을 순차적으로 병행편집한다. 목숨보다 귀중한 것이 조국이라는 것을 암시한다.

46	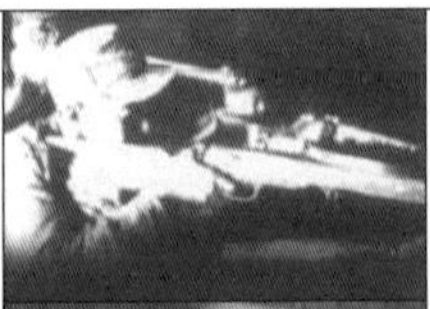 	NA BGM V/O	조국을 위해 청춘을 바친 리수복 영웅이 흘린 피가 아직도 뜨거운 한줌의 흙으로 남아 있으며, 계승자들은 치솟는 분노로 그날의 총포탄 소리를 듣고 있다.	효과음과 함께 치열했던 전투 장면을 세시한 후 유자녀들의 현장학습 장면을 반복 편집한다. 혁명가 유자녀를 복수자로 호명하고 그들의 분노에 대한 관객의 동의를 구한다.
47		NA BGM	수령의 혁명전통밖에 모르는 계승자들은 가슴 차오르는 격정을 터트리며 백두영봉에 올랐다.	백두산정상 등정의 모습을 현장화면으로 병행편집한다. 유자녀들을 순결한 계승자로 표상한다.
48		NA BGM	유자녀들은 수령의 행적을 좇아 들리는 마을마다 장작을 패었다.	봉사활동을 하는 현장화면을 확대편집한다. '수령 따라하기'를 통해 모범의 전파를 유도한다.
49		NA BGM V/O	병사들은 어깨 위에 내리는 산 이슬을 그대로 맞으며 뜨거운 추억에 잠겼다.	시를 읊조리는 현장화면을 낭만적으로 제시한다. 낭만적인 분위기를 연출해 감성적인 접근을 시도한다.
50		NA BGM	수령의 영상을 보유하고 떠난 아버지의 아들도 대를 이어 충성의 맹세를 다졌다.	자료화면과 기록영상을 제시한 후 현장화면을 보여준다. 영웅들의 탄생을 요구한다.

결 #8. 주체의 혁명위업을 대를 이어 계승·완성하자

51		NA BGM	수령의 혁명사상을 생명으로 삼고 당을 충성으로 받들어갈 유자녀들의 대오가 넘쳐나고 있다.	삽입화면(김일성동상)과 현장화면을 집중편집한다. '부화뇌동' 기법으로 제시된 화면을 사실로 확정 짓는다.
52		NA BGM MU	세대는 바뀌어가도 혁명의 핏줄기는 더욱 굳건히 이어져 왔으며, 주체의 향도성을 따라 전진한다.	남성중창 배경으로 행군하는 유자녀들을 상징편집한다. 혁명위업을 달성하기 위해 계속 전진할 것을 요구한다.

53		NA BGM	항일전과 한국전쟁에서 수많은 혁명동지를 잃었지만 계승자의 대오는 백 배, 천 배로 늘어났다.	삽입화면과 상황설정을 함축편집한다. 혁명의 희생자들을 잊지 말 것을 강조한다.
54	 	NA MU	수령을 모신 행복과 주체위업의 계승문제가 해결된 기쁨보다 더 큰 행복이 없다.	여성중창이 흘러나오는 가운데 혁명가 유녀자들의 열병식을 김일성과 김정일이 차례로 사열하는 모습을 병행편집하고 있으며, 내레이션 톤이 고조된다. 주제의식(계승문제 해결)을 직접적으로 드러낸다.
55		NA BGM	수령이 개척하고 김정일 동지가 이끄는 주체혁명위업의 앞길에는 승리와 영광만이 있을 것이다.	김일성광장을 ZO으로 확대편집한다. 관객에게 주체혁명 위업을 완수할 것을 역설한다.

이 책에서는 표상요소를 기호적 코드인 카메라기법, 편집기법, 사운드기법으로 구분하여 심층적으로 분석함으로써 영상기호의 의미작용을 분명하게 밝히고자 하였다.

카메라기법

북한 기록영화 촬영의 원칙적 요구 중에서 가장 중요한 것은 수령의 혁명역사와 업적을 당 역사문헌으로서의 품격을 갖추면서 수록해야 한다는 점이다. 더불어 반영할 대상에 대해 정치적으로 충분히 고려해야 하고, 화면에 민족적인 정서를 풍만하게 그려야 한다.[130] 이를 감안해서 촬영가는 구도·조명·카메라워킹과 같은 예술형상수단들과 함께 카메라 렌즈·필름·필터와 같은 촬영기

술 수단을 이용해 창작하게 된다.[131]

일반적으로 북한의 기록영화에서 일출 장면은 태양(김일성)을 상징하는 경향이 있다. 이는 우리는 항상 태양의 품에서 살기 때문에 항상 그의 은덕에 감사해야 하며, 수령의 향도성을 이어 전진하자는 것을 의미한다. '기'에서 기수들은 여러 세대에 걸쳐 수없이 바뀌어왔어도 혁명의 깃발은 '위대한 태양'의 위업을 빛나게 계승해가고 있다는 의미를 재현하기 위해 크로스 필터cross filter를 사용해, 광선이 4열 또는 8열로 퍼지는 효과를 주고 있다(〈화면 2-80〉·〈화면 2-81〉). 이는 '위대한 태양'인 김일성의 혁명사상을 이어받자는 주제의식에 미학적 감성을 더해 표현한 장면이다. 또한 노을을 배경으로 해 김일성동상을 측면에서 역광으로 촬영하거나(〈화면 2-82〉), 유자녀들이 행군하는 모습을 회화적 감성으로 전달한다(〈화면 2-83〉). 이런 기법은 연출한 촬영화면을 통해

화면 2-80

화면 2-81

화면 2-82

화면 2-83

화면 2-84

화면 2-85

극적 효과를 얻게 해준다.

다큐멘터리에서 구도는 화면의 미적 효과를 얻기 위해 전체적으로 조화롭게 배치하는 것을 뜻한다.[132] 반면, 북한 기록영화에서 구도 작업의 기본 목적은 구성미와 조형미를 강조하는 데 있는 것이 아니라 화면내용을 형상적으로 표현하는 데 있다.[133] 이 영화에서는 미적 형상화를 위해 다양한 방식으로 연출된 구도화면을 활용하고 있다. 〈화면 2-84〉는 김일성의 동상을 배경으로 유자녀들이 참배 후 전진하는 모습을 액자기법으로 보여주고 있다. 이 기법은 관객의 시선을 정중앙 상단에 위치한 김일성동상에 집중되게 해, 김일성을 우러러보게 하는 효과를 준다.

이 시기의 기록영화에서 가장 중요한 변화는 사람들의 이목이 집중되지 않는 곳에서 자기의 소임을 묵묵히 해나가는 소박한 사람들에 대한 재현이 시작된다는 점이다.[134] 이런 인식에 기반을 둔 이른바 '숨은 영웅 따라 배우기 운동'은 대중에게 대중적 영웅주의를 심어줘 올바른 혁명관을 세워주고, 영화창작에서는 지난 시기의 과도한 영웅형상창작사조를 비판한다. 이 시기에 숨은 영웅 형상 영화는 본보기 제시를 통해 공산주의적 인간개조 사업의 도구로 사용된다.[135]

〈화면 2-85〉에서는 혁명학원을 나온 후에 조그만 마을의 '리당비서'가 되어 묵묵히 아버지의 피가 스민 고향땅을 지키고 있는 김순하의 사례가 소개된다. 이 화면은 곡식이 무르익은 황금색 배경에 소소한 차림의 주인공이 대화하는

화면 2-86

화면 2-87

모습을 '가운데 선'을 약간 비킨 구도로 촬영됐다. 이런 구도의 카메라기법은 주인공을 클로즈업하지 않고도 부각시키는 효과를 준다. 〈화면 2-86〉과 〈화면 2-87〉은 이름 없는 용해공들이 묵묵히 일하는 모습을 배경으로 쇳물이 흐르고 불꽃이 쏟아지는 구도로 촬영됐다. 배경이 상당히 밝기 때문에 역광을 보완하기 위해 조명을 상당히 세게 비춰 촬영된 연출화면이다.

이 화면들은 사회주의 체제에 대한 신뢰와 축복을 의미한다. 즉 이름 없는 용해공이든 전장에서 희생된 혁명전사든 투쟁을 하다가 희생되면 어떤 혁명가유자녀라도 당이 모두 책임을 지기 때문에, 북한의 모든 아버지들이 마음 놓고 희생적 위훈을 세워나가고 있다는 의미를 생성한다. 이런 영상기호들은 혁명적 수령관이 확고한 주체형의 공산주의 인간전형을 제시함으로써 시대의 요구에 맞는 이데올로기적 국가기구의 기능을 한다. 이를 통해 관객에게는 이 사회가 이미 혁명 기운이 넘치고 있기 때문에 혁명에 대한 두려움과 편견을 버리고 혁명에 대한 신념을 갖도록 유도한다.

편집기법

김정일은 영화예술은 편집예술이라고 강조하며 편집단계에서 영화문법을 잘 지킬 것과 공정을 규범화할 것을 교시했다.[136] 북한 영화예술에서 편집은 형상적 사유를 통한 예술적 일반화의 방법으로 인식된다. 즉 편집을 통해 생

화면 2-88-1

화면 2-88-2

화면 2-88-3

화면 2-88-4

활에서 부차적이고 비본질적인 것을 가려내고 본질적이고 전형적인 것을 선택해 두드러지게 강조할 수 있으며, 화면들에 담긴 인물들의 행동과 사건들이 맞물려 하나의 일관된 스토리를 엮어 영화의 구성을 완성하고 다양한 정서의 흐름을 조성해 전일적인 영화형상을 창조할 수 있다는 것이다.[137]

〈계승자들〉은 이런 편집의 전형을 보여준다. 〈화면 2-88-1〉에서는 백두산유직지를 방문한 혁명가유자녀들이 김일성의 항일혁명을 상징하는 깃발을 들고서 행군한다. 이에 대해 김일성이 열병식에 참석한 유자녀들에게 화답한다(〈화면 2-88-2〉). 이어서 김정일이 이들의 행진을 되받고 있으며(〈화면 2-88-3〉), 마지막으로 군중들이 환호하는 장면 순으로 편집하고 있다(〈화면 2-88-4〉). 이렇게 상황설정을 통한 '말걸기'는 선동자propagandist로서 관객을 길들이고 이미 예정된 결론에 맞는 증거만을 제시하는 것이다.[138] 이와 같은 편집기법을 통해 북한 당국은 후계자 계승의 문제가 해결됐음을 논증하고 있다.

더 나아가 〈계승자들〉에서는 깃발이라는 상징을 통해 후계체제 확립을 은유적으로 편집하고 있다. '기' 부분인 〈화면 2-89-1〉에서 보여주고 있는 깃발은 혁명가유자녀들의 학원 깃발이며, 이들은 졸업 후에 '승'에서 조선노동당의 당원(당기)이 된다(〈화면 2-89-2〉). '전' 부분에서는 붉은 기가 나부끼는 김일성의 백두산항일혁명전적지를 방문하고(〈화면 2-89-3〉), '결'에서 이 붉은 깃발을 들고 행군하는 편집구성을 보여준다(〈화면 2-89-4〉).

북한은 혁명가유자녀들을 백두에서 시작된 주체혁명위업의 대를 잇기 위해 직업적 혁명가로 키워야 한다고 주장한다.[139] 즉 유자녀들이 직업적 혁명가로 키워져야 당의 핵심골간을 튼튼히 꾸릴 수 있고 그들을 조직자·선전자·동원

화면 2-89-1

화면 2-89-2

화면 2-89-3

화면 2-89-4

자로서의 역할을 높여 환경에서도 당과 수령의 영도를 충직하게 받들어나가는 정수분자들로 만들 수 있다는 것이다. 또한 이들은 혁명과 건설의 모든 분야에서 당의 영도를 철저히 실현해나가는 전위투사이자 주체혁명위업 수행의 기수가 되고 있음을 뜻하고 있다. 〈계승자들〉에서는 깃발의 상징을 통해 유자녀들이 기수의 역할을 할 것임을 시사하고 있다. 이는 다시 기수는 김정일로, 깃발은 유자녀로 해석할 수 있다. 이런 은유를 통해 김정일로의 후계구도가 해결됐음을 상징적으로 재현하고 있다.

북한 기록영화에서 편집은 당의 정책적 논리를 따르면서 화면을 분배하고 연결하며 감성을 앞세우지 말아야 한다고 강조된다.[140] 이 영화에서는 대를 이어 혁명을 수행하는 것을 재현하기 위해 실제 유자녀의 아버지 사진을 보여주고 있으며(〈화면 2-90-1〉·〈화면 2-91-1〉), 그의 아들들이 혁명의 계승자로 사

화면 2-90-1

화면 2-90-2

화면 2-91-1

화면 2-91-2

회 각 부문에서 일하고 있음을 실증하고 있다(〈화면 2-90-2〉·〈화면 2-91-2〉). 이런 전형적인 편집은 관객에게 신뢰와 믿음을 줘 자신의 행동을 변화시키게 하는 동인으로 작용하게 될 것이다.

북한이 어떻게 기록영화를 통해 신화를 형성하는가를 편집구성을 통해 살펴보자. 첫 번째 사례의 경우, 〈화면 2-92-1〉에서는 김일성의 은정이 어린 만경대 기슭에 새날이 밝아오는 것을 4열 광선이 퍼지면서 실루엣으로 촬영된 소나무를 보여준다. 다음은 학원의 학생들이 찾아드는 만경대 초가집을 진정한 유자녀들의 고향집이라고 설명한다(〈화면 2-92-2〉). 〈화면 2-92-3〉은 학원의 학생들이 푸른 소나무를 정성껏 가꾸는 장면으로, 이들은 항일의 여전사 김정숙이 손수 심어줬다는 이 소나무를 철이 들어갈수록 마음속 깊이 간직하고 있다고 소개한다(〈화면 2-92-4〉). 이로써 처음 보여준 화면은 단순한 상황설

화면 2-92-1

화면 2-92-2

화면 2-92-3

화면 2-92-4

정을 위한 풀샷이 아닌 것이 된다. 첫 화면의 소나무는 유자녀들을 소나무처럼 억세게 키워 혁명의 대를 잇게 하겠다는 김정숙의 의지의 표상이 된다. 결국 만경대(김일성)의 기호 위에 소나무(김정숙)의 기호를 더해 또 하나의 백두가문 신화가 생성된다.

다음으로 강반석정치대학을 졸업하는 유자녀들의 사례를 살펴보자. 먼저, 〈화면 2-93-1〉과 같이 김일성 교시가 적혀진 사적비 정원에서 꽃을 가꾸는 모습으로 상황설정을 한다. 이후 졸업생들은 동창들과 석별의 정을 나누고 어디를 가든지 해와 별만 반기는 한 송이 '은방울꽃'이 되자고 굳은 약속을 한다(〈화면 2-93-2〉·〈화면 2-93-3〉). 이들은 마침내 수령이 수여한 영광의 졸업증을 받는다(〈화면 2-93-4〉). 여기서 '은방울꽃'이라는 기호가 주목된다. 은방울꽃은 김정일이 가장 좋아했다고 전해지고 있다.[141] 따라서 한 송이 '은방울꽃'이 되

화면 2-93-1

화면 2-93-2

화면 2-93-3

화면 2-93-4

자는 유자녀들의 맹세는 수령의 혁명위업을 계속 이어가는 김정일에게 충성을 다하자는 맹세가 된다. 결국 이런 편집구성은 김정일의 향도 아래 혁명의 꽃을 계속 꽃피워 나가자는 의미를 생성하게 된다.

다음에 제시한 화면들은 맥락상 색보정color compensation을 한 것이다. 색보정은 인위적인 색 수정 활동으로, 촬영단계에서는 필터를 사용하거나 화이트 밸런스white balance를 맞춰 촬영하고 편집 단계에서 편집기자재로 색 조정을 하는 것을 말한다. 〈화면 2-94〉와 〈화면 2-95〉는 현장화면으로 촬영단계에서 필터를 사용해 선先색보정을 한 것으로 판단된다. 또한 기존에 촬영된 기록영상에 대해서는 상황설정을 극적으로 부각시키기 위해 포스트프로덕션 단계에서 인위적으로 후後 색보정을 한 것이다(〈화면 2-96〉·〈화면 2-97〉). 색보정된 화면들은 플래시백flashback을 위해 사용됐다. 예를 들어 〈화면 2-94〉는 수령

화면 2-94

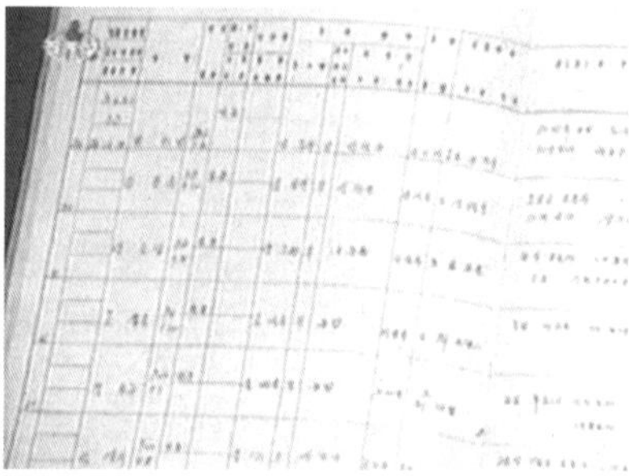
화면 2-95

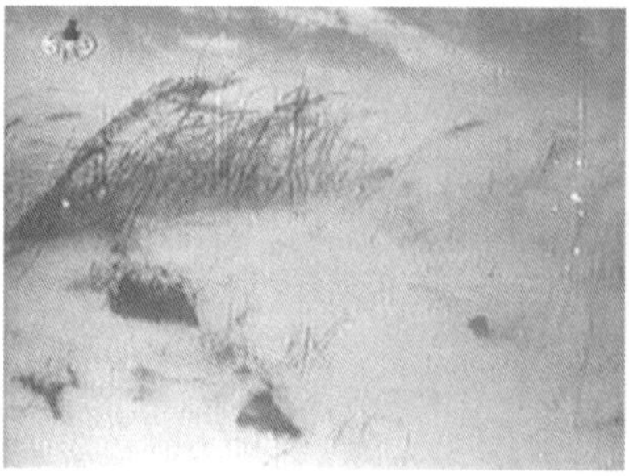
화면 2-96

화면 2-97

에게 충성의 맹세를 하는 유자녀들의 모습을 극적으로 재현하기 위해서 새벽 분위기로 화이트밸런스를 조정해 촬영한 후 김일성이 유자녀들을 찾아나서는 과거로 컷 전환된다.

또한 〈화면 2-96〉은 김일성이 유자녀들의 부모를 떠올리기 위해 삽입된 편집 색보정 화면이다. 이 화면 뒤로는 만주벌의 설한풍 효과음과 함께 과거 회상화면이 컷으로 전환된다. 이 화면들은 모두 김일성을 혁명적 의리가 있는 지도자의 의미로 표출하고 있다. 일반적으로 컷 편집 방식으로 플래시백과 같은 화면전환을 구사하는 것은 상당히 어려운 측면이 있다. 다른 영상구성요소들을 비롯해 기법과 구성이 맞아떨어지지 않으면 화면이 어색해보이기 때문이다. 모든 편집의 기본은 컷 연결이고, 화면전환 시에 컷 편집은 트랜지션 이펙트에 비해 더 힘이 세다. 이 밖에 퀵 패닝quick panning 화면전환 기법도 포착된다. 이처럼 〈계승자들〉은 편집상의 숙련된 절제와 다양한 미학적 실험을 보여주고 있다.

사운드기법

〈계승자들〉은 배경음악으로 꽉 차 있는 짜임새를 보이고 있다. 주체적 영화예술이론이 확립되기 전에는 음악과 노래가 개별적인 화면과 장면들에서 분위기를 살리는 것과 같은 부차적인 수단으로 이용되어왔으나, 김정일이 음악과 노래의 형상적 기능(위치와 역할)을 새롭게 정립했다고 주장한다. 김정일은 영화기 음악과 노래 없이 화면 중심으로 선개된다면, "생활이 메마르고 딱딱하여 볼 재미도 없게 될것이며 따라서 그런 영화는 사람들의 환영을 받지 못할것"이라고 지적했다.[142]

이 기록영화에는 해당 시퀀스의 맥락에 맞춰 배경음악이 세련되게 변주되면서 깔리고 있다. '기'에서는 계승자들의 행군 모습에서 비장한 음악으로 반드시 혁명계승을 이뤄내야 한다는 점을 재현하며, '전'에서는 다부작 예술영화

〈조선의 별〉에 자주 인용됐던 〈동지애의 노래〉를 배경음악으로 사용해 수령의 혁명적 의리를 표상한다. '승'에서는 합창과 연주곡을 번갈아 사용하며, '결'에서는 유자녀들의 열병식을 웅장한 합창곡으로 영상기호의 의미를 보완한다. 이처럼 북한의 기록영화에서는 영화음악을 힘 있는 형상수단의 하나로 보고 있으며, 주제의식을 강조하기 위해서 과도한 배경음악을 사용하고 있다. 그러나 배경음악의 과잉은 영화 흐름의 강조점을 희석시키고 긴장감을 떨어뜨려 결과적으로 담백하지 못한 결과를 초래할 수도 있다. 이에 반해 서구의 다큐멘터리에서는 음악적 요소들을 선택적으로 사용하는 경향이 있다.

영화음악이 가사와 융합될 경우 언어는 특정한 의미를 지니고 있기 때문에 음악은 구체적 내용을 획득하게 된다.[143] 〈계승자들〉에서도 노래는 주제의식을 드러내기 위해 사용됐다. 예를 들어 어린이의 목소리를 통해 세상에 부러움 없이 행복하다고 주장하고 있으며, 여성 솔로곡을 통해 수령에 대한 감사를 표하고 있다. 또한 남성 중창을 통해서는 행군하는 유자녀들의 진취적 기상을 보조하고 있으며, 피날레에서는 합창으로 대를 이어 충성을 다할 것을 재현하고 있다.

특이한 점은 시퀀스가 바뀔 때마다 내레이터가 남성과 여성으로 번갈아가며 바뀐다는 점이다. 남성 내레이터는 대체로 힘찬 전진을, 여성 내레이터는 상황을 설명한다. 이들은 모두 3인칭 전지전능의 관점을 취하고 있는데 이는 해설에서 가장 보편적으로 쓰이는 관점이다.[144] '결'의 엔딩 부분에서 내레이션이 특히 주목된다. 지난 시기의 기록영화와 달리 감성적 호소와 주제의식 표출을 위한 간명한 처리가 교차되고 있기 때문이다.

> 우리는 지난날 20성상의 피어린 항일전에서 많은 혁명동지들을 잃었습니다. 우리는 가열했던 3년간의 조국해방전쟁에서도 수많은 혁명동지들을 잃었습니다. 그러나 우리혁명의 앞날을 떠밀고 나아갈 계승자의 대오는 백배 천배로 늘어나 이 땅위에 대하처럼 구

비치고 있습니다.

주체위업의 계승문제가 빛나게 해결된 이 기쁨. 이보다 더 큰 행복 더 큰 기쁨 우리에겐 없습니다.

위와 같이 지난날의 아픈 상처를 떠올리면서 혁명적 낙관에 대한 감성적 호소 후에 이어진 내레이션은 직접적으로 김정일로의 계승문제가 해결됐다는 주제의식을 드러낸다. 이런 내레이션의 감정선은 웅변적 호소보다 관객의 동의를 더 쉽게 구하는 효과를 준다. 이 기록영화는 이런 점을 잘 활용해 화자가 전달하고 싶은 메시지를 효과적으로 처리하고 있다.

〈계승자들〉에서는 다양하게 연출된 구도 화면과 세련된 편집기법, 변주를 사용한 사운드기법으로 기록영화 편집의 전형을 보여준다. 또한 상징과 은유를 적절히 활용하고 이를 예술적으로 형상화하고 있다. 미학적 측면에서는 상당한 수작으로 평가할 수 있다.

이데올로기: 암시적 이데올로기 구현

북한의 영화예술은 '종자론'에 기초해 작품을 창작한다. 종자는 주체사상을 철학적 기초로 하는 작품의 핵이다.[145] 작가는 작품 창작에서 반드시 독특한 종자를 심어 놓아야 한다. 이 작품의 종자는 '주체혁명의 위업을 대를 이어 완성하자'라고 할 수 있다.

〈계승자들〉에서는 혁명가유자녀를 통해 일관되게 설정된 종자를 재현한다. 먼저, 미완의 혁명을 계속 추진하기 위해 혁명가유자녀들에게 그 어떤 환경 속에서도 수령과 당의 권위를 보위하고 관철하기 위한 투쟁에 나설 것을 요구한다. 다음으로, 유자녀들을 계급적 입장이 확고하고 혁명성이 강한 주체형의 공산주의 혁명가로 튼튼히 준비시켜야 한다고 강조한다. 바로 이렇게 하는 것이 가장 고귀한 사회정치적 생명을 안겨주고 커다란 신임과 배려를 돌려주는 당과 수령의 기대와 은덕에 보답하는 참된 길이라는 것이다.

1980년 제6차 조선노동당대회에서 김일성은 후계 문제를 공식화했다. 북한은 수령에서 후계자로 계승의 정당성과 당위성에 대해 당과 대중의 일치단결된 형상으로 이데올로기를 전파해야 했다. 그 형태는 수령의 '혁명전통'의 전면적인 계승 발전의 형상창조를 통해 상징화와 신화화로 나타났다.[146] 〈계승자들〉에서는 다양한 방식의 상징과 신화 생성을 통해 후계자 계승의 정당성을 생성하고 있다.

〈계승자들〉에서 표출된 이데올로기는 다음과 같이 정리된다.

첫째, 형식미학의 강화를 통해 권력세습의 정당성을 암시적 이데올로기로 구현하고 있다. 이 기록영화에서는 은유적 상징과 표상조작으로 조선혁명이 간고한 투쟁의 역사이기 때문에 대를 이어 계승해야 하며, 김정일이 그 뒤를 따를 적임자라는 것이다. 김일성은 세습체제의 당위를 항일혁명전통을 계승하는 데에서 찾았다. 항일혁명전통은 김일성의 혁명전통과 동일시됐다. 즉 김일성의 혁명전통을 지지하고 발전시키는 것은 곧 항일무장투쟁을 계승하는 것이고 김일성의 사상을 계승 발전시키는 것은 곧 혁명위업을 끝까지 완수해 나가는 것이 됐다.[147] '전'에서 김일성의 금시계를 김정일이 혁명가에게 채워주는 장면은 이런 맥락에서 이해해야 할 것이다. 김정일이 강조한 '온 사회의 주체사상화'는 대를 이은 충성으로 김정일 자신과 김일성에 대한 절대적 충성을 이끌어내는 데 기여한 것이다.

둘째, 혁명가유자녀들에게 직업적 이데올로기의 성격을 부여하고 있다. 유자녀들에게는 혁명의 핵심골간 가치가 부여되어 체제의 질서를 유지하는 핵심으로 기능하게 했다. 이들은 일단 입문하게 되면 당의 전폭적인 보상을 통해 질서 있는 응집력을 유지하며, 사회적 코드에 자발적·일상적으로 순응하게 된다. 또한 그들을 보호하고 육성한 유일체제에 정당성을 부여하는 기제로 작동하기도 했다. 유자녀들을 수령에게 충직했던 부모의 뒤를 이어 혁명을 끝까지 수행해나갈 '새 세대'로 호명한 것이다.

셋째, 혁명적 여성관의 제시이다. 북한에서 김정숙은 최고의 이상적인 여성이자, '백두산 여장군', '혁명의 어머니'로 불리고 있다.[148] 북한에서는 '김정숙 따라 배우기 사업'이 곧 수령과 당에 대한 충성심을 심어주는 가장 강력한 방도로 인식되고 있으며, 공동 집권기에 들어서면서 그 방법과 내용이 심화된다.[149] 이 기록영화에서는 김정숙이 항일전 시기부터 유자녀들의 친어머니가 되어서 보살펴주고 유자녀들을 소나무처럼 억세게 키워 혁명의 대를 잇게 해준 강인한 여성으로 재현된다. 이처럼 김정숙의 이미지는 혁명가의 자질을 갖춘 모습으로 형상화되는데, 이로써 김정일의 후계체제 확립에 기여하게 된다.

어떤 사회든지 구성원들이 공동으로 지향해야 하는 가치와 규범 등을 담은 핵심적인 이야기가 있으며, 구성원들은 누구나 이런 이야기를 반드시 숙지하게 된다.[150] 이들 이야기에 담긴 공통의 인식과 가치관에 기초한 이데올로기

그림 2-6 〈계승자들〉에서 표출된 이데올로기

1단계	현실(reality)
	· 혁명가유자녀들의 성장과정

2단계	표상(representation)
	· 미적 형상화 및 회화적 감성 전달 · 숙련된 기법으로 주제의식 재현 · 모범 사례 제시로 주체적 인간상 제시

3단계	이데올로기(ideology)
	· 형식미학의 강화를 통해 암시적 이데올로기 구현 · 혁명가유자녀들에게 직업적 이데올로기의 성격 부여 · 혁명적 여성관의 제시

는 한 사회의 유지에 중요한 요소가 되기 때문이다. 이와 같이 수령에 대한 절대적 충성심 유도는 결국 주체혁명의 대를 이어갈 안정적인 김정일 후계체세로 귀결됐다.

이 시기는 미국을 비롯한 서방세계의 계속되는 경제제재의 압박이 심화되던 때이다. 북한은 김정일이 주도한 선군으로 이런 국면에 초강경으로 맞서며 '우리식 사회주의'를 고수했다. 만약 민족적 자존심을 지키지 못하고 제국주의와 적당히 타협하거나 굴복하게 되면, 인민이 또다시 제국주의자들의 노예가 된다고 관객에게 상황의 심각성과 선군의 중요성을 각인시키고 있다.

04

김정일 집권기

〈백승을 떨쳐온 무적의 열병대오〉(2002)

서사구조 분석

통합체: 간명한 수사적 구조

북한은 고난의 행군 시기를 거치며 인민군대를 핵심으로 내세우고, 군대와 인민이 일심동체가 되어 난관을 극복하기 위해 선군정치를 주창했다.[151] 선군정치는 주체사상에 뿌리를 두고 반제 자주정치를 표방하며, 군사를 제일로 내세우는 것은 결국 자체의 힘으로 자기 나라와 민족·인민의 자주권과 존엄을 고수하는 데 있다.[152] 이에 대해 김정일은 당의 선군혁명영도는 군사중시 사상을 구현한 북한의 특유한 정치방식으로, "군사를 제일국사로 내세우고 인민군대를 무적필승의 혁명무력으로 강화하여 총대로 당을 옹위하고 …… 인민군대의 혁명적군인정신과 투쟁기풍으로 혁명과 건설"[153]을 추진하는 것이라고 주장했다. 북한은 이런 혁명무력을 대내외적으로 시위하기 위해 주기적으로 열병식을 시행·공개하고 있다. 특히 2002년 신년 공동사설에서는 "건군 70돐을 맞는 올해를 백두령장의 손길아래서 자라난 영웅적조선인민군의 불패의 위력을 남김없이 과시하는 승리자의 열병의 해"[154]가 되어야 한다고 강조했다.

이런 시대적 배경을 고려해 제4시기 대표작으로 〈백승을 떨쳐온 무적의 열병대오〉를 선정했다. 이 영화는 세 권 분량이며 2002년 4월 25일 평양에서 실시한 김일성탄생90주년과 조선인민군창건70주년을 기념해 노농적위대열병식 행사실황을 토대로 제작된 행사기록영화이다. 북한은 행사기록영화가 당의 노선과 정책이 작성되고 결정되는 중요행사들을 보여줌으로써 당원들과 근로자들을 당 정책으로 제때에 무장시키는 작용을 한다고 본다. 행사기록영화에서 중요한 점은 행사실황을 정확히 보여주는 것과 함께 그 시기성을 확고히 보장하는 데 있다.[155] 시기성이 보장되어야 근로자들을 새로운 당 정책으로 빨리 무장시킬 수 있으며 그 실효를 더욱 크게 나타낼 수 있기 때문이다.

북한은 이 영화의 완성을 이례적으로 서둘러서 행사 후 3일 만에 제작을 완료해 그 사실을 아래와 같이 ≪로동신문≫에 공개했다. 행사기록영화의 시의성 있는 공개를 위해 과거 기록영상 부분은 선편집한 후에 본 행사 부분만 행사 후에 추가한 것으로 보인다.

> 우리 인민군대를 혁명의 기둥, 주체혁명위업완성의 주력군으로 내세우시고 우리 조국을 불패의 군사강국으로 전변시키신 경애하는 최고사령관 김정일장군님의 선군령도업적을 지축을 울리며 나가는 열병대오의 름름하고 자랑찬 모습들을 통하여 보여주고 있다.[156]

〈백승을 떨쳐온 무적의 열병대오〉는 〈그림 2-7〉에 제시된 바와 같이 비교적 간명한 시퀀스 구조로 이뤄져 있다. '기'에서는 인민군대가 걸어온 길은 선군혁명의 역사임을 알린다. '승'에 해당하는 시퀀스 2·3은 반일인민유격대가

그림 2-7 〈백승을 떨쳐온 무적의 열병대오〉의 시퀀스 분석

구분	시퀀스	주요 내용
기	1	인민군대가 걸어온 길은 선군혁명의 역사
		⇩
승	2	주체형의 첫 정규무력건설
	3	인민군대의 승리와 미제의 패망
		⇩
전	4	총대는 국력이고 민족적 자주권
	5	총대로 개척되고 총대로 이어지는 선군혁명
		⇩
결	6	선군정치의 위대한 승리 만세

정규적 혁명무력으로 강화·발전됐으며, 한국전쟁에서 세계최강을 자랑하던 미제를 상대로 승리했다고 주장한다. '전'에 해당하는 시퀀스 4·5는 총대가 국력이고 민족적 자주권임을 분명히 밝히고 있으며, 총대로 개척되고 총대로 이어지는 선군혁명을 소개한다. '결'에서는 선군정치의 보검으로 조국과 민족의 운명을 구원해준 최고사령관 김정일 장군을 중심으로 단결할 것을 호소한다. 이런 간명한 수사적 구조는 일관된 문제의식을 명쾌하게 제시해 관객의 사회적 행동을 유발시키는 데 유용하다.

시퀀스 순서별 핵심 사건을 중심으로 텍스트의 서사 구성방식과 텍스트가 생산된 콘텍스트의 지점에 대해 살펴보자. '기'에서는 김정일이 개척한 선군정치가 새 시대를 열어갈 위대한 정치방식이라는 주제를 강한 어조로 제시한다.

> **선군의 위대한 정치방식**으로 사주위업수행에 새 시대를 열어놓으신 조선인민군 최고사령관 김정일 장군님.

인민군대가 걸어온 영광의 70성상은 백두에서 시작된 조선혁명을 무장으로 받들어 온 **선군혁명의 성스러운 역사**였습니다.

'승'에서는 선군정치의 연원을 소개하고 있는데, 이는 인민군대와 미제 간의 갈등의 역사였음을 말해준다. 비록 수령의 영도로 일제의 '백만관동군'은 무찔렀지만, 조국은 미제에 의해 수차례 고비를 정치적·사상적 우월로 극복했다며 선군정치의 합법칙성을 알리고 있다. 김정일은 선군정치가 항일유격대의 혁명정신 계승에 있으며, 모든 당원과 근로자가 인민군대의 혁명적인 군인정신을 따라 배워 고난의 행군을 '낙원의 행군'으로 전환시켜 사회주의 강성대국을 건설하자고 강조했다.[157]

반일인민유격대 창건을 선포하시던 간고의 그날로부터 항일의 혈전만리를 거쳐 키워 오신 승리의 대오였습니다. …… 총이 없고 군대가 없어 기막힌 망국노의 설움을 겪을 대로 겪은 우리 인민이었습니다.

무장은 우리의 생명이다고 하신 김일성장군님을 따라서 발톱까지 무장한 일제의 **백만관동군**을 쓰러 눕히고 끊어졌던 반만년 민족사를 다시 이어놓았습니다.

원수들은 우리의 총대를 무서워하며 한사코 꺾어보려고 미쳐 날뛰었지만 …… 혁명군대는 적들의 수적 기술적 우세를 **정치사상적 전략전술적 우세**로 타승해야 한다고.

'전'에서는 미제와의 갈등을 심화시키며, 이를 김정일이 극복했다는 점을 분명히 한다.

강철의 영장 김일성 동지와 함께 **20대의 청년장군** 경애하는 김정일 동지를 모신 조선의 대답은 언제나 단호했습니다.

총대로 개척되고 총대로 이어지는 선군혁명의 천만리. 전군 주체사상화의 기치 높이 역사의 절정 세기의 절정에 올라선 우리의 혁명무력은 **천출명장**이신 김정일 장군님을 조선인민군 최고사령관으로 높이 받들어 모셨습니다.

총대에 녹이 슬면 **인민이 노예**가 되고 당도 혁명도 다 망한다는 역사의 진리를 신념으로 새긴 최고 사령관의 제1결사대가 장군님을 걸음걸음 따르며 지축을 울립니다.

이 시기는 미국을 비롯한 서방세계의 계속되는 경제제재의 압박이 심화되던 때이다. 북한은 김정일이 주도한 선군으로 이런 국면에 초강경으로 맞서며 '우리식 사회주의'를 고수했다. 만약 민족적 자존심을 지키지 못하고 제국주의와 적당히 타협하거나 굴복하게 되면, 인민이 또다시 제국주의자들의 노예가 된다고 관객에게 상황의 심각성과 선군의 중요성을 각인시키고 있다.

'결'에서는 도입부에서 제시한 주제를 재차 강조하며, 수령이 개척하고 최고사령관의 신념을 새긴 선군정치의 위력을 과시한다.

고난이 크면 클수록 최고사령관과 병사들이 더욱 가까워지고 시련이 크면 클수록 군대와 인민이 더욱 가까워지는 이 **혼연일체**. 바로 이것이 주체조선의 힘. 선군정치의 위력. 이것이 위대한 김정일 장군님의 힘입니다.

위대한 수령님을 **건군의 시조**로 높이 모시고 우리 **최고사령관 제일주의**를 신념으로 새긴 김정일 혁명 강군의 앞길을 막을 자 이 세상에 없습니다.

미제와 그 추종세력들이 감히 불질을 한다면 우리의 혁명무력은 덤벼드는 침략자들을

무주고혼으로 만들어버릴 것이며 적들의 침략적 야성이 **지구상 그 어디에 있건 무자비하게 타격**할 것입니다.

선군시대의 현실과 시대정신을 반영한 선군혁명문학예술은 수령과의 혼연일체, 수령결사옹위, 자폭정신 등의 형태로 나타난다. 이를 위해 수령을 중심으로 당과 인민대중이 하나로 뭉쳐 수령이 제시한 노선과 방침을 관철해나가는 과정을 그림으로써 수령의 위대성과 혁명성을 묘사한다. 마지막 문단에서는 모든 악의 근원인 미국에 맞서는 강한 군사적 자신감이 표출된다. 그런데 "무주고혼", "지구상 그 어디에 있건 무자비하게 타격"과 같은 억센 논조의 자신감은 오히려 살기 위한 절박한 호소로 볼 수 있다. 이런 호소는 북한의 대표적인 이중성의 사례로 그들의 높은 군사화 수준과 강력한 정신력을 드러내는 것이 아니라, 사실은 사회기강을 다잡기 위한 강한 교조성을 띠는 선동의 한 형태로 이해할 수 있다.[158]

〈백승을 떨쳐온 무적의 열병대오〉의 서사구조는 미국과 계속되는 갈등상황에도 불구하고 김정일이 창시한 '총대사상'을 믿고 따르자는 점을 강조하기 위해서 양괄식 구성방식을 취하고 있다. 즉 선군정치의 정당성을 강조하면서 대중의 이해를 구하고 체제수호의 정당성을 설득하고 있다.

계열체: 이항대립적 구성의 반복

〈백승을 떨쳐온 무적의 열병대오〉에 제시된 사건의 특성을 파악하고 이항대립 구도를 살펴본 결과, 인민군대는 선군정치를 이끌어가는 혁명무력이고 미제와 추종세력은 침략적 본성을 지니고 있는 침략자라는 대립항을 보여준다.

첫째, 반일인민유격대는 주체적 혁명무력으로 일제의 백만 관동군을 무찔렀다고 강조한다.

둘째, 조선인민군은 승전만을 계속해왔으며 세계 최강의 미군도 인민군에게만은 계속 패전했다고 주장한다.

셋째, 인민군대는 선군혁명을 추동하는 자주적 혁명무력이며, 주적이 미국임을 분명히 밝힌다. 남한은 미국의 추종세력으로 격하시키고 있다.

넷째, 미제를 사회주의 체제를 뒤흔드는 침략자로 규정하고 이에 결코 타협하지 않고 총대로 맞설 것을 요구한다. 결국 인민군대는 패배를 모르는 불패의 역사를 지니고 있기 때문에 이 군대를 믿고서 고난의 길을 헤쳐가자는 점을 강조한다. 특히 푸에블로호 사건을 통해 적의 비굴한 모습과 인민군의 용맹한 모습을 대비시킨다.

이런 대립구조는 상대의 약한 고리를 집중적으로 공략하여 자신의 위치를 끌어올리고 관객의 공감을 불러일으키는 효과가 있다. 또한 이 기록영화는 '수호자(인민군대) 대 침략자(미제와 추종세력)'의 이항대립적 구성을 반복해서 관객에게 각인시키는 서사구조를 통해 선과 악의 대립이라는 이데올로기적 의미로 확장시킨다. 〈백승을 떨쳐온 무적의 열병대오〉에서 나타난 이항대립 구조와 내용을 정리하면 〈표 2-10〉과 같다.

이 기록영화에서는 고난의 행군 시기의 식량난을 인정하면서도 "마치와 낫과 붓대 위에 총대를 높이 세우고 사탕보다 총알을 더 귀중히 여긴 우리 인민"이었다는 점을 분명히 하고 있다. 또한 고난이 크면 클수록 최고사령관과 병사들이 더욱 가까워지고 시련이 크면 클수록 군대와 인민이 더욱 가까워지는

표 2-10 **〈백승을 떨쳐온 무적의 열병대오〉의 이항대립 구조 분석**

이항대립	내용
반일인민유격대 / 일제 백만 관동군	주체적 혁명무력 / 격퇴 대상
조선인민군 / 미군	백전백승 / 패전, 패주
인민군대 / 미제와 추종세력	수호자 / 침략자
총 / 쌀	목숨 / 죽음

혼연일체를 이루었다고 주장한다. 바로 이것이 선군정치의 위력임을 강조한다. 이를 통해 아무리 미국이 경제적 제재와 고립정책을 펼치더라도 사회주의 체제를 끝까지 지키겠다는 신념을 표출하고 있다.

영상기호 분석

영상구성요소: 군사적 자신감의 표출

〈백승을 떨쳐온 무적의 열병대오〉에서는 기록영상이 전체의 58.8%로 가장 높은 비중을 차지했으며, 다음으로 현장화면 29.4%, 구성화면 8%, 기타 1.5% 순으로 나타났다. 기록영상이 높은 비율을 차지하는 것은 수령의 혁명활동에서 선군혁명의 기원을 찾으려 했기 때문에 과거의 영상자료를 많이 활용했다. 〈백승을 떨쳐온 무적의 열병대오〉의 전체 영상구성요소 비율은 〈표 2-11〉과 같다.

표 2-11 〈백승을 떨쳐온 무적의 열병대오〉의 영상구성요소 비율

구성요소	기록영상		현장화면		인터뷰	구성화면			기타	합계
세부분류	자료영상	과거열병	현재열병	삽입		조선화	사진	타이틀	자막, CG	
시간(분:초)	10:38	07:04	07:10	01:42	00:42	00:22	00:21	01:41	00:28	30:08
비율(%)	35.3	23.5	23.8	5.6	2.3	1.2	1.2	5.6	1.5	100

기록영상

〈백승을 떨쳐온 무적의 열병대오〉에서는 기록영상의 구성요소 중에 자료영상이 35.3%, 과거 열병화면이 23.5%로 나타났다. 이 중에서 자료영상은

주로 한국전쟁을 묘사하고 김일성의 혁명역사를 뒷받침하는 데 사용됐다. 이들 영상에서는 인민군대의 힘찬 기백과 이들이 인민의 절대적인 환영을 받고 있음을 강조하고 있으며, 그 아래에서 평화로운 일상을 펼치고 있는 인민들의 모습을 배치시키고 있다(〈화면 2-98〉·〈화면 2-99〉). 이를 통해 자주적인 무력을 보유하는 일이 얼마나 중요한 일인지를 강조한다. 도입부의 이런 이미지 배치는 실재했던 역사의 실체에 대해 진실을 요청하고 있다.

〈화면 2-100〉은 미군을 침략군으로 규정하며 이들이 인민군에게 포로로 잡혀 무기력하게 끌려가는 모습을 재현하고 있다. 또한 〈화면 2-101〉은 역대로 승전만 해왔다고 뽐내던 미군이 한국전쟁 패배에 이어 푸에블로호를 통해 침략을 했지만 인민군대의 무적의 힘 앞에 무릎을 꿇고 또다시 항복서에 도장을 찍었다고 주장한다. 그리고 〈화면 2-102〉에서는 초강대국 미국이 조선 땅

화면 2-98

화면 2-99

화면 2-100

화면 2-101

화면 2-102

화면 2-103

화면 2-104

화면 2-105

에서만은 또 쫓겨 가고 있다고 반복해서 제시한다. 이를 통해 인민군대는 백전백승의 혁명군대라는 점을 관객에게 주지시킨다. 이런 편향적인 구성은 선전기법 중에서 '카드 속임수card stacking'로, 어떤 입장을 지지하는 주장은 선택적으로 배열하고 그 입장을 지지하지 않는 주장은 무시하는 것이다.[159] 심지어 나포된 푸에블로호의 선원이 벌벌 떠는 모습을 여과 없이 표출해 초강대국 미국을 희화화戲畵化한다(〈화면 2-103〉의 표시 참조).

북한과 대척점에 있던 미국은 푸에블로호 사건으로 북한에게 유익한 선전 기회를 제공했다.[160] 북한은 즉각 기록영화 〈미제침략군무장간첩선 푸애블로호〉(1968)를 제작해 소련·독일·이라크 등의 해외공관을 통해 미제의 범죄행위를 알리는 감상회를 조직했다.[161] 그런데 특이한 점은 1978년에 제작된 기록영화 〈침략자 미제를 고발한다〉에서는 〈화면 2-103〉과 동일한 씬에서 선원이 벌벌 떠는 모습이 잘려 있다.[162] 왼쪽으로 패닝이 진행되는 도중에 편집된 걸로 미루어봤을 때 이는 의도적인 커트이다. 당시 상황은 닉슨독트린Nixon Doctrine이 전개되어 미국과의 대치가 완화되고 있었기에 북한이 미국과의 대립각을 세울 필요가 없었다.[163] 따라서 미국을 불필요하게 자극할 수 있는 화면은 편집한 것으로 추측된다. 당시 북한 기록영화의 엄격한 검열과 통제 수준을 반증하고 있다.

과거 열병화면은 역사적으로 중요한 열병식 행사기록영상을 제시하고 있으며, 이들의 모습을 통해 김정일의 선군정치의 역사적 정통성을 강조하고 있다. 또한 자막을 통해 해당 행사의 연도를 고지해 시각적으로 시기 구분을 용이하게 하고 있다(〈화면 2-104〉·〈화면 2-105〉). 건국 초기의 행사기록영상은 기록영화 〈인민군대〉(1948)에서 상당부분 인용했다.

현장화면

현장화면의 영상구성요소 비율은 현재 열병화면 23.8%, 삽입화면 5.6%로 나타났다. 이 중 현재 열병화면은 노농적위대종대·붉은청년근위대종대·혁명학원종대·조선인민군군사학교종대 등의 열병행사를 현장녹화한 것이다. 여기서 정규군이 아닌 민간인들의 열병식은 전민이 무장한 군사강국의 위용을 과시하려는 데 목적이 있다. 북한은 인민군대 강화와 군사중시 기풍을 세우기 위해 인민군대 열병식도 우리식대로 전통화할 것을 요구했다. 이에 대해 김정일은 다음과 같이 언급했다.

> 현역군인종대 다음에는 로농적위대종대와 붉은청년근위대종대를 세우는것이 좋습니다. 로동적위대와 붉은청년근위대는 우리 당의 전민무장화방침에 의하여 조직된 민간무력입니다. 열병부대에 로농적위대종대와 붉은청년근위대종대를 세우면 정규무력뿐아니라 민간무력의 위용도 보여줄수 있으므로 좋습니다. 열병부대에 민간무력종대를 세우는것

은 우리 나라밖에 없을것입니다. 우리는 모든것을 우리 식으로 하여야 합니다.[164]

파시즘은 단합되고 열정적인 대규모 군중대회를 이용해 정치를 미화했다는 평가를 받기도 한다. 특히 나치즘의 이런 경향은 그들의 가치 규범을 강조하며 근대의 조형 요소들과 극적 수단들을 사용해 감동을 준다.[165] 대표적으로 레니 리펜슈탈Leni Riefenstahl은 〈의지의 승리Triumph des Willens〉(1935)에서 구어체의 해설 대신에 깃발, 스와스티카swasticka, 솔개 마크, 고풍스러운 거리와 탑 등의 상징물과 잇따라 등장하는 히틀러의 모습을 뛰어난 미적 조화로 박진감 있게 묘사했다.[166] 반면에 사회주의는 예술을 정치화했으며 이데올로기적 내용을 강조하는 측면이 있다.

이 영화에서는 삽입화면으로 상징성을 지니고 있는 기념비미술, 김일성 초상화, 현수막, 깃발 등을 삽입해 극의 흐름과 감정선을 보충하고 상징의미를 표출한다. 우리식 개념으로 기념비미술은 조소에 속하고,[167] 공공미술의 특징이 있기 때문에 선전선동을 중시하는 북한에서 매우 중요한 장르이다.[168] 이들 작품의 특징 중 하나는 〈화면 2-106〉과 같이 강렬한 인상을 형상화해 호소력을 극대화시키는 데 있다.

북한은 김일성을 신화화시키는 방법의 하나로 초상화를 사용한다.[169] 북한에서 수령의 영상을 모시는 것은 대단히 중요한 문제이다. 김일성의 초상화

화면 2-106

화면 2-107

화면 2-108

화면 2-109

자체가 상징성을 띠고 있기 때문에 〈화면 2-107〉과 같이 김일성의 초상화가 역사의 전환점과 혁명전통을 강조하는 부분에서 등장한다. 이처럼 현장화면의 영상재현은 실재한 사실을 선택해 사람들을 교양하는 북한 기록영화의 실재성의 특성을 보여준다.

〈화면 2-108〉은 김정일을 천출명장[170]으로 묘사하고 있는 현수막을 촬영한 것이고, 〈화면 2-109〉에서는 최고사령관을 목숨으로 지키자는 구호를 보여준다. 이런 혁명구호들은 해당 시기의 정치적 목표를 직관적으로 표현한다. 이처럼 북한은 구호의 나라라고 할 정도로 곳곳에 다양한 혁명구호들이 적혀 있다.[171] 북한은 선전선동에 필요한 구호들을 제시하고 배포하는 '구호문헌과'를 노동당 선전선동부 조직 아래에 두고 있다.[172]

구성화면

구성화면은 조선화 1.2%, 재연화면이 1.2%, 사진은 5.6%로 나타났다. 조선화는 총 네 컷이 22초 분량으로 사용됐다. 김일성 관련이 세 컷이고, 김정일을 형상화한 것은 한 컷이다. 조선화의 분량은 많지 않지만 사실적인 표현기법으로 그 효과는 강렬하게 표출되고 있다.

재연은 일제의 식민지 지배하의 인민의 고통을 표상하고 있으며, 미국의 푸에블로호를 나포하는 상황을 극적으로 재현하기 위해 상황을 다양한 형태로 재

화면 2-110

화면 2-111

화면 2-112

화면 2-113

화면 2-114

화면 2-115

구성하고 있다(〈화면 2-110〉). 또한 〈화면 2-111〉은 전투에서 깃발을 꽂기 위해 용맹스럽게 달려가는 것을 보여주는 재연으로 마치 영화 속의 한 장면 같다.

사진은 스물여덟 컷으로 1분 41초 분량이다. 구체적으로 살펴보면, 김일성 관련 여섯 컷, 김정일 관련 세 컷, 인민군 관련 열한 컷, 외빈 다섯 컷, 일제 관련 세 컷이다. 가장 많은 비중을 차지하고 있는 인민군 관련 사진은 그들의 활약상을 보여주면서 그 용맹성을 증명한다. 〈화면 2-112〉에서 김일성은 탁월한 군사지략가로 재현되며, 김정일은 인민군대와 늘 함께하는 희세의 선군영장으로 묘사된다(〈화면 2-113〉).

〈화면 2-113〉으로 제시된 사진은 선군혁명문학예술의 전형을 보여준다. '선군정치'를 반영하는 이 시기 문학예술은 '선군혁명실록'의 형태를 띨 것이 강조됐으며 김정일의 현지지도의 대장정을 종군의 자세로 현지취재하고 예술적 형상화를 통해 폭과 깊이를 담아야 했었다.[173] 이 기록영화는 선군시대 당의 요구에 맞게 김일성과 김정일의 사진들이 군부대 현지지도 사진 위주로 구성되어 있다.

북한 기록영화에서는 종종 동영상이 흐르는 도중에 갑자기 사진을 구성화면으로 사용한다. 이런 기법은 주위를 환기해 상황을 강렬하게 보이게 하거나, 화면 속 장면을 긴장감 있게 주시하게 하는 효과를 유도한다. 또한 사진은 동영상보다 통제와 가공이 용이한 점도 고려한 것으로 보인다. 〈화면 2-114〉는 EC-121 격추사건 등 미국의 계속되는 침략 야욕을 증명하는 데 사용한 사진이다. 〈화면 2-115〉는 선군정치의 위력으로 인민군들이 혁명적 낙관에 넘치고 있다는 점을 제시한 사진이다. 주체사실주의에서 주체형의 인간은 당과 수령에 대한 끝없는 충실성을 갖고 인간의 아름다운 사상적·정신적 풍모를 형상화해야 한다.[174] 이 사진은 주체 조선의 힘을 믿고 따르는 군인들의 모습을 통해 고난이 크면 클수록 최고사령관과 더욱 혼연일체가 된다는 점을 재현하고 있다.

≪로동신문≫의 사명은 "주체사상과 그 구현인 주체적출판보도사상을 지

화면 2-116

화면 2-117

화면 2-118

화면 2-119

도적지침으로 하여 주체의 혁명위업을 대를 이어 끝까지 완성해나가는데 적극 이바지하는 것"175에 있다. 〈백승을 떨쳐온 무적의 열병대오〉에서는 아홉 컷의 ≪로동신문≫ 본문을 인용하는 화면이 나온다. 〈화면 2-116〉은 미국의 쿠바 내정간섭을 규탄하고 있으며, 〈화면 2-117〉은 미국에 전면전을 선포하겠다는 의지를 ≪로동신문≫의 타이틀을 통해 표출하고 있다. 이렇게 신문기사를 인용하는 구성은 해당 시기의 조선노동당의 대외정책을 적극 해설·선전하며 제국주의자들의 침략과 전쟁책동을 저지·파탄시켰다는 것을 논증자료로 확인시키는 역할을 한다.

북한 기록영화는 강한 정론적 호소성과 시사성을 특징으로 한다. 〈화면 2-118〉은 ≪로동신문≫에 실린 사진을 재인용하고 있다. 노동신문에서 사진은 삽화·만화·도표·지도 등과 함께 직관물로 불리고, 그 생동성으로 인해 선동성이 강하다.[176] 특히 〈화면 2-119〉는 보도사진자료가 있음에도 불구하고 논증 강화를 위해 ≪로동신문≫의 사진을 재인용하고 있다.[177] 이런 직관물을 기록영화에서 재인용하는 것은 제작의도를 부각시키고 관객의 시선을 고정시키는 효과가 있다.

인터뷰

다큐멘터리에서는 인터뷰를 일컬어 '다큐멘터리의 심장'이라고 부르기도 한다.[178] 이는 인터뷰가 다큐멘터리에서 중요한 위치를 차지하고 있음을 말해준다. 인터뷰는 다큐멘터리의 진실감과 신뢰감을 더해주는 유용한 영상구성요소이다. 〈백승을 떨쳐온 무적의 열병대오〉에서는 영상구성요소 중에 인터뷰가 2.3%를 차지하고 있다. 그 비중이 크지는 않지만, 북한 기록영화에서는 인터뷰를 잘 사용하지 않는다는 점에서 특징적 구성요소이다.

〈화면 2-120〉과 〈화면 2-121〉은 첫 열병식에 참여했던 노병들의 인터뷰이다. 서구의 다큐멘터리가 개인에 대해 집중적으로 인터뷰를 하는 것과는 달리 이 기록영화에서는 니샷knee shot과 웨이스트샷waist shot을 통해 재현하고 있다. 기록영화의 인터뷰 방식에도 전체주의적인 발상이 영향을 미쳤음을 보여준다.

다큐멘터리는 종종 인터뷰에 특정 분야의 전문가를 등장시켜 전문지식을

화면 2-120

화면 2-121

소개하거나 전달한다. 이에 반해 이 기록영화에서는 노병들의 격정적인 인터뷰를 통해 당시의 상황에 대한 현실감을 부여하는 증언 기능을 수행한다.[179] 즉 객관적인 진술이 아닌 증언자가 숭배하는 사람이나 사상에 대해 직접적으로 증언해 의견을 표출하고 있다.

〈백승을 떨쳐온 무적의 열병대오〉에서 영상구성요소는 서사적인 연결망과 결합해 구성요소들의 의미를 강화하고 있다. 기록영상은 영화는 열병식 자료를 반복적으로 제시해 역사적 사실에 대한 논증으로 북한 정권의 정통성에 대한 명분을 구축하는 역할을 한다. 현장화면은 단합된 열병식 실황을 통해 군사강국의 자신감을 표출하고 있다. 구성화면은 사진 및 ≪로동신문≫ 자료 등을 실록 형태로 제시함으로써 혁명완수의 중요성에 대해 대중의 관심을 고취하는 작용을 하고 있다. 인터뷰는 당시 현장을 격정적으로 증언하여 현장감을 부여하고 있다.

이와 같이 〈백승을 떨쳐온 무적의 열병대오〉의 영상구성요소는 논쟁적 논리를 강조하고 해설의 정치적 목소리를 강조한다. 또한 특정한 사안에 대해서는 관객들의 공감을 얻어내고자 대중이 신뢰하고, 감정이 발화될 수 있는 의미를 제시한다. 이를 통해 현재의 지배적 관행과 가치에 대한 불신을 유보시키고 믿음을 주입시킨다. 북한은 이를 통해 인민의 신뢰를 얻고, 그들이 재현의 정치를 통해 적극적인 지지와 사회 참여를 이끌어내고 있다.

표상요소: 체제수호의 절박함 재현

통합체 분석의 결과인 시퀀스 순서에 따라 〈백승을 떨쳐온 무적의 열병대오〉의 기술적 약호들에 대한 표상요소들의 함축적 의미구조를 심층적으로 파악했으며, 그 결과는 〈표 2-12〉와 같다.

표 2-12 〈백승을 떨쳐온 무적의 열병대오〉 표상요소 분석 결과

순서	비디오	오디오	주요 내용	기술적 코드	내포의미
기	**#1. 인민군대가 걸어온 길은 선군혁명의 역사**				
1	 	NA BGM V/O	선군의 기치 밑에 백승을 떨쳐온 무적 강군의 열병대오.	팡파르와 함께 강렬한 타이틀로 영화가 시작됨을 알리며, LS으로 열병대오의 전경을 보여준다.	강렬한 인상으로 관객의 주목을 끌면서 관객에게 기대감을 갖게 한다.
2		NA BGM V/O	선군정치로 자주위업수행의 새 시대를 열어놓은 사람은 조선인민군 최고사령관 김정일이다.	사열하는 열병대오와 김정일의 모습을 병행편집한다.	선군시대를 김정일이 개척했음을 주지시킨다.
3		NA BGM V/O	인민군대가 걸어온 70성상은 백두에서 시작된 조선혁명을 무장으로 지켜온 선군혁명의 역사였다.	행진하는 열병대오의 모습을 내부편집한다.	힘찬 모습을 연출하며 장면전환을 시사한다.
승	**#2. 주체형의 첫 정규무력건설**				
4		NA BGM	1948년 2월 8일, 평양에서는 정규적 혁명무력으로 발전된 인민군대의 열병식이 열렸다.	기록영상을 자막과 함께 회상편집한다.	정규무력건설의 감격을 표출한다.
5		NA BGM	희세의 영장 김일성은 정권수립 직후에 인민군대부터 창건했다.	기록영화 〈인민군대〉를 인용한다.	인민군대는 수령의 주체사상에 기초함을 논증한다.
6		NA BGM	항일혁명투사들을 골간으로 하는 인민군대의 건설은 수령의 건군사상과 영도의 빛나는 결실이었다.	도열한 병사들을 TRK을 사용해 역동감을 준다.	인민군대 창건을 김일성의 성과로 귀결시킨다.

7	 	NA BGM	1932년 4월 25일, 김일성은 항일유격대 창건을 선포했으며, 그들은 항일투쟁의 혈전만리를 거쳐 창설된 승리의 대오였다.	조선화를 다양한 앵글로 보여준 후에 기록영상을 반복편집한다. 인민군대의 뿌리는 김일성의 항일유격대에 있음을 시각적으로 논증한다.
8		NA BGM	수령은 '지원'의 뜻이 깃든 두 자루의 권총을 바탕으로 주체의 혁명무력을 세웠다.	자료사진과 기록영상을 내부편집한다. 총대중시사상을 김형직의 일화로 신화화한다.
9		NA BGM	수령은 일제의 관동군을 무찌르고 총이 없어 설움을 겪었던 반만년 민족사를 다시 이어놓았다.	열병식 기록영상을 연속으로 확대편집한다. 수령이 국가건설의 기초를 마련했다고 강조한다.
10		NA BGM	자기 군대가 있으니 세상은 언제나 봄날 같았고, 행복은 열매로 무르익었다.	농촌의 평화로운 모습을 연속으로 집중편집한다. 세상에서 제일 중요한 것은 총이라는 것을 암시한다.
11		NA BGM	온 나라의 부모 형제들은 전사들을 굳게 믿고 있었고, 우리글을 익혀가는 눈동자들은 빛나고 있었다.	교육장면과 군사훈련 모습을 함축편집한다. 민족의 운명은 결국 총에서 나온다는 것을 내포한다.
12		NA BGM	1949년 광복절을 경축하는 조선인민군 육해공군 열병종대들이 수령에게 충성을 맹세했다.	열병식 자료화면을 다양한 앵글로 내부편집한다. 수령이 혁명의 뇌수임을 확증한다.
13		NA BGM V/O	원수들은 우리를 꺾어보려고 하지만 총대로 무장한 혁명의 전진을 가로막을 수는 없었다.	육해공의 열병 자료화면을 역동적으로 제시한다. 군사력에 대한 자신감을 표출한다.

14		NA BGM V/O	1949년 열병식에 참여했던 노병들이 '정의의 총대 위에 조국의 안녕과 인민의 행복이 있고 백승의 기적도 떨칠 수 있다'고 그날의 감격과 소회를 증언한다.	항공사진으로 분위기를 전환시킨 후 노병들의 인터뷰와 김일성 사진을 내부편집한다. 인터뷰를 통해 그날의 감격을 증명해 보이고 있으며 현장감을 극대화시킨다.

승 #3. 인민군대의 승리와 미제의 패망

15		NA BGM V/O	전투에서 총알이 떨어졌을 때에는 맨몸으로 적진을 향해 돌진하는 강한 신념을 가졌기에 백승의 기적을 떨칠 수 있었다.	효과음과 함께 전쟁자료영상과 재연화면을 속도감 있게 집중편집한다. 사례 제시를 통해 물리적인 군사력뿐만 아니라 정치사상적 강군의 측면을 강조한다.
16		NA BGM	전시에 평양의 지하극장에서 열린 수령탄생 40주년 기념사진 전시회는 잊지 못할 감동의 화폭이었다.	자료화면과 조선화·사진을 병행편집한다. 수령·군대·인민과의 혼연일체를 보여준다.
17		NA BGM V/O	인민군대의 승리와 세계최강을 자랑하던 미제의 패주, 이 사변은 조선혁명을 총대중시 혁명으로 이끈 수령의 탁월한 영도의 승리였다.	효과음과 함께 초계비행, 야포사격, 인민군대의 승리의 함성을 상징편집한다. 한국전쟁에서 인민군대가 승리했다고 일방적으로 주장하며, 이를 확정 짓는다.

18	 	NA BGM V/O	수령은 한 세대에 두 제국주의 강적을 이긴 명장이며, 인민군대와 인민은 역사상 처음으로 미제의 내리막길의 시초를 열어놓은 반미투쟁의 첫 승리의 열병식을 안아올 수 있었다.	힘찬 군가에 맞춰 열병식 기록영상과 답례하는 김일성의 모습을 내부편집한다. 수령의 또 하나의 성공신화를 제시하며 수령이 개척한 총대중시사상을 거듭 강조한다.
19		NA BGM V/O	아메리카의 호전장군들에게 패전장군·무덤장군의 꼬리표를 달아서 태평양 건너로 쫓아버렸다.	자료화면과 삽입화면을 함축편집한다. 인민군은 사상의 강군, 신념의 강군임을 의미한다.
20		NA BGM	어머니들이 자발적으로 전선으로 내보낸 자식들이 영웅이 되어 후방의 인민들과 뜨겁게 얼싸안았다.	환영행사장에서 환희에 찬 상봉 모습을 확대편집한다. 군민일체와 혁명가적 어머니상을 제시한다.

전 #4. 총대는 국력이고 민족적 자주권

21		NA BGM V/O	세월은 흘렀지만, 선군혁명의 길은 수령과 장군을 따라 계속됐다.	과거와 현재를 시계열적으로 회상편집한다. 선군혁명의 지속성을 재현한다.
22		NA BGM	잿더미를 헤치고 일어서야 하는 전후 복구는 힘겨웠지만 이 싸움의 앞장에는 언제나 인민군대가 있었다.	전후 복구 작업 기록영상을 순차적으로 반복편집한다 모범적인 사례 제시로 이를 배울 것을 요구한다.
23		NA BGM V/O	전승의 그날로부터 연이어 울려 퍼진 창조의 기적소리는 곧 수령에 대한 만세소리였다.	기적소리 효과음과 함께 상징편집한다. 시각적으로 모든 성과를 수령으로 귀결시킨다.
24		NA BGM	수령의 군대는 반당반혁명 종파분자들의 도전을 목숨으로 수호하자는 구호로 맞섰다.	과거 열병행사자료를 순차적으로 집중편집한다. 8월 종파사건을 해결한 승리자의 역사를 보여준다.

25	 	NA BGM MU	1960년대 미제가 도발한 카리브해 위기 등에 큰 나라들도 제 목소리를 내지 못했지만, 수령은 강력한 인민군대를 바탕으로 경제건설과 국방건설을 동시에 발전시켜 나아갔다.	기록영상(상황설정), 삽입화면(신문기사), 자료사진(군부현지지도)을 순차적으로 제시한다. 수령을 중심으로 한 자주노선의 우월성을 재차 강조하면서 중국과 소련을 우회적으로 비판한다.
26		NA BGM	미제가 침투시킨 푸에블로호는 바다초소를 지키던 인민군 해병들에 의해 단 14분만에 나포됐다.	효과음과 함께 재연화면을 함축편집한다. 상황의 심각함을 알리고 긴장감을 고조시킨다.
27		NA BGM	조선 인민은 한 손에는 총을 한 손에는 망치와 낫을 틀어쥐고 온 나라가 일어섰다.	기록영상, 자료화면, 재연을 빠르게 집중편집한다. 미국과 전면전도 불사한다는 자신감을 표출한다.
28		NA BGM	자주적 군대와 인민의 무력 앞에 초강대국 미제는 또다시 무릎을 꿇고 쫓겨 갔다.	판문점으로 귀환하는 기록영상을 내부편집한다. 부분적인 사실을 전체의 역사로 해석·확립시킨다.
29	 	NA BGM	1972년 조선인민군 창건 40주년 열병식은 백두산 총대가 얼마나 강력한가를 전 세계에 알리게 됐다.	과거 열병행사자료와 항복하는 미군의 자료사진을 대조편집한다. 초강대국도 물리친 인민군대가 있었기 때문에 사회주의건설도 가능했다는 점을 강조한다.
30		NA BGM	인민군대를 본보기로 해 온 사회를 일신시키려는 김정일의 결심은 곧 우리 군대의 좌우명이었다.	기록영상을 빠른 편집으로 내부편집한다. 혁명적 군인정신을 역설한다.

전 #5. 총대로 개척되고 총대로 이어지는 선군혁명

31	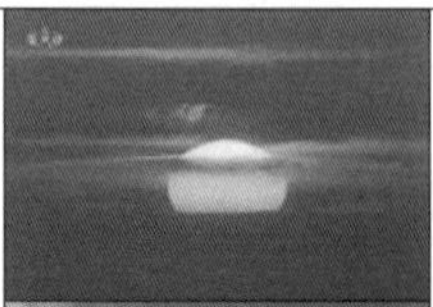 	NA BGM V/O	1991년 12월 24일은 선군혁명으로 불리는 새 시대의 서막이 열린 민족대통운의 날이었으며, 혁명무력은 김정일을 최고사령관으로 받들어 모셨다.	웅장한 배경음악을 바탕으로 '일출·조선화·백두산' 순으로 상징편집한다. 김정일을 선군혁명의 개척자이자 민족의 태양으로 재현한다.
32		NA BGM V/O	조선인민군창건60주년을 경축하는 열병종대에 총대의 1세대인 항일혁명투사들이 앞장섰다.	열병식 기록영상을 순차적으로 반복편집한다. 항일혁명투사들의 총대사상을 계승할 것을 강조한다.
33		NA BGM V/O	한순간도 혁명의 진군을 멈춘 적이 없는 백두산 장군의 군대가 나아갔다.	기록영상을 다양한 앵글로 속도감 있게 제시한다. 총대의 새 세기를 열어갈 것을 요구한다.
34		NA BGM	외국의 벗들은 총대중시사상을 바탕으로 이런 열병식을 이끌어낸 김정일이 천재적인 영장이라고 칭송했다.	외빈 자료사진과 기록영상을 함축편집한다. 김정일을 전 세계가 추앙하는 군사지도자로 미화한다.
35		NA BGM	수령은 떠나갔지만 수령이 키워온 군대가 있기 때문에 혁명위업을 계속할 수 있었다.	김일성 영정과 도열한 인민군을 병행편집한다. 선군으로 위기를 극복하려는 당위성를 표출한다.
36	 	NA BGM	유혹과 제재가 조여들던 사회주의 수호전에서 백두의 전투복 차림으로 최고사령관 김정일이 찾은 곳은 조국의 운명과 승패가 결정되는 준엄한 최전선이었다.	상황설정 후에 김정일의 다박솔 초소 현지지도 자료사진과 결사항전을 외치는 병사들의 사진을 정지편집한다. 대립항을 부각시키면서 새로운 시대가 펼쳐질 것임을 시사한다.

37		NA BGM V/O	국민에게는 목숨과 같은 선군이었고 원수에게는 죽음과 같은 선군이었다.	군사훈련 자료영상을 속도감 있게 내부편집한다. 선군의 절심함과 비장했던 역사적 맥락을 강조한다.

결 #6. 선군정치의 위대한 승리 만세

38		NA BGM	지난 90년대의 조미 대결전에서 승리를 한 우리 군대와 인민이다.	열병식 대오를 환영하는 인파를 집중편집한다. 고난의 행군 시기를 성공적으로 극복했다고 암시한다.
39	 	NA BGM V/O	김정일이 수령의 백두 총대를 선군 총대로 이어받아 승리를 쟁취했으며, 인민은 최고사령관 김정일에게 최대의 영광과 결사의 맹세를 한다.	열병식 현장화면을 김정일의 사열모습과 병행편집하고 있으며 내레이션 톤이 고조된다. 선군의 역사적 정통성을 재차 강조하고 있으며, 선군정치가 승리했다고 주장한다.
40		NA BGM V/O	인민군대를 주체 위업완성의 주력군으로 세우고 불패의 군사강국으로 만든 것은 김정일의 공적이다.	열병식 자료를 다양한 앵글로 반복편집한다. 선군정치의 모든 성과를 김정일에게 귀결시킨다.
41		NA BGM MU	최고사령관 제일주의를 신념으로 새긴 혁명 강군의 앞길을 막을 자는 이 세상에 아무도 없다.	카드섹션을 입체적으로 내부편집한다. 김정일 제일주의 신화를 창출한다.
42	 	NA BGM MU V/O	미제와 그 추종세력들에 대한 인민군대의 입장은 단호하며, 침략자들에게 혁명무력은 무자비하게 타격할 것이다.	육해공의 화력무력시위 모습을 다양한 앵글로 속도감 있게 함축편집한다. 미국이 주적이라는 것을 명확히 하고 있으며, 선군의 자신감을 표출하면서 관객에게 동의를 구한다.

이 책에서는 표상요소를 기호적 코드인 카메라기법, 편집기법, 사운드기법으로 구분하여 심층적으로 분석함으로써 영상기호의 의미작용을 분명하게 밝히고자 하였다.

카메라기법

북한을 소개하는 대중매체의 화면에서는 마치 공식처럼 호전적인 열병식 장면이 자주 등장한다. 열병대오는 지축을 울리며 기운차게 행진하고 미사일과 같은 최신무기를 선보이기도 한다. 북한의 열병식은 단순한 연례행사가 아닌 다목적 카드다. 그 이유는 첫째 외부에 그들의 군사적 자신감과 늠름한 기상을 선전하고 있고,[180] 둘째 공개하는 무기를 통해 미국에게 정신적인 전술적 타격을 주는 목적이 있으며,[181] 셋째 군민일치의 혈연적 유대를 보여줘 내부결속에도 이용하고 있기 때문이다.[182]

이런 목적을 달성하기 위해 〈백승을 떨쳐온 무적의 열병대오〉에서는 다양한 카메라기법을 사용하고 있다(〈화면 2-121〉부터 〈화면 2-128〉까지 참조). 촬영의 상당 부분은 몹샷mob shot이다. 몹샷은 열병종대의 단결과 통일을 강조하기 위해 사용되고 있다. 주목할 점은 1948년과 1949년 열병식을 제외하고는 촬영 앵글이 거의 유사하다는 것이다. 시대가 바뀌고 촬영기법이 발전했음에도 이렇게 열병식 장면이 비슷한 이유는 무엇일까. 열병식이 펼쳐지는 무대에 그 비밀이 있다.

1948년 열병식은 평양역광장에서 진행됐으나 나머지 모든 열병식은 김일성광장에서 진행됐다.[183] 결국 무대가 비슷하니 촬영 앵글 역시 비슷할 수밖에 없다. 상징의 도시공간 창출을 지향하는 사회주의 도시계획에서는 체제 선전과 군중집회를 위한 대규모 열린 광장 건설을 중요한 요소로 인식했다. 열병식이 이뤄지는 김일성광장은 평양에서 가장 먼저 건설된 도시 공간으로 공간적 중심이자 사회적 의미의 중심이었다.[184]

화면 2-122

화면 2-123

화면 2-124

화면 2-125

화면 2-126

화면 2-127

화면 2-128

화면 2-129

화면 2-122 1948년
화면 2-123 1949년
화면 2-124 1955년
화면 2-125 1960년
화면 2-126 1967년
화면 2-127 1972년
화면 2-128 1991년
화면 2-129 2002년

한편 기록영화 〈8·15〉(1948)에서도 "오늘 두 번째 맞이하는 민족적 명절 이 날을 성대히 경축하기 위하여 이른 아침부터 농촌에서 공장에서 거리에서 학원에서 군중들은 구름떼같이 김일성광장으로 모여 갑니다"라고 전하며, '김일성광장'이라는 명칭을 사용한다. 김일성광장은 정권 초기부터 중요한 군중과의 소통의 장이었으며, 광장이 건축되기 전부터 불리어왔음을 알 수 있다. 이런 면에서 볼 때, 열병식이 열리는 김일성광장은 역사적 스토리가 있는 사회주의의 집대성을 의미한다.

열병식의 대오는 집단이 한곳을 응시하며 사선으로 행진한다. 그 한곳은 발코니에 있는 최고지도자를 향하고 있다. 카메라의 시선은 발코니의 한 지점으로 모이게 되며, 바로 그 정점에 최고지도자가 있다. 바로 우리가 흔히 대중매체를 통해 보는, 북한의 열병식에서 내려다보며 박수를 치는 김일성 또는 김정일의 모습이다. 이와 같은 집단적 응시는 보는 관점에 따라 위협적으로 작용할 수도 있다. 또한 절도 있는 발걸음은 통일 단결의 이미지를 재현하며, 한 덩어리의 사선 이동은 긴장감을 유발시키는 효과가 있다. 카메라의 주관적 시각이 주를 이루고, 이를 다양한 각도로 보여줌으로써 영상기호에 '리듬'을 부여하고 있다. 이런 연출이 가능한 배경에는 김일성광장이라는 무대가 있다. 기호학적 측면에서 김일성광장은 공간미를 활용해 북한식 소통의 공간으로 사회에 생명을 불어넣고, 단순한 광장의 의미를 넘어서 대중들의 감정을 정복하고 사회주의식 소통·미학·가치론적 공간으로 해석할 수 있다.

열병종대의 사열을 받는 김일성과 김정일은 모두 앙각low angle으로 촬영했다(〈화면 2-130〉·〈화면 2-131〉). 사열대가 높은 곳에 위치해 있기도 하지만, 최고통수권자의 권위를 재현하기 위한 의도적 재현 방식이다. 리펜슈탈은 히틀러를 몇몇 롱샷을 제외하고는 거의 로우앵글로 촬영해 관객이 그를 항상 우러러보게 했다.[185] 일반적으로 행사기록영화는 철저한 사전 촬영대본에 의해 촬영이 이뤄진다. 예술영화는 렌즈에 촬영 대상이 복종되지만, 이와 반대로 기록영

화면 2-130

화면 2-131

화면 2-132

화면 2-133

화의 촬영대본은 촬영 대상에 렌즈가 복종된다.[186] 이는 기록영화의 촬영 속성을 압축적으로 표현해준다. 김정일은 행사촬영을 잘하기 위해 카메라의 수를 늘려서 촬영 대상을 생생하게 잡고 교차편집으로 화면에 리듬을 줄 것을 지시했다.[187] 이 기록영화에서 나타난 카메라 앵글은 촬영용 크레인을 사용해 적절한 이동과 변화를 통해 역동감을 주고 있다(〈화면 2-132〉의 표시 참조).

〈화면 2-133〉의 김정일은 광각렌즈에 의해 촬영된 것이다. 광각렌즈로 촬영을 하면 피사체는 카메라 가까이에 있을 경우 더욱 크게 나오고, 멀리 있을 경우 상대적으로 작게 나오는 특성이 있다.[188] 이런 광학적 특성을 활용한 의도적인 디스토션 효과는 '가운데 선'을 지키며 김정일을 상대 인물에 비해 크게 촬영하기 위한 목적이 있다. 또한 주석단의 높이를 감안한다면, 김정일을 위한 별도의 부감촬영 전용장비를 사용했을 것으로 추측된다.[189]

화면 2-134

화면 2-135

화면 2-136

화면 2-137

북한에서는 형식미를 사물의 여러 속성들의 합목적적合目的的인 연결방식과 결합과정에서 나타나는 미학적 특성으로 본다.[190] 따라서 형식미는 사물의 외적 형식으로서 시공간 속에서 구체적인 모양을 갖고 존재하게 된다. 〈화면 2-134〉는 광장에 도열한 인파를 빨간색 바탕에 진한 노란색으로 대비를 시키고 있다. 이는 마치 우리나라의 해병대를 상징하는 색대비와 흡사한 것으로 강한 집단의 의미를 내포한다.

열병대오는 역세모꼴과 유사한 형식미를 갖추고 촬영됐다(〈화면 2-135〉·〈화면 2-136〉·〈화면 2-137〉). 역세모꼴의 불안정한 형태가 한 덩어리의 영상기호가 전일적으로 이동될 때 체제수호의 비장함이 표출되고, 관객은 감성적 형식을 보다 뚜렷하게 역동적으로 직관한다. 요컨대 불안정한 형식의 영상기호가 오히려 체제의 안정감을 의미하게 된다. 이런 점에서 북한의 열병식은 단순한 군사 퍼레이드가 아닌 수령옹호, 군민일치 단합대회로 기능하게 된다.

편집기법

〈백승을 떨쳐온 무적의 열병대오〉뿐만 아니라 대부분의 북한 기록영화에서는 수령형상을 위해 대체로 다음과 같은 편집구성방식을 취한다. 첫 번째 사례로, 먼저 〈화면 2-138〉과 같이 백두산·태양·구름과 같은 대자연으로 상황을 설정한 후에 지도자의 기개가 넘치는 조선화나 1호 사진, 자료화면 등으로 역사적 의의를 제시한다(〈화면 2-139〉). 다음으로 환호하는 군중(병사)의 모습이나 현지지도 화면(〈화면 2-140〉)을 보여주고, 마지막으로 근거자료 – ≪로동신문≫이나 기타 자료영상 등 – 를 통해 앞의 내용을 확증하는 구성양식을 띤다(화면 〈2-141〉). 이 경우에는 '상황설정(감정이입) → 김정일 현장지도(구세주 등장) →

화면 2-138

화면 2-139

화면 2-140

로동신문

민족의 자주권과 나라의 최고리익을 수호하기 위하여 자위적조치를 선포한다

조선민주주의인민공화국 정부 성명

화면 2-141

환호하는 병사(구세주 만세) → 신문기사(전 세계에 공표, 사실화)'의 의미 체계를 지닌다.

'결'에서 제시된 사례는 특이한 편집구성이다. 먼저 〈화면 2-142-1〉에서는 군대와 인민이 사회주의 결사 수호전에 떨쳐나서고 있다고 전하며 열병식 전경을 제시한다. 다음으로 인민군 합창단이 결의에 찬 노래를 부르고(〈화면 2-142-2〉), 깃발을 삽입화면으로 보여준다(〈화면 2-142-3〉). 마지막으로 인민들이 열병대오를 환영하는 모습을 보여주는 구성방식을 취한다(〈화면 2-142-4〉).

이와 같은 구성은 전형화에는 충실하고 있지만, 관습적인 영상문법과는 어울리지 않는 비약적인 편집방식이다. 동영상이 흐르는 도중에 삽입화면으로 제시된 두 번째 화면의 합창단은 극적인 효과를 노리고 있다. 그러나 이런 방식의 다소 느닷없는 기호는 관객에게 상황 반전의 효과는 줄 수 있지만 다른

화면 2-142-1

화면 2-142-2

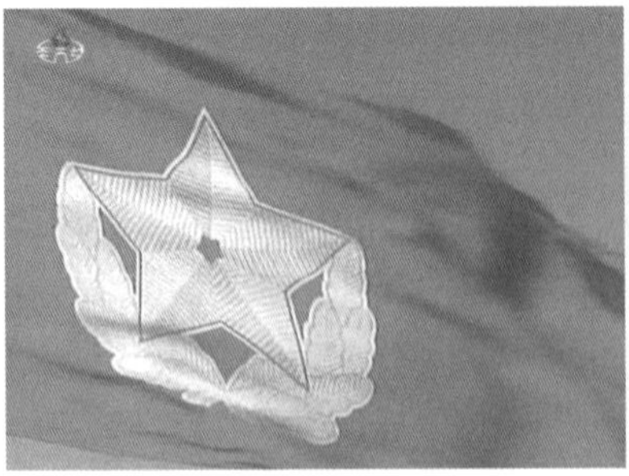
화면 2-142-3

화면 2-142-4

한편으로는 조급함의 기호로 해석된다. 이렇게 인민군 합창단이 갑자기 등장해 전체 흐름을 바꾸는 경우는 기록영화 〈운명도 미래도 다 맡기고〉(1990)에서도 나타난다. 기록영화가 사회의 응원가로서의 기능은 잘 수행하고 있다. 그러나 체제수호의 의지가 너무 강한 나머지 영상기호들 사이에 비약이 발생하고 감정과잉을 초래하고 있다.

〈화면 2-142-3〉은 김정일 인민군 최고사령관이 '공화국 원수' 칭호를 받은 1992년 4월부터 사용한 최고사령관기旗이다.[191] 최고사령관기는 선군시대의 표상으로 김정일의 위상을 상징한다. 이 기표는 붉은 기폭에 원수별을 새긴 문양을 하고 있는데 김일성에게 군권을 받았다는 역사적 정통성의 의미를 생성한다.[192]

플래시백은 기억의 이미지로 현재에 과거를 삽입해 기억공동체의 구성원들에게 공통된 기억과 재경험을 부여하는 역사쓰기의 한 수단이다.[193] 이 기록영화에서는 과거 인민군대의 열병식을 시계열적으로 나열하지 않고 필요에 따라 회상을 통해 재현한다. 또한 불꽃놀이 장면에서는 흑백(〈화면 2-143〉)에서 컬러(〈화면 2-144〉)로의 깊은 디졸브dissolve 기법을 사용했다. 이는 김일성의 총대를 안아온 혁명전통이 김정일을 따라 선군의 길로 이어졌음을 의미한다.

인간에게 기억의 기호를 생산하는 방법 중 가장 단순한 형태는 자극stimulus을

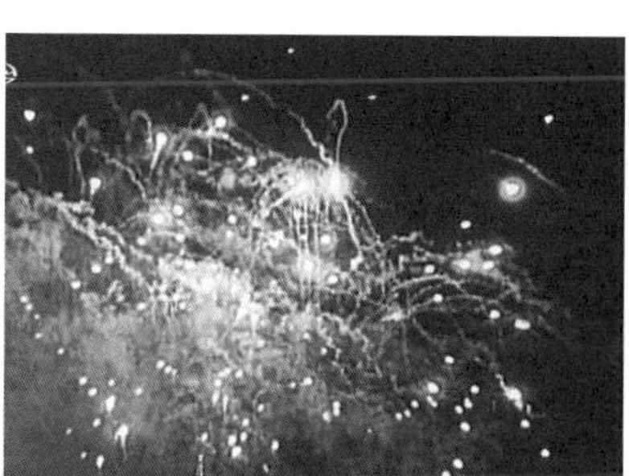

화면 2-143

화면 2-144

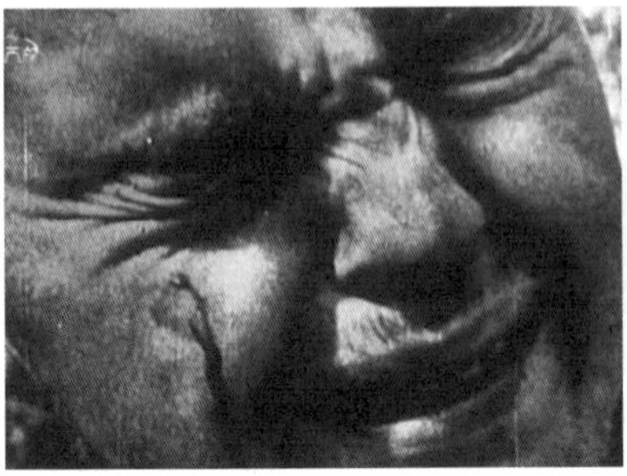
화면 2-145

화면 2-146

먼저 준 후에 허상적인 잔상after image을 주는 것이다.[194] 이런 효과를 주기 위해 미군이 고통에 가득 차 있는 빅클로즈업big close up과 패전 장군의 모습을 재현한 이미지 화면에서 두 프레임frame 내외의 플래시컷flash cut 기법[195]을 사용하고 있다(〈화면 2-145〉·〈화면 2-146〉). 이 기법은 강렬한 효과를 주기 위해 광고홍보물에서 종종 사용하는 방식으로 영상기호의 표출시간은 짧지만, 잔상효과로 인해 오히려 관객에게 강렬하게 기억되게 하는 효과가 있다. 이와 같은 점은 영상기법의 발달에 따라 북한 기록영화도 편집수단으로 다양한 방법을 구사하고 있음을 알 수 있다.

김정일은 영화미술이 "민족적형식에 사회주의적내용을 담아야 높은 사상성을 가질수 있으며 우리 인민의 비위와 정서에 맞게 될수 있다"[196]고 했다. 특히 기록영화에서 인민의 정서에 맞고 인민들이 가장 쉽게 이해할 수 있는 조선화를 적극적으로 사용하고 있다. 〈화면 2-147〉은 천출명장인 김정일을 조선인민군 최고사령관으로 받들었다는 조선화이다.

'구역 1'의 말은 김정일이 항일혁명전통의 위업을 계승하고 있음을 보여주고 있다. 김일성은 항일무장투쟁 시 백마를 타고 다녔다고 전해진다. 아버지가 탔던 그 말을 아들이 이어서 탄다는 것이다. 또한 말은 세상을 지배한다는 상징적 의미도 지닌다. '구역 2'에서 김정일의 얼굴은 다소 붓기가 있는 모습이다. 북한의 미적 기준에 따르면, 이렇게 얼굴에 살이 올라 있고 턱선이 두루

화면 2-147

뭉술한 모습이 호상好像으로 평가된다.[197] 따라서 〈백승을 떨쳐온 무적의 열병대오〉에서 나타난 김정일의 얼굴은 인민에게 호감을 주는 최고지도자의 모습을 재현하고 있다. '구역 3'은 군복(원수복)을 입은 김정일을 형상화하고 있다. 이는 비언어적인 형태로 직업적 이데올로기occupational ideology를 표출하고 있다. 군복과 같은 기능적인 복장의 코드는 배타적 장치로 특정한 직업적 역할로 받아들여지는 경향이 있다.[198] 김정일이 군대에 다녀오지 못한 점을 감추고, 그를 선군시대의 영장으로 묘사하기 위한 코드라고 볼 수 있다. 즉 선군영장의 모습을 환유metonymy를 통해 신화로 재현하고 있다.

사운드기법

북한 기록영화의 음악은 철저히 화면의 양상에 맞게 음악을 골라 편성해야 한다.[199] 〈백승을 떨쳐온 무적의 열병대오〉에서는 군가풍의 배경음악을 주로 사용한다. 이런 박력 넘치는 음악은 화면을 보조하는 차원을 넘어 긴장감을 조성하거나 분위기를 이끌어가는 적극적인 기능을 한다.

음향효과는 관객의 주목을 이끌어내고 현실감을 부각시키는 역할을 하는 사운드의 중요한 요소 중 하나이다. 이 기록영화에서는 열병대오의 전일한 발자국 소리를 통해 시각적으로 재현되는 메시지를 더하여 그들의 통일 단결된 정서적 특성을 부여해준다.

내레이션은 남성 내레이터가 웅변조로 대본을 읽어간다. 기운을 북돋우는 웅변의 목소리는 관객에게 이미 준비된 관점을 제공한다. 이와 같은 해설로서의 목소리는 매우 적극적으로 이데올로기를 지지하는 당파성을 갖게 된다. 이처럼 다큐멘터리에서 목소리는 종종 웅변의 목소리라는 형태를 띤다. 이는 어떤 사안에 대해 그것의 시비를 깨닫게 해주는 제작자의 목소리이다.[200] 이 기록영화에서의 목소리는 선군정치에 대해 강한 확신을 심어주고 있으며 믿음을 고취시키는 목적으로 사용되고 있다.

〈백승을 떨쳐온 무적의 열병대오〉에서는 한 세대의 두 제국주의(일제와 미제)를 모두 이긴 수령의 영도로 역사상 처음으로 미제의 내리막길의 시초를 열어놓은 군민일치의 열병식을 안아왔다고 주장한다. 또한 김정일을 천출명장으로 묘사하고 선군정치의 당위를 설명한다. 이런 절박한 시대적 요구가 표상조작을 통해 호소된다. 이런 점에서 이 기록영화는 시대가 요구하는 지도자로서의 위상을 부각하면서 체제수호의 예술적 성과를 집약적으로 보여주는 선군혁명예술로서 '우리 식 기록영화'의 본보기가 될 수 있다. 그러나 체제수호 의지의 감정과잉은 비약적인 제작방식의 형태로 나타나고 있다.

이데올로기: 새 형의 진지 구축의 필요성 강조

북한의 반제국주의 기획은 체제수호에 대한 대중적 동의를 활용해 억압적 지배체제를 강화하는 이데올로기적 역할을 한다.[201] 북한은 이 기획을 바탕으로 제국주의와 관련된 모든 이데올로기를 작동시킨다고 할 수 있다.

북한의 반제국주의 기획물에 해당되는 〈백승을 떨쳐온 무적의 열병대오〉

에서는 '총대는 국력이고 민족적 자주권'이라는 표현이 자주 등장한다. 북한은 총대를 "제국주의자들과 반동들의 군사적침략책동으로부터 승리한 혁명을 보위하고 인민대중의 사회정치적 자주성을 옹호고수하기 위한 무기"[202]로 인식한다. 또한 총대는 인민대중의 자주위업, 사회주의 위업의 전진과 완성에서도 결정적 역할을 한다고 주장한다.[203] 김일성은 회고록에서 "〈지원〉의 사상, 3대각오, 동지획득에 대한 사상, 두자루의 권총, 이것이 내가 아버지한테 물려받은 유산의 전부였다"[204]고 적었다. 김형직이 청원이나 외교가 아니라 무장으로 혁명을 해야 한다는 신화를 제시한 것이다.

총대사상을 이론으로 체계화한 총대철학은 선군사상의 기초 원리이다. 그리고 선군사상은 인민대중의 자주성을 위해 총대를 중시하고 앞세우는 혁명이론이다.[205] 이 기록영화에서는 선군사상을 김일성이 창시하고, 김정일이 발전시킨 것이라고 주장한다. 즉 인민군대를 혁명의 뿌리이자 주체위업 완성의 주력군으로 내세우고 불패의 군사강국으로 만든 것은 김정일이 시대와 역사 앞에 쌓아 올린 특출한 세계사적 공적이라는 것이다. 반제국주의 기획물은 북한의 억압적 지배체제를 은폐시키고 확고한 체제수호의 기반을 제공하는 역할을 하고, 현재의 북한체제 질서를 정당화하는 '신화 만들기'로 표출된다.[206]

〈백승을 떨쳐온 무적의 열병대오〉에서는 표상조작을 통해 다음과 같은 신화를 형성하고 있다. 첫째, 조선인민군은 불패의 대오라는 신화이다. 초강대국 미국과 단독으로 맞서 항상 이겨왔기 때문에 선군정치를 믿고 따르면 또 이길 수 있다는 논리이다.

둘째, 백두의 총대(김일성)는 곧 선군의 총대(김정일)라는 신화이다. 즉 김정일이 백두의 총대를 물려받아 수령의 영생을 지키고 선군정치의 보검으로 조국과 민족의 운명을 다시 구원해주었다는 것이다. 또한 선군의 총대로 강성대국의 진격로를 열어간 희세의 영장이라고 주장한다.

셋째, 군민일치의 신화를 형성하고 있다. 나라마다 군대가 있고 그 위력을 시위하는 열병식은 많았어도 수령과 군대의 혼연일체가 어떤 것인가를 보여준 이런 백승의 열병식, 선군의 열병식은 일찍이 없었다고 강조한다.

이런 신화들을 기반으로 다음과 같은 이데올로기를 형성하고 있다. 첫째, 군사적 자신감의 이데올로기를 생성하고 있다. 북한만이 전 세계에서 유일하게 초강대국 미국에게 할 말은 하는 나라라는 것이다. 따라서 미국에게도 보복에는 보복으로, 전면전에는 전면전으로 응할 수 있다는 군사적 자신감을 표출하고 있다. 즉 미국을 무서워하지 말고 백두의 총대를 지키면 그들을 충분히 이길 수 있다는 이데올로기를 생성하고 있다.

둘째, 사상적 우월성의 이데올로기를 유포하고 있다. 고난의 행군 시기의 식량난을 인정하면서도 자신들에게는 쌀보다 더 중요한 정치적 생명이 있다는 것을 강조한다. 선군은 목숨과 같고 원수들에게는 죽음과 같은 것이기에 사상적 신념을 가지고 이를 돌파하자고 관객에게 동의를 구하고 있다.

셋째, 강한 적에 대항하는 저항이데올로기를 유포하고 있다. 적에 대한 저항은 민족주의에 기반을 두고 있다. 이를 위해 민족을 압살하려고 하는 미국에 대한 부정적 인식을 고착시키고 선군정치를 통해 그들의 압살정책을 극

그림 2-8 〈백승을 떨쳐온 무적의 열병대오〉에서 표출된 이데올로기

1단계	**현실(reality)** · 노농적위대 열병식
2단계	**표상(representation)** · 열병식의 반복 재현으로 역동성 부여 · 체제수호의 강력한 의지를 재현 · 군가풍의 힘찬 배경음악과 효과음 사용
3단계	**이데올로기(ideology)** · 군사적 자신감, 사상적 우월성의 이데올로기를 생성 · 저항이데올로기의 논리 구축과 유포 · 새 형의 진지 구축의 필요성 강조

복할 수 있다는 근거를 지속해서 제시한다. 이런 맥락에서 혁명적 낙관주의를 내포한 과시적 열병식은 미제에 대한 대항이데올로기의 형태로 구축되고 있다.

〈백승을 떨쳐온 무적의 열병대오〉에서는 총이냐 쌀이냐 하는 갈림길에서 언제나 총대를 틀어쥘 것을 강조하고 있음을 알 수 있다. 또한 누구나 생각할 수 있는 방법이 아닌 북한의 정치방식인 선군정치의 독창성을 믿고 따를 것을 요구한다. 미제가 아무리 고립정책을 펼치더라도 사회주의 체제를 끝까지 지키겠다는 신념의 표출이자 새로운 형태의 진지를 구축할 필요성을 강조한 것이다.

3장

감춰진 코드 해석하기

01

북한 기록영화의 서사구조 특성

기록영화는 서사물이라는 특징이 있기 때문에 내재된 코드를 보다 적확하게 파악하기 위해서는 서사구조의 특성을 선행해서 파악할 필요가 있다. 이런 서사구조 분석은 코드가 생산된 콘텍스트를 점검하게 해주고, 시대에 따라 변화해가는 구성양식의 변화도 파악하게 해준다. 이 책에서는 북한 기록영화의 서사구조 특성을 밝히기 위해 통합체 분석과 계열체 분석을 실시했다. 통합체 분석은 사건의 중심 전환점을 중심으로 전체 서사의 흐름을 파악했고, 계열체 분석은 이항대립 개념을 활용해 이야기 구조 속에서 대립항을 어떻게 표출하는가를 살펴봤다. 분석 결과에 대해 논의해보자.

북한 기록영화의 통합체적 서사구조는 첫째, 인민이 이해하기 쉬운 이야기 구조 아래 강력한 수사적 표현을 사용해 설득하는 스타일이다. 둘째, 주요 사건을 시퀀스별로 분석한 결과 뚜렷한 기승전결의 이야기 구조를 가진다. 셋째, 정권 초기에는 미괄식 구성양식을 보였으나 이후에는 양괄식으로 수미상관을 이룬다. 이와 같은 서사구조는 상정된 주제를 효과적으로 재현하는 방식을 띤다. 즉 제시된 주제의 해결방안이나 대안에 대해 지속적으로 논증자료를 제시해 역사적 사건의 진실을 주장하고, 이를 반복하여 관객의 동의를 구하는 것이다. 이를 통해 북한 당국이 의도하는 바를 편향적으로 구성해 북한 주민에게 전달하고 있음을 알 수 있다.

주목할 점은 1948년에 제작된 〈38선〉은 서사구조 방식이 '문제제기-해결방안'의 구조를 띠고 있으나, 나머지 세 편은 '주제제시-주제강조'의 방식을 취하고 있다. 일반적으로 다큐멘터리는 '문제제기-해결방안'이라는 관습적인 구성양식을 취한다. 어떤 쟁점에 대해 문제를 제기한 후에 현재의 복잡성을 검토하고 이에 대한 해결방안이나 대안을 제시해 관객들이 그것을 받아들이도록 한다. 그런데 북한 정권 초기에 제작된 〈38선〉은 상황의 심각성을 제기한 후에 그 해결책을 제시하는 구조인 반면, 1969년에 제작된 〈수령님은 언제나 우리와 함께 계시네〉부터는 주제를 먼저 제시하고 설득하는 방식으로 변하고 있고, 수미상관의 양괄식 서사구조로 이뤄져 있다. '기'에서 주제의식을 먼저 표출한 후에 이에 대한 논증자료를 지속적으로 제시하고, '결'에서 주제를 재차 강조하는 구조를 띠고 있다. 이런 구성양식은 열린 결말의 가능성을 차단하고 있으며, 따라서 관객이 텍스트를 해석할 때 논란의 여지를 줄이는 방법이다. 또한 도입 부분에 해당 영화의 주제를 미리 고지해 관객으로 하여금 제작의도를 사전에 인지할 수 있게 했으며, 관객에게 표출된 영상기호의 다의적 해석 가능성을 줄이는 효과를 가져왔다.

이처럼 북한 기록영화의 서사구조는 해방 직후의 비교적 자유로운 제작양식에서 유일체제 확립기 이후의 도식화·유형화되는 방식으로 변화했다는 점을 지적하지 않을 수 없다. 〈38선〉에서 나타나고 있는 미괄식의 단점은 대중이 결론을 잘 기억하지 못하는 데 있다. 따라서 양괄식으로의 변화는 1967년 갑산파 숙청 이후의 문학예술에 대한 전반적인 교조화가 기록영화에도 영향을 미쳤다는 것을 말해준다. 1967년 이후 주체문학예술이 부각되면서 당의 유일사상체계를 세우기 위해 기록영화 부문도 수령형상창조에 복무한 것이다.

또한 〈수령님은 언제나 우리와 함께 계시네〉에서는 인민의 수령을 형상하기 위해서 관객에게 호의적인 반응을 이끌어낼 수 있는 '화려한 미사여구' 기법을 사용한다. 이런 미사여구는 확실한 증거를 조사해보지도 않은 채 사실을 받아들이고 찬성하게 만드는 효과가 있다. 이 시기 이후 북한의 기록영화에서는 최고지도자에 대해 화려한 미사여구를 사용해 존경심을 유도한다. 한 사회의 미사여구를 숙지하려면 그 사회가 호명하는 것과 관련된 모든 것을 기억해야 하고, 특히 포괄적인 단어들 — 예컨대 수령, 붉은 기, 혁명 등 — 에 대해 기억해야 된다. 이런 서사구조에서는 공론의 장으로서의 다큐멘터리 본연의 목소리가 존재하지 않으며 권위주의 체제의 정당성을 강조하는 데 그치고 있다. 즉 개인의 삶의 모습은 그려지지 않고 최고지도자에 대한 화려한 미사여구로 일관하면서 수령형상에 집중한 것이다.

공동 집권기에는 '온 사회의 주체사상화'의 요구에 맞게 영화창작계에 새로운 종자를 제공하게 됐으며, 김정일로의 후계구도에 대한 대중적 설득이 중요한 문제 중 하나였다. 이 시기에 제작된 〈계승자들〉의 경우에는 서사구조에서 예술영화와 같이 비유·은유·환유 등이 사용된다. 예컨대 김정일의 후계구도의 정당화 과정을 혁명가유자녀들의 성장의 역사에 비유해 묘사한다. 이런 은유적인 서사 구성은 이전 시기와의 차별점이다. 이런 점은 『극장국가』에서 표현한 바와 같이, 김정일이 주도한 이른바 '혁명예술'은 공공예술과 국가정치 사이의 구분을 사라지게 만들고 국가권력의 인위적 예술정치에 의해 '극장국가'의 형대를 띤다.[1] 이 시기 김정일의 광폭행보는 기록영화에도 영향을 미쳐 기존과 다른 스타일의 콘텐츠를 극장에 공급하기 시작했다.

그런데 〈백승을 떨쳐온 무적의 열병대오〉의 서사는 전 시기의 예술적 시도가 자취를 감추고 체제수호에 적극 복무하는 방향으로 전개된다. 어느 때보다 강한 어조로 미국을 맹비난하며 대중의 실천을 직접적으로 요청한다. 체제수호의 절박한 호소로 기록영화가 체제선전의 최전방 나팔수의 역할을 수행했다는 점을 말해준다.

다음으로 계열체 분석을 실시한 결과, 북한의 기록영화는 첫째, 미국을 제국주의자로 규정하고 이항대립의 중요 축으로 설정했다. 둘째, 숨겨진 이항대립항에서는 사회주의 혁명의 간고艱苦함이 강조되며 사회 내부의 적을 타도할 것을 역설한다. 북한 기록영화에서는 이야기 구조에서 반복적으로 대립항을 부각시켜 혁명의 뇌수인 수령을 중심으로 사회주의 낙원 건설에 함께 나서자고 호소한다. 이를 위해 이미 타도된 대립항인 일제와 새롭게 설정된 대립항인 미제에 대해서는 거침없이 부정적인 수사를 구사하는 반면에 사회주의 체제와 이를 지도하는 최고지도자에 대해서는 긍정의 수사를 반복적으로 표출한다. 간략히 살펴보면, 〈38선〉에서는 일제는 타도된 적이고 미제를 새로운 이항대립의 축으로 재설정하며, 〈수령님은 언제나 우리와 함께 계시네〉에서는 잠재적 위협요소로 미제를 설정한다. 〈계승자들〉에서는 유자녀들의 부모들이 제국주의에 의해서 희생됐다고 강조하고, 〈백승을 떨쳐온 무적의 열병대오〉에서는 미제와 전면전도 불사하자고 역설한다.

북한의 기록영화는 '우리(선) 대 그들(악)'의 극명한 이항대립 구도를 통해 미국을 침략자로 규정하고 '매도하기' 기법을 사용하고 있다. 미국에 대해서는 무조건적인 나쁜 꼬리표를 붙여서 일방적으로 비난하고 대중의 분노를 이끌어낸다. 이런 흑백논리에 입각한 이항대립구조는 대중에게 악의 근원을 명확히 주지함으로써 대중 결속에 효과를 높이는 역할을 하며, 사건 전개에 일방적인 선입견을 심어주는 데 효과적이다.

또한 북한 기록영화에서는 한국전쟁의 상흔을 자주 언급한다. 이 상흔의 원인을 미국으로 귀결시켜 지속적으로 상기시킨다. 북한 기록영화의 이야기는 여러 표현방식 중에서 '공포의 기억'을 자주 활용한다. 인간의 가장 원시적인 편도체amygdala, 즉 원시적인 이성에 대한 호소이다. 이런 호소는 새로운 영웅을 갈망하는 대중의 심리를 이용해 당과 수령에 대한 믿음을 고취시키는 목적으로 사용된다.

한편 대립항으로 설정한 타도대상이 시기 변화에 따라 변화되는 현상이 포착된다. 사회주의 건설기에 제작된 〈38선〉의 대립항은 대중의 힘을 응집해 외부의 적인 미제를 타도하는 데 집중한다. 그런데 유일체제 확립기부터 공동집권기까지는 내부의 모순들을 해소하는 과정으로 대립항이 재설정된다. 그리고 김정일 집권기에 들어와서는 다시 외부의 적인 미제로 대립항이 옮겨진다. 이처럼 대립항의 변화는 시대 상황과 통치 스타일, 그리고 북한의 당면과제의 영향에 기인한다. 이런 변화에도 불구하고 대립항의 지속적인 제시는 북한의 수령중심 사회주의 확립에 일관되게 기여하고 있다. 즉 적에 대해서는 한없이 부정기호를 부여하고 있는 반면에 사회주의 체제와 이를 지도하는 최고지도자에 대해서는 반복적으로 긍정기호를 부여함으로써, 관객이 텍스트를 해석할 때 이성적 판단의 여지를 줄이고 주제를 강화하는 방식으로 전개되고 있다.

이런 점에서 북한 기록영화의 서사구조는 절대적인 공공의 선善을 추구하는 '기억의 공동체'를 추구하고 있다. 이를 위해 인민을 지속적으로 투쟁의 주체로 호명하고 있으며, 이런 전략은 '기억의 공동체'를 유지하기 위한 적극적인 문화정책의 일환이다. 즉 정권 초기 기록영화에서는 계약에 의한 의무보다 민족의 적을 타도하기 위해 민족감정에 소구하고 있으나 점차 수령을 중심으로 혈연적인 유대에 기반을 둔 운명공동체적인 관점에서 호소하고 있다. 이를 위해 대립항에 대해서는 확실한 배제와 단절로 사회공동체의 관심을 구체적으로 표현하며, '우리는 남이 아니다'라는 동기화에 주력한다. 다시 말해 수령과 전사는 원래부터 운명공동체이고, 이 운명공동체는 수령의 위대한 인간 사랑의 정치에서 비롯된다는 것이다.[2] 이런 이유로 운명공동체의 뇌수인 수령에 대해서는 이야기의 서사구조가 지나치게 권력의 목소리를 대변하면서 전개되고 있다.

이런 서사구조로 미뤄 북한 기록영화의 구성양식은 니컬스가 분류한 설명적 양식expository mode으로 볼 수 있다.[3] 설명적 양식의 특징은 관객이 주장을 더 잘 공감할 수 있게 텍스트를 구성한다는 점에서는 효과적이지만, 텍스트에서 표출되는 단호한 의미가 윤리적인 측면에서는 도외시되는 경향이 있다.[4] 이 양식은 대체로 수사적 방식으로 관객에게 세계를 보는 관점을 '신의 목소리'를 통해 직접적으로 소구하며, 풍성한 톤의 남성 목소리에 의해 해설을 촉진시킨다.[5] 북한 기록영화에서는 박왕명, 조중화와 같이 전문적으로 훈련을 받고 인민의 귀에 익은 TV 아나운서가 해설자로 자주 등장한다.

북한 기록영화의 서사구조는 전지전능한 해설자의 목소리를 통해 적극적으로 주장을 제시하고, 영상은 이를 논증하는 형태를 보여준다. 이는 서구의 다큐멘터리가 점차 관찰자 양식과 성찰적 양식으로 진화하는 것과는 차이가 있다. 북한 기록영화는 뉴스보다는 좀 더 설득적이고, 예술영화보다는 좀 더 사실적인 전달을 목적으로 그 장르의 초점이 맞춰져 있다.

02

북한 기록영화의 영상기호 특성과 의미

이 책에서는 래비거의 분류를 바탕으로 다큐멘터리의 영상구성요소를 구분하여 지시적 의미를 분석했고, 영상기법별로 표상요소 분석을 통해 심층적 의미를 파악했다. 그 결과, 북한 기록영화의 영상구성요소는 기록영상·현장화면·구성화면·인터뷰 등으로 이루어져 있으며, 텍스트에 따라 재현하고자 하는 의미를 강화하기 위해 영상기호를 적절하게 착상·배치하고 있는 것으로 나타났다.

먼저, 영상구성요소의 특성과 의미에 대해 구체적으로 살펴보자.

첫째, 기록영상은 〈수령님은 언제나 우리와 함께 계시네〉에서 83.8%, 〈무적을 떨쳐온 백승의 열병대오〉에서 58.8%의 비율을 차지하고 있다. 북한 기록영화에서 기록영상이 높은 비중을 차지한 것은 '기억의 공동체'에 과거의 사실을 역사적으로 논증하는 역할을 수행하기 때문이다. 기록영상의 재현 특성을 살펴보면, 〈38선〉에서는 기록영상에 변형을 주지 않고 역사적 사실 전달에 충실한다. 가감加減 없는 리얼한 기록영상의 배열을 통해 관객이 재현된 화면을 틀림없는 역사적 진실이라고 믿게 한다. 이는 곧 관객에게 '거울효과'를 일으켜 영화에 반영된 역사가 자신에게도 일어날 수 있다는 환상을 준다. 〈수령님은 언제나 우리와 함께 계시네〉에서 기록영상은 '서민적 이미지' 기법을 통해 수령의 권위적인 이미지보다는 자애로운 어버이로서의 이미지를 부각시켜 일종의 '거리 줄이기' 재현에 사용된다. 〈계승자들〉에서는 기록영상이 수령을 예의 바른 지도자이자 혁명적 의리를 지닌 지도자로 재현하는 데 사용된다. 즉 수령의 뜻과 함께하는 것은 곧 행복의 시작이라는 점을 동기화시켜 새로운 혁명 신화의 창출을 요구한다. 〈백승을 떨쳐온 무적의 열병대오〉에서는 기록영상에 '카드 속임수' 기법을 사용해 인민군대가 백전백승의 혁명군대라는 점을 관객에게 주지시킨다. 이와 같이 북한 기록영화의 기록영상은 당국의 논리전개에 유리한 증거는 채택하고, 그 입장을 지지하지 않는 증거는 유보시키는 경향이 있다. 또한 기록영상을 통한 리얼리즘의 구사는 재현된 영상의 사실성에 대한 의심을 풀게 하고, 현실 인식의 새로운 틀을 제시한다. 북한 기록영화는 기록영상을 편향적으로 구성함으로써 '역사쓰기'의 새로운 수단으로 활용하고 있다.

둘째, 현장화면은 〈계승자들〉에서 71.4%, 〈38선〉에서 51.4%의 비율을 차지하고 있다. 이들 기록영화에서 현장화면의 비율이 높은 것은 현장화면이 '희망제시'의 기능을 수행하기 때문이다. 즉 사회주의 체제의 낙관적 현실을 보여주어 현재 살고 있는 이곳이 지상낙원이라고 믿게 하는 기능을 하는 것이다. 이렇게 재현된 현장화면은 표면적으로 논란의 여지가 없어 보이지만, '사실'에 대한 선호해독preferred reading을 고정화anchoring시켜 이데올로기적 닫힘closure 효과를 창출해낸다.[6] 주목할 점은 현장화면의 구성요소 중 하나인 삽입화면이다. 삽입화면은 상징의 기표로써 관객에게 인상적인 여운을 주고 영화의 내용으로 끌려 들어가게 하는 효과를 준다. 〈38선〉에서는 각종 고문도구나 불길한 징조를 곳곳에 삽입해 관객에게 일제에 대해 잔인한 잔상을 각인시키는 효과를 준다. 〈수령님은 언제나 우리와 함께 계시네〉에서는 달걀·옷감·

장독 등을 통해 풍요로운 현실과 수령의 품성을 재현하는 데 사용된다. 〈계승자들〉에서는 온도계·라디오·금시계 등 다양한 사물을 통해 계승자의 역할을 표상한다. 상징적 기표를 통해 현실의 일부를 환유적으로 사용하는 것이다. 〈백승을 떨쳐온 무적의 열병대오〉에서는 기념비미술·김일성 초상화·현수막 등을 삽입해 극의 흐름과 감정선을 보충하고 호소력을 극대화시킨다. 북한 기록영화는 현장화면에 체제의 긍정적 기의만을 부여해 재현된 현실을 체제의 보편적 현실로 일반화시키고 희망찬 미래를 제시하는 특성이 있다. 이에 반해 서구의 다큐멘터리에서는 시네마베리테cinema verite 기법을 적극 적용해 사회의 부조리와 진실을 파헤치는 현장화면 취재 방식을 보여준다.

셋째, 구성화면으로는 재연화면·조선화·사진·중간자막·CG 등을 사용하고 있다. 구성화면은 〈38선〉에서 24.8%, 〈수령님은 언제나 우리와 함께 계시네〉에서 10.9%, 〈계승자들〉에서 5.6%, 〈무적을 떨쳐온 백승의 열병대오〉에서 8%의 비율로 대체로 비율이 점차 낮아지고 있다. 이런 경향은 분석 대상 기록영화의 장르적 특성에 기인하기도 하지만,[7] 북한 기록영화 내에서 구성화면의 기능이 변화되고 있음을 보여주는 것이기도 하다. 〈38선〉의 경우 일제의 만행을 표출하기 위해 재연을 적극적으로 사용했으며, CG는 정권 초기의 기술적 어려움에도 불구하고 주제의식을 시각적으로 강조하기 위해 사용했다. 그런데 〈수령님은 언제나 우리와 함께 계시네〉부터는 재연과 CG 대신 조선화와 사진이 그 자리를 차지한다. 이는 그림과 정지화면을 대체로 사용하지 않는 서구의 다큐멘터리와 차이를 보인다.

북한은 기록영화에 조선화를 적극적으로 사용해 부재한 역사, 즉 기록자료가 남아 있지 않은 역사에 대해 개연성을 부여하고 지배계급의 헤게모니 장악에 필요한 신화를 새생산하고 있다. 북한 기록영화에서 조선화는 하나의 독자적인 실체로서 포토제니photogènie적 특성을 보여준다. 포토제니는 영화의 도상적 측면보다는 지표적 측면과 관계된다.[8] 따라서 기호학적 관점에서 볼 때 북한 기록영화에서 표출된 조선화의 기호는 퍼스Peirce적인 의미에서 '인과성'과 '인접성'의 원리에 따라 연결된다고 할 수 있다. 이런 면에서 북한이 기록영화에 조선화를 적극 도입한 것은 고유의 재현스타일을 창조하려는 노력으로도 평가할 수 있다. 또한 북한 기록영화에 사용된 사진은 좀 더 생동감 있는 논증의 기능을 수행한다. 예를 들어 ≪로동신문≫의 사진을 재인용해 역사적 진실성을 부각시키고 관객의 시선을 고정시킨다. 이런 점들로 미뤄보아 북한 기록영화의 구성화면은 제시된 주장에 대해 '논증 강화'의 기능을 수행하고 있다. 반면에 다큐멘터리의 구성화면은 CG의 활용도가 점점 높아지고 있으며, 사진에 다양한 2D, 3D 애니메이션 기법을 적용해 시각적 전달을 용이하게 하고 있다.

넷째, 인터뷰는 〈무적을 떨쳐온 백승의 열병대오〉에서 2.3%의 비율을 차지한다. 인터뷰의 비중이 낮은 것은 북한의 기록영화가 직관적인 선전물이기 때문에 타자의 의견을 들려주기보다는 내레이션에 의존하는 경향에서 기인한 것이다. 서구의 다큐멘터리에서 인터뷰는 특정 분야의 전문가를 등장시켜 전문지식을 전달하는 데 반해 북한 기록영화에서 인터뷰는 증언자들의 격정적인 인터뷰를 통해 당시의 상황에 대한 현실감을 부여하는 '증언 기능'을 수행한다.

북한 기록영화의 영상구성요소에서 나타난 각 구성요소별 지시적 의미를 정리하면 〈표 3-1〉과 같다.

표 3-1 **영상구성요소의 지시적 의미**

편명	구성요소	기표	지시적 의미
〈38선〉	기록영상	역사적 사실 논증	'평화 대 폭력' 대립관계 부각
	현장화면	생동한 현실 묘사 목가적 분위기 연출	사회 전체 역동성 부여 사회주의 목가주의 표출
	구성화면	사실적 과거 재현 직관적 그래픽 사용	공포심리 자극 주제의식 부각

〈수령님은 언제나 우리와 함께 계시네〉	기록영상	서민적 대민접촉	소통하는 지도자상 재현
	현장화면	정돈된 구조물 표출	사회주의 모범국가 표상
	구성화면	조선화 적극 사용	수령영도의 신화화
〈계승자들〉	기록영상	시대 상황 설명	수령의 혁명의리 재현
	현장화면	상징과 은유 구사	계승자의 역할 표상
	구성화면	역사자료사진 제시	주제의식 연상 유도
〈백승을 떨쳐온 무적의 열병대오〉	기록영상	전쟁, 열병식 자료 반복	자기 군대의 중요성 재현
	현장화면	단합된 열병식 실황	군사강국의 자신감 표출
	구성화면	실록형태로 제시	혁명완수 고취 작용
	인터뷰	격정적인 인터뷰	역사적 진실성 강조

다음으로, 북한 기록영화의 영상기호 특성을 분명하게 밝히기 위해 표상요소를 카메라기법, 편집기법, 사운드기법으로 구분하여 분석했다.

카메라기법의 특징을 보자. 첫째, 롱샷 위주의 롱테이크로 촬영됐다는 점이다. 즉 정권 초기에 제작된 〈38선〉에서는 다양한 앵글과 각도의 기법을 구사했다면, 이후에는 롱샷을 중심으로 설명적인 샷이 많아졌고 클로즈업의 빈도가 현격하게 줄어들었다. 이는 유일체제 확립기를 거치며 최고지도자 외에는 확대 촬영할 수 없다는 인식이 작용한 것이라고 볼 수 있다. 또한 김정일이 쓴 『영화예술론』의 언급도 영향을 미친 것이다.[9] 이 영향으로 기록영화 전반에 걸쳐 클로즈업과 같은 강조 샷의 사용빈도가 점차 줄어들게 됐으며, 설명적인 롱샷과 풀샷을 중심으로 촬영되고 있다. 이와 같은 점에 충실했기 때문에 북한 기록영화의 이야기 전개는 관객 설득에 필요한 정보를 충분히 전달하여 전반적으로 억지스럽지 않고 자연스러워 보이지만, 이런 화면구성의 반복은 단조로운 느낌을 줘 흡인력이 떨어지는 현상으로 나타난다.

둘째, 카메라워킹이 안정적이라는 점이다. 이는 곧 잘 훈련된 전문가에 의한 효과적인 영상기호 생산을 의미한다. 예를 들어 구성화면인 사진과 조선화는 대부분 주밍과 패닝 같은 카메라워킹을 사용해 촬영된다. 이들 화면은 안정적인 카메라워킹을 기초로 다른 영상구성요소와 어울려 또 다른 의미를 재생산하는 데 기여한다. 특이한 점은 패닝이 대부분 Pan-L로 표출되고 있다. 일반적으로 패닝은 글을 읽는 방향과 유사하게 왼쪽에서 오른쪽으로 진행한다. 그런데 북한의 기록영화에서는 이와 반대 방향으로 촬영된다. 화면에 역동성과 긴장감을 주려는 의도로 판단된다.

셋째, 카메라 렌즈의 광학적 특성과 앵글을 잘 활용하고 있다는 점이다. 이런 현상은 김정일의 등장 이후 두드러지게 나타난다. 예컨대 〈계승자들〉에서는 다양한 필터, 역광, 구도화면 등을 통해 예술영화와 같은 감성을 전달한다. 또한 〈백승을 떨쳐온 무적의 열병대오〉에서는 카메라의 주관적 시각을 다양한 앵글로 보여줌으로써 영상기호에 '리듬'을 부여한다. 다시 말해 효과적인 영상재현을 위해 미학적 측면도 고려한 것이다. 주목할 점은 광각렌즈의 디스토션 효과를 통해 최고지도자를 재현한다. 광각렌즈의 광학적 특성을 이용해 의도적으로 '가운데 선'을 지키며 최고지도자의 모습을 대중에 비해 크게 재현하는 것이다.

한편 북한 기록영화에서 재현된 김일성은 상황에 따라 마치 잘 훈련된 배우처럼 연출가의 지시를 받고 촬영에 응한 것으로 보인다. 촬영화면에서 대부분 조명을 사용했고 픽스Fix 촬영이 됐다는 점에서 이렇게 추론할 수 있다. 조명을 사용했다는 것은 연출의 공간을 활용했다는 의미로, 픽스 촬영은 트라이포드를 사용해 연출의 시간을 허용했다는 의미로 파악된다. 그리고 표출된 표정이 웃는 표정, 열정적 표정, 인자한 표정 등으로 몇 가지에 불과하다는 점도 이런 추론을 뒷받침한다. 이런 카메라기법의 사용은 그의 서민적인 이미지를 확산시키는 데 기여했다.

편집기법의 특징을 보자. 첫째, 대체로 영상문법을 잘 지키며 제작됐다는 점이다. 이는 북한 기록영화의 장르적 특징으로 인민성에 기인한다. 기록영화는 대중적인 선전매체이기 때문에 누구나 이해가 쉽게 제작되어야 한다. 이를 위해 사건 전개에는 다양한 컷을 사용해 속도감 있는 편집기법을 사용했다. 반면에 최고지도자에 대한 현지지도 편집은 여유를 가지고 관객이 충분히 이해할 수 있는 시간을 줘 현지지도가 어떻게 인민들에게 관철되는지를 설명적으로 편집한 것이 특징적이다.

둘째, 이항대립적인 대비 편집을 주로 사용해 주제를 강화하고 있다는 점이다. '기록'의 편집은 권력에 종속된다. 권력에 종속된 북한 기록영화의 편집은 역사적 의의를 제시한 후에 낙관적인 현재의 모습을 보여준다. 그리고 근거자료 제시로 앞의 내용을 확증하는 전형적인 편집양식을 띤다. 이런 편집의 전형화는 당이 요구하는 제작의도를 효과적으로 구성할 수 있지만, 제작주체의 창발성은 떨어지게 된다는 단점이 있다. 특히 〈백승을 떨쳐온 무적의 열병대오〉에서는 이런 전형성이 특히 더 두드러진다. 그러나 관습적인 영상문법과는 어울리지 않는 비약적인 편집방식도 발생한다. 이런 영상기호들 사이의 비약은 관객에게 상황 반전의 효과는 주겠지만 체제수호에 대한 조급함의 기호로 해석된다.

셋째, 효과적인 주제 전달을 위해서 다양한 편집방법을 구사하고 있다는 점이다. 그 예로는 동영상이 흐르는 도중에 갑작스러운 사진의 삽입을 들 수 있다. 이런 정지화면을 통해 주위 환기와 상황 주목의 효과를 유도한다. 또한 플래시컷 기법을 사용해 짧은 표출시간에도 불구하고 관객에게 강렬한 잔상효과를 준다. 영상기법의 발달에 따라 북한 기록영화의 편집도 다양한 방법을 시도하고 있다. 특이한 사항은 북한 기록영화에서 종종 특정 인물이 삭제되고 있다는 점이다. 북한이 특정한 정치적 목적에 맞게끔 역사를 고쳐 쓰고 전유하려고 매우 노력하고 있음을 알 수 있다. 그러나 영상기호의 기표 일부를 지울 수는 있으나 전부를 삭제하는 것은 불가능하기 때문에 기록영화는 북한의 약한 고리를 사실 그대로 드러내 보일 수 있다.

사운드기법의 특징을 보자. 북한 기록영화에서 표출된 사운드는 초기에는 모든 사운드 요소를 적절히 활용하는 방식이었으나 점차 배경음악으로 꽉 찬 형태로 변화했다. 즉 현장음의 경우 초기에는 필요한 곳에 적절히 활용됐으나 점차 통제되는 양상을 보이고 있으며, 대신 배경음악이 이 자리를 메우고 있다. 이렇게 음악의 과잉 사용은 북한 기록영화가 영상화된 가극이나 뮤직비디오 형식에, 내용은 대서사시로 보이게 하여 마치 문학 장르로 비치게 만든다. 이런 배경에는 기록영화가 제작의 정치적 가이드라인인 편성안에 종속되어 있고, 또 다양한 구성안에 입각해 제작되기 때문에 당국의 사전 검열과 통제가 영향을 미쳤을 것이다. 그리고 김일성과 김정일이 음악이 없는 영화는 영화가 아니라고 했던 교시와도 밀접한 상관이 있을 것이다.

배경음악의 과잉 사용은 설정된 주제의식의 강조에는 잘 복무하고 있으나 영화 흐름의 강조점과 긴장감을 떨어뜨려 결과적으로 담백하지 못한 결과를 초래한다. 이런 점은 〈38선〉에서 일제에 대한 전쟁 개시 선언을 대포 소리만으로도 효과적으로 표현하는 것과 비교가 된다. 또한 풍년의 기쁨을 누리는 농민들의 풍악 소리는 그 어떤 음악보다도 분위기를 잘 표상한다. 내레이션은 간명하고 이해하기 쉬운 정론적 서사체 방식과 감성적 내레이션을 병행 사용하고, 대부분 비유법과 대비 등의 문장 형식을 띤다. 인민의 지적 수준을 고려해 최대한 쉬운 말로 직관적인 비교를 통해 교양 효과를 높이고 있는 것이다. 특히 엔딩 내레이션은 내레이터의 톤이 갑자기 고조되면서 격앙된 톤으로 마무리 되는 특징이 있다. 웅변적 호소의 전형화는 영상기호들을 닫힘 구조로 도식화시켜 관객에게 준비된 관점만을 제공해 결말에 대한 상상력을 가로막게 된다. 표상요소 분석 결과 드러난 영상기호의 심층적 의미를 정리하면 〈표 3-2〉와 같다.

표 3-2 **표상요소의 심층적 의미**

분석 대상 기록영화	표상요소 분석 결과	
〈38선〉	카메라기법	새로운 미학 사조의 실험과 도전
	편집기법	동시대 선진적인 편집기법의 적용
	사운드기법	사운드 요소들을 적절하게 사용
〈수령님은 언제나 우리와 함께 계시네〉	카메라기법	설명적인 프레이밍
	편집기법	신화를 형성하고 상징조작
	사운드기법	현장음의 통제와 정론적 내레이션
〈계승자들〉	카메라기법	연출된 구도 화면을 통한 미적 형상화
	편집기법	숙련된 편집과 미학적 실험
	사운드기법	세련된 변주와 절제된 내레이션
〈백승을 떨쳐온 무적의 열병대오〉	카메라기법	사전 촬영대본에 의한 연출 촬영
	편집기법	기록영화 편집의 원칙적 요구 시현
	사운드기법	힘찬 음악과 웅변조의 내레이션

이상과 같이 영상기호를 해체해 북한 기록영화의 영상기호 특성을 살펴본 결과, 북한 기록영화의 재현은 이항대립적 요소를 배태하며 영상기호의 전이를 추구한다. 전이는 '연상에 의한 숭배'를 목적으로 한다. 즉 연상 작용을 통해 사회주의 신성함을 옹호하고 감정을 자극하여 사회적 행동을 촉구한다. 히틀러는 『나의 투쟁』에서 대중은 냉정하지 못하고 망각력은 크기 때문에 극단적인 공감대를 이용해 대중이 믿게 해야 한다고 말했다.[10] 또한 북한 기록영화는 정통적인 선전기법을 상당부분 인용하여 선택적 왜곡으로 재현을 한다. 예를 들어 대세 편승 기법은 모든 사람이 당과 수령의 보은에 힘입어 행복을 누리고 있다는 영상기호를 통해 우리 다수도 이에 편승해야 한다는 의미를 배태한다. 북한 기록영화의 재현은 시대의 변천에 따라 변화를 보인다. 사전 대본에 의해 제작되는 기록영화의 영상재현은 곧 북한의 각 시기별 미학적 기준을 판단하는 하나의 근거가 될 수 있다.

〈38선〉에서는 사회주의적 사실주의에 입각해 제국주의의 악행을 폭로한다. 여기서 재연의 표출방식을 주목할 필요가 있다. 카프와 표현주의가 리얼리즘과 함께 어우러져 재현된다는 점이다. 다시 말해 다양한 미학사조가 공존하면서 하나의 주제를 재현하기 위해 헤게모니적 공조를 이룬다. 〈수령님은 언제나 우리와 함께 계시네〉는 주체사실주의 형성 초기에 제작된 기록영화로 수령형상에 초점을 맞춘다. 미학의 초점은 김일성을 호전적인 무인武人이 아닌 천재적 지략가로 그리며, 여기에 토론을 중시하고 자애로운 수령의 이미지를 덧씌우는 데 관심을 둔다. 김정일이 등장하면서부터는 동일한 주체사실주의의 시대지만 그 안에서 큰 변화가 엿보인다.

〈계승자들〉은 영상기호가 비록 통제에 귀속되어 있었지만 다양한 예술적 진화를 뚜렷이 보이고 있다. 즉 대중의 높아진 눈높이를 고려하여 회화적 감성으로 촬영한 후 절제된 편집미를 보여준다. 또한 삽입화면에 상징의 의미를 부여하고 은유적으로 묘사함으로써, 관객이 제시된 화면과 동기화가 더 용이하게 구성된다. 2000년 이후에 제작된 〈백승을 떨쳐온 무적의 열병대오〉는 군대식 상상력의 확장으로 상대적으로 유연했던 '주체문학론'의 퇴행적 결과물이다.[11] 체제의 위기 속에 미학적 실험과 도전은 사라지고 국가와 당의 요구에 헌신을 당연시하는 재현 특성이 있다. 이 기록영화는 스케일이 크고 대국주의를 지향하고 있는 듯하다. 그럼에도 영상재현은 체제수호의 조급함의 표출로 감정과잉을 야기하고 있다.

기록영화와 같은 영상텍스트는 생산자가 재현한 의미체계를 관객이 수용할 때 비로소 그 의미가 생성된다. 북한 기록영화가 비록 주입식 영화이기는 하지만 대중 개개인의 담론을 형성하는 주관적 해석을 전제로 한 창작물이라면, 관객의 공감대를 이끌어내려는 생산자의 노력 없이는 사회적 생명을 부여받기는 어려울 수 있다. 생산자의 관점에서 재현된 현실이 관객에게 공감대로 소구하지 못할 때에는 소통의 실패라는 극단적 결과를 초래한다.[12] 북한 기록영화의 영상기호는 구조적으로 닫혀 있다. 따라서 관객이 상상력을 발휘하기 어려운 형태로 표출된다. 반면에 북한 기록영화의 본성적 요구, 즉 고유한 조건과 시대의 변화에 발맞춰 자기 기능의 역할은 충실히 해왔다고 평가할 수 있다.

03

북한 기록영화의 이데올로기 의미

이데올로기는 자연적으로 발생된 것이 아니라 특정한 의미체계를 통해 생산된 인위적 가치체계로, 다양한 방식에 의해 전달된다. 그중 영상기호를 통해 이데올로기가 재현될 때 대중적으로 더욱더 확고해지는 측면이 있다. 특히 국가 주도로 생산된 기록영화는 대중에게 특정한 가치체계를 전달해 신뢰를 얻고, 궁극적으로 대중의 지배가치에 대한 참여를 이끌어낸다. 이 책에서는 북한 기록영화의 이데올로기의 의미를 파악하기 위해 피스크의 3단계 이데올로기 코드 분석 방법을 적용했다.

그 결과, 〈38선〉에서는 북조선의 인민 정권은 김일성이 세웠다는 건국 신화를 통해 그를 북조선뿐만 아니라 남조선을 아우르는 민족의 지도자라고 추앙한다. 또한 이항대립적인 민족주의를 기반으로 신생 국가의 정체성을 찾으며, 지금 살고 있는 이곳이 지상낙원이라는 이데올로기를 생성해낸다.

〈수령님은 언제나 우리와 함께 계시네〉에서는 사회주의 혁명과 노동자 중심 사회를 이룩한 김일성의 '성공 신화'를 바탕으로 그가 군림하는 지도자가 아니라 인민들과 토론하고 소통하는 모습을 통해 늘 인민과 함께 투쟁한다고 강조한다. 이를 통해 너와 나는 남이 아닌 '우리'라는 동지의식을 반복해서 표출한다. 또한 수령을 비록 인간이지만 완벽한 남근과 자애로운 자모의 품성을 지닌 환상의 인물로 구축하여 새로운 담론을 (재)생산한다. 이렇게 김일성에 대해 다양한 기호적 의미를 부여해 사회질서 유지에 필요한 이데올로기를 (재)생산하는 역할을 수행한다.

1980년 김정일의 공식 등장과 함께 〈계승자들〉에서는 계승문제에 대해 일치단결된 이데올로기를 전파한다. 이를 위해 혁명가유자녀들을 새 세대로 호명하고 수령에게 충직했던 부모들처럼 혁명의 대를 잇자고 강조한다. 이런 모범사례 제시를 통해 대중이 질서 있는 응집력을 유지하고 일상적으로 순응하게 하는 이데올로기를 유포한다. 공통의 가치관에 입각한 이데올로기는 사회유지의 중요한 요소가 되기 때문이다. 이 기록영화에서는 다양한 상징요소와 은유적인 방식으로 혁명계승의 정당성과 당위성을 생성한다. 그런데 〈백승을 떨쳐온 무적의 열병대오〉에서는 반제국주의 기획에 의해 직접적으로 미국에 대한 대항이데올로기를 표출한다. 고난의 행군 시기의 식량난을 인정하면서도 자신들은 정치적 생명이 중요하다는 점을 직설적으로 강조한다. 이를 통해 아무리 미국이 압살정책을 펼치더라도 우리에게 변화를 바라지 말라는 사상적 우월성에 기반을 둔 저항이데올로기를 생성·유포한다. 이와 같이 북한 기록영화에서 공통적으로 나타난 이데올로기는 수령을 중심으로 새 시대를 열 수 있다는 '혁명적 낙관'을 내포한 미래지향적인 의미가 생성된다.

북한의 기록영화에서 재현된 김일성은 정권 초기부터 '기록'과 '신전'을 장악하고 있는 것으로 보인다. 〈38선〉에서는 김일성을 영명한 지도자로 묘사한다. 그러나 그 후에는 점점 신화적인 존재로 부각된다. 김일성의 유일체계가 갑산파 숙청 후 불현듯 확립된 것이 아니라 김일성에 대한 지속적인 신화 창출을 통해 이를 고착화했음을 말해준다. 신화적 의식 속에서 기호는 분리할 수 있는 기호가 아니라 고유명사와 유사한 기능을 하는데, 이 고유명사는 대상 자체의 특징을 이룬다.[13] 북한 기록영화에서 재현된 최고지도자는 그 자체가 고유명사가 되며, 최고지도자를 중심으로 온 사회가 뭉쳐야 한다는 것에 당위성을 부여한다. 히틀러는 이데올로기의 선전수단으로 다큐멘터리의 역할과 기능을 인지했다. 그는 다큐멘터리를 이데올로기 전파 수단으로 적극 활용했다. 이런 면에서 북한의 기록영화는 나치 시대의 문화영화와 그 맥을 같이한다.

북한은 기록영화라는 이데올로기적 국가기구를 통해 사회주의의 우월성과 권력세습의 정당성을 유포하고 관객들을 반복 호명함으로써 '주체'들의 실천적 행동을 요구한다. 예컨대 〈38선〉에서는 오버랩 몽타주를 통해 남조선을 해방시킬 '주체'로 인민들을 호명하며, 〈계승자들〉에서는 주체형의 공산주의의 인간전형을 제시함으로써 변화한 시대 요구에 맞는 이데올로기적 국가기구의 기능을 한다. 이와 같이 이데올로기의 문제설정 방식은 자기가 답할 수 있는 문제만 제기해 답하고, 그 영역 밖의 질문에는 침묵할 수밖에 없기 때문에 역사적 질문에 대해 '왜곡된 형태의 답'을 만들게 된다.[14] 북한 기록영화에서 재현된 '그들 대 우리'라는 이항대립은 체제 유지에 상당한 기여를 하는 이데올로기로 작동하고 있다. 즉 우리는 사회주의 혁명 완수의 수호자로서 동지를 의미하며, 그들은 미제국주의로서 타도대상을 뜻한다. 이처럼 북한 기록영화에서는 닫힌 형식을 통해 이데올로기를 생산하며 지배계급의 이익을 위한 수단으로 지배 이데올로기를 유포한다.

이데올로기는 어떤 사회라도 필요하지만, 이데올로기는 스스로를 드러내지 않고 오히려 감추고 부정하는 특색이 있다.[15] 그러나 북한 기록영화에서 표출된 이데올로기는 직접적으로 그 주장을 드러내며 사회 내에 수용할 것을 요구한다. 기록영화 생산자 즉 북한 당국은 헤게모니 장악을 위해서 기록영화를 가공하여 대중의 적극적인 이해와 동의를 구하고 있는 것이다. 북한에서 기록영화의 제작 편수는 예술영화를 훨씬 앞지른다. 자본주의 국가에서 이런 상황은 상상할 수 없는 일이다. 시장 점유율과 관심도가 떨어지는 기록영화가 영화산업의 주요 분야로 대중들의 일상에 자리 잡고 있는 점은 북한 기록영화가 사회주의 영화로서 가질 수 있는 장점이다.[16]

북한은 기록영화로 헤게모니를 재생산하는 주요한 진지 중의 하나를 구축해가며 이를 활용해오고 있다. 다시 말해 정권 초기에는 기록영화를 통해 새로운 진지를 구축하기 위해 노력했다면, 이후에는 내부 결속을 위한 진지로의 변화를 꾀했으며 선군시대에 들어서면서 사회주의 체제를 끝까지 지키겠다는 새로운 형태의 진지를 구축한 것이다.

북한의 기록영화는 기존의 지배질서를 재생산해 이데올로기를 형성하고 이를 신화화하고 있다. 바르트에 의하면, 좌파 신화는 본질적으로 빈곤한 신화로 그 신화는 증식할 수 없다고 말한다. 좌파 신화는 늘 인위적이기 때문이다. 바로 거기에 그 신화의 서투름이 생기게 된다.[17] 그런데 북한 기록영화에서 재생산된 신화는 우파 신화에 가깝다. 기본적으로 충분히 확보된 기록영상이라는 젖줄을 통해 지속적으로 자양분을 공급받을 수 있고 부족한 영양분은 조선화라는 창작물을 통해 얼마든지 수혈이 가능하기 때문에 북한 기록영화에서 드러난 신화는 계속 변형되면서 진화하고, 수다스럽게 끊임없이 재생산되고 있다. 마치 끝나지 않은 연극처럼 말이다.

04

북한 기록영화에 주목하는 이유

북한 기록영화가 대중선전용으로 제작된 영화라는 점은 의심의 여지가 없다. 실제 대부분의 북한 기록영화는 그 제목만 봐도 무슨 주제의 영화인지를 쉽게 유추할 수 있다. 그럼에도 필자는 북한 기록영화를 선전선동의 도구라고 선先규정하지 않고, 북한 기록영화의 영상기호 의미 생산구조에 주목했다. 북한 기록영화에서 영상기호가 재현되는 방식과 그 과정에서 의미가 생성되고 유포되는 방식을 둘러싼 '의미실천의 장'으로 규정한 것이다. 이와 같은 문제의식을 바탕으로, 북한 기록영화의 통제된 코드를 해독하기 위해 기호학적 연구방법으로 영상기호를 해체해 거기에 내포된 의미와 의미체계를 분석했다. 또한 북한 기록영화에 대한 연구를 구체적인 텍스트 분석차원으로 끌어내어 권력 작용이 이데올로기적으로 구축되는 과정을 규명하고자 했다.

첫째, 북한 기록영화의 서사구조는 다음과 같이 정리할 수 있다. 통합체 분석 결과, 북한의 기록영화는 뚜렷한 기승전결의 이야기 구조이자 강력한 수사적 표현 방식으로, 설득적인 스타일과 형식이 우선시되는 설명적 양식을 취한다. 특히 최고지도자에 대해서는 관객에게 호의적인 반응을 이끌어내는 화려한 미사여구를 사용한다. 그리고 구성양식은 정권 초기에는 미괄식 구성을 보였으나 이후에는 양괄식으로 수미상관을 이루며 고착화된다. 이런 양괄식 구성양식은 주제를 강조하는 데에는 효과적이지만 열린 결말의 가능성은 상당 부분 차단된다.

계열체 분석 결과, 북한의 기록영화는 크게 '우리(선) 대 그들(악)'의 이항대립을 띤다. 즉 우리는 사회주의 혁명 완수의 수호자들로 상정하고 그들은 타도대상으로 상정한다. 이렇게 흑백논리에 입각해 미국을 타도대상으로 규정하고 이항대립의 중요 축으로 설정한다. 이런 대립구조는 대립항의 약한 고리를 집중적으로 공략해 자신의 위치를 끌어올리고 관객의 공감을 불러일으키는 효과를 준다. 또한 숨겨진 이항대립항에서는 조선혁명의 복잡성과 지속성을 강조하며 사회 내부의 적을 타도할 것을 역설한다. 이런 이원대립항에 부정적 가치와 긍정적 가치를 각각 할당함으로써 미제를 타도하자는 명확한 시대정신을 배태하고 있다.

북한 기록영화의 서사구조는 논증과 설득을 반복해 혁명의 뇌수인 수령을 중심으로 미제를 타도하고 내부의 낡은 사상 잔재를 타파해 사회주의 낙원 건설에 함께 투쟁하자고 강조하고 있다. 또한 해방 직후의 비교적 자유로운 제작양식에서 유일체제 확립기 이후 점차 도식화·유형화되고 있다.

둘째, 북한 기록영화의 영상기호의 특성은 다음과 같이 정리할 수 있다. 영상구성요소 분석 결과, 북한 기록영화의 영상구성요소는 기록영상·현장화면·구성화면·인터뷰로 구성된다. 기록영상은 논증의 역할을 수행하여 역사적 정통성에 대한 명분을 구축하고, 현장화면은 과거와의 대비를 통해 현재의 사회주의 체제의 발전상을 제시한다. 구성화면은 주제의식을 부각시키는 기능을 수행하고, 인터뷰는 현장감 전달을 목적으로 한다. 특히 북한 기록영화에서 조선화의 적극적인 사용은 존재하지 않는 기록을 보완하며, 이를 통해 최고지도자를 신화화한다. 이처럼 북한 기록영화에서는 맥락에 따라 재현하고자 하는 의미를 강화하기 위해 영상구성요소를 적절하게 착상·배치했고, 이를 편향적으로 구성하여 논리전개에 유리한 주장과 증거만을 채택하는 경향을 보임으로써 영상기호의 전이를 추구한다.

표상요소 분석 결과, 카메라기법은 롱테이크 위주의 연출된 촬영으로 상황을 충분히 설명하는 프레이밍을 구사한다. 카메라워킹의 특징은 대부분의 영상기호들이 안정적으로 생산되고 있다. 북한에서 기록영화 장르는 소수의 허락된 자만이 제작할 수 있기 때문에 잘 훈련된 전문가에 의해 생산되고 있음을 의미한다. 편집기법은 특정한 이미지를 집중적으로 재현하고 확대하면서 관객으로 하여금 최고지도자에 대한 이미지를 각인시키고 있으며, 과거와 현재를 대비하는 전형화된 편집 형태를 보인다. 또한 시계열적인 역사자료 등 관련된 증거자료를 제시하면서 사실성을 극대화해 틀림없는 사실로 받아들이게 하는 특징이 있다. 사운드기법은 전반적으로 사운드 요소의 과잉으로 영상이 사운드에 종속되어 있다. 내레이션은 정론서사체와 감성적 내레이션을 병행 사용해 사회계급적 판단에 도움을 주고 인민이 쉽게 이해하는 데 기여하고 있으며, 현장음의 통제로 정보 통제와 선전의 극대화를 동시에 공략하고 있다.

셋째, 북한 기록영화의 이데올로기 의미는 다음과 같이 정리할 수 있다. 북한 기록영화에서 재현된 다양한 영상기호들은 뚜렷하게 이데올로기적 구조를 보여준다. 북한 기록영화에서는 기록영화라는 이데올로기적 국가기구를 통해 사회주의 우월성과 권력세습의 정당성의 이데올로기를 유포하고 있으며, 수령이라는 고유명사를 통해 수령을 중심으로 온 사회가 뭉쳐야 한다는 당위성을 부여한다. 이런 면에서 북한의 기록영화는 끊임없는 신화 및 이데올로기 창조를 통해 사회를 통합하는 데 기여한다. 북한은 기록영화를 북한 주민들에게 의무 관람하게 함으로써 지도자와 체제에 대해 자부심을 갖도록 유도한다.

이상의 결과를 볼 때 북한 기록영화에 내재된 코드에는 내부로 향한 부정기호가 존재치 않으며, 북한 기록영화의 코드는 과거 역사에 기초한 스토리와 연결되어 새로운 역사를 이야기하기 위해 이를 논증하고 설득하는 특성을 갖고 있다. 이런 면에서 북한 기록영화의 특성은 첫째, 영상기호의 표상조작을 통해 역사를 재구성해 새로운 역사쓰기를 시도한다. 둘째, 해당 시기의 당면한 실천 강령을 대비적 수법을 사용해 직관적으로 제시하고 대중의 사회적 참여를 적극 유도한다. 셋째, 대중에게 미래의 희망을 집단적으로 공유하게 하는 역할을 수행한다. 이를 통해 북한의 기록영화는 사회에 새로운 신화와 이데올로기를 지속적으로 공급하고 있다.

결론적으로 북한의 기록영화는 단선적인 선전영화의 수준을 뛰어넘어 고유한 영상기호체계를 바탕으로 영상문법이 구축되어 있으며, 기록영화가 당 정책과 혼연일체가 되어 체제의 중요한 구성요소 중 하나로 자리매김하고 있음을 알 수 있다. 즉 정권 초기에는 소련의 영향을 많이 받은 것으로 보이나, 그 후에는 점차 북한 고유의 기록영화 창작 방법을 구축하게 된다. 이를 위해 정권 초기부터 인민들이 직관적으로 이해하기 용이한 이항대립항을 설정하고 기록영화의 효과성을 높이기 위해 영화제작에서 대비적 수법을 적용한다.

또한 북한의 기록영화는 민중의 삶에 공감하는 방식으로 재현되어 인민의 사회주의적 충동을 창출하고 있으며, 사회주의 혁명에 나서야 하는 이유를 리얼리즘 창작방법에 입각해 재현한다. 더 나아가 북한 기록영화는 관객의 공감을 얻기 위해 예술적 변화를 모색한다. 기록영화에서 조선화를 적극적으로 사용하는 것은 이전 시기와 다른 미학적 특징으로, 이런 재현적 특성은 주체사실주의의 영향을 받은 것으로 볼 수 있다. 김정일의 등장과 더불어 기록영화의 정치적 목적은 여전히 강조되지만, 높아진 '인민들의 지향'에 맞춰 예술적 변화를 보이고 있는 것이다.

다큐멘터리는 현실 세계의 객관적 기술을 소구하지만, 이는 실제로 거의 불가능하다. 바로 이 지점에서 다큐멘터리를 활용한 정치선전의 가능성이 발생하게 된다. 북한 기록영화에서는 매도하기, 화려한 미사여구, 전이, 증언, 서민적 이미지 구사, 카드 속임수, 대세편승과 같은 선전기법을 사용한다. 이런 기법들은 광고적 속성을 지니고 있으며, 북한 기록영화가 마치 캠페인이나 공익광고처럼 작동하게 해 대중을 혁명의 주체로 반복적으로 호명한다. 이렇게 생성된 이데올로기는 설득의 방식에서 시대에 따라 변화를 보인다.

정권 초기에는 새로 탄생한 젊은 국가의 비전을 알리고 미제를 타도할 새로운 이항대립항으로 설정하고 인민들을 새 조국건설의 주체로 호명한다. 갑산파 숙청 이후에는 외부적 요소보다는 수령형상창조를 강조하면서 유일체제 확립을 위해 대중적 방어진지를 구축하는 데 역점을 둔다. 그리고 고난의 시기를 거치면서 다시 악의 근원을 미제로 돌리고 인민들을 사회주의 체제수호의 전사로 호명한다.

이와 같이 북한 기록영화는 시대가 요구하는 자기 본성에 맞게 자본주의라는 악성 바이러스의 침투를 차단하며 지속적인 백신의 기능을 수행한다. 즉 이른바 북한의 '공식사회'를 위해 일종의 예방주사 기능을 담당하고 있다. 더 나아가 효과적인 대중선전과 시대의 조류와 인민의 눈높이를 맞추기 위해 부단히 인민성 향상에 관심을 둔다. 역사적으로 북한 기록영화는 조선노동당과 통치자가 인민을 설득하고 동원하는 데 필요한 증언자의 역할을 수행해왔다. 이런 면에서 북한 기록영화의 역사적 역할은 호명의 역사, 설득의 역사, 진지구축의 역사라고 할 수 있다.

북한 기록영화라는 텍스트는 닫힌 구조라는 특성을 보여준다. 닫힌 구조는 편향된 이데올로기를 효과적으로 생산하고 유포하게 해준다. 북한 기록영화는 시기별로 미학적 재현 방식의 변화를 보인다. 이런 시대 상황에 발맞춘 변화는 단순한 영상기법상의 변화뿐만 아니라, 역사적 시대상의 표상으로 북한 체제의 내구력이 어떻게 형성되는지를 엿볼 수 있게 해준다.

기록영화라는 창을 통해 본 북한은 결코 만만치 않은 이데올로기 재생산 과정을 보여준다. 북한은 '기록'을 중시하는 '기록의 나라'라고 할 만큼 국가가 주도해 다량의 기록영상을 촬영한 후 분류·보관한다. 기록영화는 '현대역사문헌의 대학설'이라고 주장되는 이른바 '기록영화력사문헌의 정리 및 보존리론'에 의해 체계적으로 관리된다. 이렇게 다량의 기록영상을 보유하고 있다가 정책적 판단에 따라 인민들에게 논증 자료로 제공할 수 있는 역량을 갖추고 있다. 따라서 대량의 영상 메타데이터 처리기술 또한 상당하다고 평가할 수 있다. 이와 같은 점은 대외적인 고립정책과 대내적인 경제난에도 불구하고 체제를 유지할 수 있는 내구력의 한 측면을 보여준다.

이런 측면에서 필자는 다음과 같이 생각한다. 북한이 기록영화 생산기지에서 편견으로 가득 채운 새로운 콘텐츠를 지속적으로 공급해 극장국가를 운영하는 한, 기록영화가 도식화되고 유형화되어 흥미가 떨어지는 점을 1500여 명의 기록영화 생산전문가를 앞세워 시대의 변화에 맞게 예술적 변신과 보완을 지속하는 한, 너무나 자명한 내용의 선전영화가 상당한 설득력으로 인민의 정서에 영향을 미쳐 스스로가 세계를 바라보는 것이 아니라 생산자에 의해 주체관이 반복해서 호명되는 한, 북한 체제는 많은 문제점에도 불구하고 그 지속성을 유지할 수 있을 것이다.

물론 조선노동당이 당면한 자신들의 문제들을 스스로 해결해나간다는 전제가 필요하다. 이와 같이 우리에게는 흥미롭지 못하고 단순한 선전영화로 보이는 북한 기록영화는 누구도 넘볼 수 없는 기록영화라는 이데올로기적 국가기구를 통해 기대한 진지를 구축해나가고 있다. 따라서 북한의 기록영화가 앞으로 또 어떤 변신을 할 것인지 지켜볼 필요가 있다.

역사적 측면에서는 소련에서 스탈린이 사망하고 영화제작의 해빙기가 찾아오자 검열은 약화되고 창작방식의 오류를 점검하게 됐다. 이에 따라 선전 목적의 다큐멘터리는 쇠락해갔다. 만약 북한에서도 기록영화 생산의 검열이 약화되거나 개방된다면, 북한 기록영화도 지금과는 다른 형태로 펼쳐질 개연성이 크다. 앞으로 북한 기록영화가 어떤 방식으로 영화적 변화를 보이고, 또 어떤 방식으로 인민들을 호명하고, 또 어떤 방식의 진지전을 준비할지 그 변화가 주목된다.

부록 1

분석 대상 1차 분류 결과

연도	제목	출처
1946	우리의 건설	년감/조예/조선/사전/로동
1948	38선	년감/조선/사전
	자라나는 민주모습	년감/조선/사전
	남북련석회의	년감/조선/사전
	영원한 친선	년감/조선/로동/사전
	인민군대	년감/조선/사전
1949	수풍땜	년감/조선/사전
1950	1950년 5·1절	년감/조선/로동
1955	김일성 원수 항일유격 전적지	년감/조선/로동
	강철	년감/조선/로동
1957	민주선거	년감/조선/사전
	수로 2천리	년감/조선/시전
1958	쇠물이 흐른다	년감/조선/사전
	금강산	년감/조선/조예

1963	열두 삼천리벌	년감/로동/사전
	오늘의 대안	년감/로동/조예
1964	공화국기치 만세(1부)	년감/조선/조예/사전/로동
	공화국기치 만세(2부)	년감/조선/조예/사전/로동
	후치령의 새 노래	년감/조선/사전/로동
1968	우리의 어머니 강반석녀사	년감/조선/조예/로동
	불굴의 반일혁명투사 김형직선생	년감/조선/로동/사전
1969	수령님은 언제나 우리와 함께 계시네	년감/조선/로동/사전
1970	만경대의 품	년감/로동/사전
	청산리	년감/로동/사전
1972	과수의 나라	년감/조선/조예/조영/로동/사전
	위대한 전변에로 이끌어 주신 어버이수령님	년감/로동/사전
	인민은 어버이수령님을 노래합니다	년감/조예/로동
1974	백금산의 영웅들	년감/조선/로동
1975	전투적친선, 위대한 단결	년감/조예/로동
	당의 기치따라 영광의 30년	년감/조선/조예/로동/사전
	강선의 붉은 노을	년감/조선/로동
	농촌테제실현의 길우에 수놓아진 친어버이사랑	년감/조선/로동
1976	왕재산혁명사적지	년감/영화/로동
	백두산	년감/로동/사전
	불멸의 자욱을 따라서(평화적건설시기 편)	년감/조선/조예/로동
	일하기도 좋고 살기도 좋네	년감/조선/로동
	조선은 하나이다	년감/조선/로동
1977	위대한 수령 김일성동지의 초기혁명활동사적지를 찾아서(전편)	년감/조선/로동/사전

	위대한 수령 김일성동지의 초기혁명활동사적지를 찾아서(후편)	년감/조선/로동/사전
	위대한 주체사상 만세	년감/조선/조예/로동/사전
1978	누구나 다 배우는 나라	년감/조선/로동
	대성산	년감/조선/로동
	미제의 남조선강점은 민족분렬의 화근	년감/조선/로동
	침략자 미제를 고발한다	년감/조선/로동
1979	인디아에서 진행된 주체사상에 관한 국제토론회	년감/조선/로동
	3대혁명의 전위들	년감/조선/로동
	고마워라 사회주의조국이여	년감/조선/로동
1980	위대한 전환의 10년	년감/조선/로동/사전
	조국해방전쟁(1부): 미제침략자는 조선전쟁의 도발자	년감/조선/조예/로동/사전
	조국해방전쟁(2부): 원수를 무찔러 남으로	년감/조선/조예/로동/사전
	조국해방전쟁(3부): 준엄한 시련을 이겨내고 공격에로	년감/조선/조예/로동/사전
	조국해방전쟁(4부): 후방도 전선이다	년감/조선/조예/로동/사전
	조국해방전쟁(5부): 미제침략자들의 야수적만행	년감/조선/조예/로동/사전
	조국해방전쟁(6부): 불멸의 위훈 위대한 승리	년감/조선/조예/로동/사전
	군사파쑈도당을 반대하는 광주인민항쟁	년감/조선/로동
1981	대를 이어가는 충성의 대오	년감/조선/로동
	고려민주련방공화국창립방안을 지지하는 세계의 목소리	년감/조선/로동
	주체사상과 자립적민족경제건설에 관한 아시아 및 중근동지역토론회	년감/조선/로동
1985	계승자들	년감/영화/로동
	불굴의 혁명정신으로	년감/영화/로동
	빛나는 40년	년감/영화/조선/로동
	워싱톤의 평화공약	년감/영화/로동

	인민의 념원	년감/영화/로동
	백전백승의 기치	년감/조영/로동
1986	날로 변모되는 정주군을 찾아서	년감/영화/로동
1987	자주의 길	년감/영화/사전
	충성의 해발	년감/영화/로동/사전
	만대에 길이 빛나리	년감/영화/로동
	인간에 대한 사랑의 송가	년감/영화/로동
	우리 체육은 우리 식으로	년감/영화/로동
	누리에 빛나는 향도의 해발	년감/영화/로동
	분노의 웨침	년감/영화/로동
	3대혁명의 선구자들	년감/영화/로동
	성천구역 사람들	년감/영화/로동
	조국은 병사들의 위훈을 잊지 않는다	년감/영화/로동
	한생을 살아도 순간을 살아도	년감/영화/로동
	위대한 수령님 탄생 75돐을 성대히 경축	년감/조영/로동
	서해갑문건설을 승리에로 이끄신 탁월한 지도	년감/조영/로동
1988	위대한 은인	년감/영화/로동
	국토건설의 새 력사	년감/영화/로동
	위대한 전환의 한해(1974년)	년감/영화/로동/사전
	주체교육의 새로운 발전	년감/영화/로동
	은정속에 솟아난 인민의 휴식터	년감/영화/로동
	천리마대고조시기에 우리는 이렇게 싸웠다	년감/영화/로동
	백두산일대에서 새로 찾은 혁명전적지	년감/영화/로동

	천만리	년감/영화/로동
	속도전의 첫 포성이 울리던 그때처럼	년감/영화/로동
	분렬의 비극을 끝장내자	년감/영화/로동
	영웅들의 위훈 길이 빛나리	년감/영화/로동
1989	위대한 귀감	년감/영화/로동
	빛나라 정일봉	년감/영화/조영/로동/사전
	살림집 건설의 새 력사	년감/영화/로동
	제13차 세계청년학생축전	년감/영화/로동
	통일의 꽃	년감/영화/조영/로동
	조국의 품에 안겨	년감/영화/로동
	순천땅에 일떠선 대화학공업기지	년감/영화/로동
	뜨거운 인간애	년감/영화/로동
1990	세계의 자주화와 인민들사이의 친선에 관한주체사상 국제토론회	년감/영화/로동
	만수축원의 마음	년감/영화/로동
	운명도 미래도 다 맡기고	년감/영화/로동
	우리는 언제나 이렇게 살며 투쟁한다	년감/영화/로동
	90년대의 진군을 다그치는 탄부들	년감/영화/로동
	1000리 물길	년감/영화/로동
	비단고장으로 전변되는 자강도	년감/영화/로동
	국제친선전람관(2부)	년감/영화/로동
	민족분렬의 상징 콩크리트장벽	년감/영화/로동
	참된 살림군들	년감/영화/로동
	언제나 병사시절처럼	년감/영화/로동
	나어린 재간둥이들	년감/영화/로동
	잊지말자 지난날의 처지를	년감/영화/로동

1991	위대한 전변	년감/영화/로동
	향도의 자욱우에 꽃피는 농촌	년감/영화/로동
	강선과 더불어 영원할 사랑의 이야기	년감/영화/로동
	북청회의가 안아온 자랑찬 결실	년감/영화/로동
	영원한 동행자	년감/영화/로동
	신심드높이 앞으로	년감/영화/로동
	수력발전소건설자들	년감/영화/로동
	일떠서는 통일거리	년감/영화/로동
	은을 내는 지방산업공장들	년감/영화/로동
	금골의 청년전위들	년감/영화/로동
	건설장에 꽃펴나는 군민의 정	년감/영화/로동
	민족의 대단결로 통일의 문을 열자!	년감/영화/로동
	조선의 통일을 위한 세계인민들의 련대성의 목소리	년감/영화/로동
	통일의 새 아침을 향하여	년감/영화/로동
1991	우리 나라 대표단 유엔에서 활동	년감/영화/로동
1992	만민의 칭송	년감/영화/로동
	주체의 태양을 우러러	년감/영화/로동
	영원히 받들리 우리의 최고사령관	년감/영화/조예/로동
	조선의 기적	년감/영화/로동
	조선의 기상 백두산	년감/영화/로동
	향도의 빛발아래 꽃피는 우리 나라 무용예술	년감/영화/로동
	우리 당 세포비서	년감/영화/로동
	청춘을 부르는 곳에서	년감/영화/로동
	은혜로운 사랑속에 일떠선 5만세대살림집	년감/영화/로동
	철산봉의 메아리	년감/영화/로동
	사회주의 내 나라	년감/영화/로동

1994	인민을 위한 길에 언제나 함께 계셨습니다	년감/조영/로동
1996	어버이 수령님 로동계급과 함께 계시여	년감/조영/로동
2002	백승을 떨쳐온 무적의 열병대오	년감/문학/로동
2003	세기를 이어가는 4월의 봄 친선예술축전	년감/문학/로동
	조선의 대답	년감/문학/로동
2004	금수산기념궁전 수목원	년감/문학/로동
	우리 민족끼리 손잡고	년감/문학/로동
	위대한 전환의 1970년대	년감/문학/로동
2005	지울수 없는 일본의 죄악	년감/문학/조예
2006	선군8경	년감/문학/로동
2007	승리의 신심드높이	년감/문학/로동
	영원한 사랑의 품 만경대혁명학원	년감/문학/로동
	태천의 기상안고 청년들 앞으로	년감/문학/로동
	20세기 반인륜특대형범죄	년감/문학/로동
	어머님의 혁명업적 빛나는 두만강지구	년감/문학/로동
	길이 전하라 삼수발전소여	년감/문학/로동
2008	금진강을 다스리는 사람들	년감/문학/로동
	소문없이 큰일을 하는 어랑천발전소건설자들	년감/문학/로동
2009	누리에 빛나는 선군태양(1부): 조선을 빛내이리	년감/문학/로동

주: 출처 표기는 다음 약례를 참조할 것. 년감: 『조선중앙년감』, 조선: 『조선영화사』, 영화: 『조선영화년감』, 문학: 『조선문학예술년감』, 로동: ≪로동신문≫, 사전: 『문학예술사전』.

부록 2

분석 대상 2차 분류 결과

시기	연도	제목
제1시기 (1945~1966)	1948	**38선**
		인민군대
제2시기 (1967~1979)	1969	**수령님은 언제나 우리와 함께 계시네**
	1978	누구나 다 배우는 나라
		침략자 미제를 고발한다
	1979	고마워라 사회주의조국이여
제3시기 (1980~1994)	1980	조국해방전쟁(1~6부)
	1985	**계승자들**
		인민의 념원
	1987	위대한 수령님 탄생 75돐을 성대히 경축
		서해갑문건설을 승리에로 이끄신 탁월한 지도
	1988	국토건설의 새 력사

	1989	빛나라 정일봉
		통일의 꽃
	1990	운명도 미래도 다 맡기고
		잊지말자 지난날의 처지를
	1991	위대한 전변
		영원한 동행자
	1992	만민의 칭송
		우리 당 세포비서
	1994	인민을 위한 길에 언제나 함께 계셨습니다
제4시기 (1995~2011)	1996	어버이 수령님 로동계급과 함께 계시여
	2002	**백승을 떨쳐온 무적의 열병대오**
	2003	조선의 대답
	2004	금수산기념궁전 수목원
		우리 민족끼리 손잡고
		위대한 전환의 1970년대
	2005	지울수 없는 일본의 죄악
	2006	선군8경
	2007	영원한 사랑의 품 만경대혁명학원
		태천의 기상안고 청년들 앞으로
		20세기 반인륜특대형범죄
		어머님의 혁명업적 빛나는 두만강지구
	2008	소문없이 큰일을 하는 어랑천발전소건설자들
	2009	누리에 빛나는 선군태양(1부): 조선을 빛내이리

주

1장 또 하나의 창(窓) 이해하기

01 북한 기록영화, 어떻게 볼 것인가

1 「주체의 기록영화와 더불어」, ≪조선예술≫, 제7호(2006), 8쪽.

2 문의영, 「해방후 영화 예술의 발전」, 리령 외 엮음, 『빛나는 우리 예술』(평양: 조선예술사, 1960), 126쪽.

3 『조선중앙년감 2004』(평양: 조선중앙통신사, 2004), 199쪽.

4 조총련 산하 조선대학교(朝鮮大學校) 문화력사학부 김룡진(金竜進) 교수 서면 인터뷰(2014년 11월 10일).

5 스튜어트 홀, 『스튜어트 홀의 문화이론』, 임영호 옮김(서울: 한나래, 1996), 247쪽.

6 이에 대해 정재형은 이른바 제2세대 북한영화 연구의 의의로, 남한 사람들은 북한영화를 보면서 역겨운 김일성 찬양과 그 도식적인 줄거리에 하품을 하지만, 서방의 어떤 영화학자들도 그것을 무시하지 않았다며 북한영화에 대한 연구태도를 지적했다. 정재형 엮음, 『북한영화에 대해 알고 싶은 다섯 가지』(파주: 집문당, 2004), 6~7쪽.

7 워런 벅랜드, 『영화인지기호학』, 조창연 옮김(서울: 커뮤니케이션북스, 2007), 75쪽.

8 서인숙, 『영화분석과 기호학』(서울: 집문당, 1998), 23~24쪽.

9 아더 아사버거, 『대중매체비평의 기초』, 한국사회언론연구회 매체비평분과 옮김(서울: 이론과실천, 2000), 13쪽.

10 존 스토리, 『문화연구와 문화이론』, 박모 옮김(서울: 현실문화연구, 1999), 107쪽.

11 백선기, 『영화, 그 기호학적 해석의 즐거움』(서울: 커뮤니케이션북스, 2007), 76쪽.

02 다큐멘터리 vs. 북한 기록영화

12 Bill Nichols, *Representing reality: issues and concepts in documentary*(Bloomington : Indiana University Press, 1991), pp. 32~34.

13 북한은 그리어슨에 대해 다음과 같이 평가한다. "그리이슨은 주체 15년(1926년)에 세계적으로 처음 현실을 수록한 영화를 '기록영화'라고 명명하고 생활에로의 접근을 보다 중요한 과제로 제기하였을뿐아니라 새로운 수법과 형식의 탐구를 예술적과업으로 내세웠다." 림창진, 『세계영화인물집 1』(평양: 문학예술종합출판사, 1998), 73~74쪽.

14 Jack C. Ellis and Betsy A. McLane, *A New History of Documentary Film*(New York: The Continuum International Publishing, 2005), p. 3.

15 Derek Paget, *True Stories?: Documentary drama on radio, screen and stage* (Manchester: Manchester University Press, 1990), pp. 13~14.

16 Carl Plantinga, "What a Documentary Is, After All," *The Journal of Aesthetics and Art Criticism*, 63(23), pp. 105~108.

17 Jane Chapman, *Issues in Contemporary Documentary*(Cambridge: Polity Press, 2009), p. 9.

18 Paul Ward, *Documentary: The Margins of Reality*(New York: Columbia University Press, 2013), pp. 1~2.

19 Sarah L. Higley and Jeffrey A. Weinstock, *Nothing That is: Millennial Cinema and the Blair Witch Controversies*(Detroit: Wayne State University Press, 2004), pp. 91~93.

20 Bill Nichols, *Introduction to documentary*(Bloomington: Indiana University Press, 2001), p. 20.

21 Ward, *Documentary: The Margins of Reality*, p. 4.

22 Nichols, *Introduction to documentary*, p. 14.

23 Jane Roscoe and Craig Hight, *Faking it: Mock-Documentary and the Subversion of Factuality*(Manchester: Manchester University Press, 2001), p. 11.

24 E. Ann Kaplan, "Theory and Practice of the Realist Documentary Form," in Thomas Waugh(ed.), *Show Us Life: Toward a History and Aesthetics of the Committed Documentary* (NJ: Scarecrow Press, 1984), p. 213.

25 Nichols, *Representing reality: issues and concepts in documentary*, p. 166.

26 스튜어트 홀, 『스튜어트 홀의 문화이론』, 247쪽.

27 전평국, 『영상 다큐멘터리』(서울: 나남, 1994), 26쪽.

28 최근 영화학계에서는, 다큐멘터리가 고전적 개념과 이론체계로는 설명이 불가능한 다른 개념과 범주를 보여주고 있는 것에 주목하고 다양한 논의가 진행되고 있다. 영상예술학회, 「주제포럼: 다큐-미디올로지(Docu-mediology)의 어떤 지평」, 영상예술학회 추계학술대회 발표 자료(2014.12.13).

29 『문학예술사전 상권』(평양: 과학백과사전종합출판사, 1988), 294쪽.

30 『조영대사전』(평양: 외국문도서출판사, 2002), 287쪽.

31 『영조사전』(평양: 외국문도서출판사, 1992), 737쪽.

32 김일성, "기록영화를 잘 만들데 대하여: 영화부문일군들과 한 담화(1965년 12월 16일)", 『김일성저작집 20권』(평양: 조선로동당출판사, 1982), 261쪽.

33 김정일, "신흥세력나라들과의 친선 단결을 강화하자: 대외사업부문 일군들과 한 담화(1965년 5월 9일)", 『김정일선집 1권』(평양: 조선로동당출판사, 1992), 98쪽.

34 『조선중앙년감 1962』(평양: 조선중앙통신사, 1962), 277쪽.

35 『백과전서 1권』(평양: 과학·백과사전출판사, 1982), 643쪽.

36 『영조사전』, 737쪽.

37 『조영대사전』, 287쪽.

38 『조선말사전』(평양: 과학·백과사전출판사, 2000), 194쪽.

39 『문학예술사전 상권』, 294쪽.

40 『조선대백과사전 3권』(평양: 백과사전출판사, 1996), 650쪽.

41 『광명백과사전 6권』(평양: 백과사전출판사, 2008), 231쪽.

42 배희철 외, 『주체의 기록영화』(평양: 문학예술종합출판사, 1999), 193쪽

43 위의 책, 31쪽.

03 기호학으로 푸는 다큐멘터리

44 김경용, 『기호학이란 무엇인가』(서울: 민음사, 2012), 12~15쪽.

45 박영원, 『광고디자인기호학』(파주: 범우사, 2005), 39쪽.

46 로버트 스탬, 『어휘로 풀어보는 영상기호학』, 이수길 외 옮김(서울: 시각과언어, 2002), 17쪽.

47 이윤희, 「퍼스의 기호학적 관점을 통해 본 소쉬르의 가치이론: 언어가치 개념과 삼차성 개념의 비교 고찰」, ≪기호학연구≫, 제37호(2013), 115쪽.

48 김치수 외, 『현대기호학의 발전』(서울: 서울대학교출판부, 2006), 30~33쪽.

49 박정순, 『대중매체의 기호학』(개정판)(서울: 커뮤니케이션북스, 2011), 80쪽.

50 Robert Stam, Robert Burgoyne and Sandy Flitterman-Lewis, *New Vocabularies in Film Semiotics: Structuralism, Post-structuralism, and Beyond*(London: Routledge, 1992), pp. 78~79.

51 서명수, 「영화에서 환유와 은유」, ≪기호학연구≫, 제6집(1999), 216쪽.

52 서인숙, 『영화분석과 기호학』(서울: 집문당, 1998), 51~53쪽.

53 유리 로트먼, 『영화기호학』, 박현섭 옮김(서울: 민음사, 1997), 14쪽.

54 백선기, 『영화, 그 기호학적 해석의 즐거움』, 1~7쪽.

55 조선화는 동양화를 북한 고유의 미술형식으로 그린 것을 말한다. 『조선문화어사전』(평양: 사회과학출판사 어문편집부, 1973), 647쪽. 북한은 조선화가 인민의 정서에 맞고 민족적 특성이 뚜렷이 체현되면서 발전되어 왔으며, 힘 있고 고상한 것이 특징이라고 주장하고 있다. 『조선말사전』, 1002쪽.

56 Christian Metz, *The Imaginary Signifier: Psychoanalysis and the Cinema*(Bloomington: Indiana University Press, 1982), pp. 124~125.

57 블라디미르 프롭, 『민담형태론』, 유영대 옮김(서울: 새문사, 1987), 24~29쪽.

58 아더 아사버거, 『대중매체비평의 기초』, 24~25쪽.

59 백선기, 『영화, 그 기호학적 해석의 즐거움』, 68쪽.

60 황인성, 「구조주의와 기호학, 그리고 문화연구」, 정재철 엮음, 『문화 연구 이론』(서울: 한나래, 1999), 22쪽.

61 존 스토리, 『문화연구와 문화이론』, 112쪽.

62 대니얼 챈들러, 『미디어 기호학』, 강인규 옮김(서울: 소명출판, 2006), 173~175쪽.

63 이규정, 「TV 다큐멘터리의 한국 현대사 재현과 사회적 함의: MBC 다큐멘터리 〈이제는 말할 수 있다〉에 대한 기호학적 분석」(성균관대학교 대학원 박사학위 논문, 2009), 34쪽.

64 마이클 래비거, 『다큐멘터리』, 조재홍·홍형숙 옮김(서울: 지호, 1998), 64~65쪽.

65 박정순, 『대중매체의 기호학』(개정판), 268~270쪽.

66 John Fiske, *Television culture*(London: Routledge, 1987), pp. 4~6.

67 Christopher L. *Pines, Ideology and False Consciousness: Marx and His Historical Progenitors*(Albany: SUNY Press, 1993), p. 21.

68 Gyorgy Lukács, *History and class consciousness: Studies in Marxist dialectics*(Massachusetts: The MIT Press, 1971), pp. 64~70.

69 김연종, 「이데올로기, 헤게모니, 문화 자본」, 정재철 엮음, 『문화 연구 이론』(서울: 한나래, 1999), 32쪽.

70 고원, 「루이 알튀세르와 영국 마르크스주의 역사가들」, ≪경희사학≫, 제24호(2006), 401쪽.

71 알튀세르가 주장한 다른 유형의 국가기구는 억압적 국가기구이다. 억압적 국가기구는 정부, 군대, 경찰 등의 중앙집권화 된 기관으로 억압적 지배방식으로 작동한다. 루이 알튀세르, 『재생산에 대하여』, 김웅권 옮김(서울: 동문선, 2007), 156, 291쪽.

72 Fredric Jameson, *Postmodernism, or, the Cultural Logic of Late Capitalism*(Durham: Duke University Press, 2003), p. 345.

73 전평국, 「현대영화 제 이론의 발달과 변천: 정치와 철학적 관점에서」, ≪영화연구≫, 제15호(1999), 16쪽.

74 양승모, 「A. 그람시의 헤게모니개념 연구」, ≪정정≫, 제2권 1호(1989), 194쪽.

75 이순웅, 「그람시 이데올로기 개념의 형성」, ≪시대와 철학≫, 제19권 1호(2008), 417쪽.

76 성일권, 「그람시적 대항 헤게모니의 현재적 의미와 그 가능성: 세계사회포럼의 '탈자본 국제주의' 운동을 중심으로」, ≪담론 201≫, 제13권 4호(2010), 115쪽.

77 오윤록, 「그람시의 문화이론과 오페라」, ≪낭만음악≫, 제19권 4호(2007), 11쪽.

78 올리비에 르불, 『언어와 이데올로기』, 홍재성·권오룡 옮김(서울: 역사비평사, 1995), 21~26쪽.

79 박정순, 『대중매체의 기호학』(개정판), 304쪽.

04 북한 기록영화의 분석 프레임

80 본 조사에서는 『조선중앙년감』에 수록된 연도별 기록영화의 제목과 주요 내용 및 제작상의 특징 등을 전수 조사했다. 연감류로는 『조선중앙년감』, 『조선영화년감』, 『조선문학예술년감』을 조사했으며 국내에 비치되어 있는 자료를 검토했다. 사전류는 『문학예술사전』을 택해 기록영화 목록을 조사했다. 단행본으로는 『조선영화사』(제2판)의 본문 중에 언급된 모든 기록영화를 조사했다. 정기 간행물로는 ≪로동신문≫, ≪조선예술≫, ≪조선영화≫의 해당 호에 소개된 기록영화 관련 기사를 조사했다.

81 조선중앙연감은 해당 연도의 주요 사건과 자료들이 종합적으로 수록되어 있다. 또한 발행자인 조선중앙통신사는 북한 유일의 통신사로 북한의 대내외 뉴스를 독점하고 있으며, 직접적으로 당 선전선동부의 통제를 받고 있다. 김선도, 「조선중앙년감 연구 1949~2010: 구성과 내용의 변화를 중심으로」(북한대학원대학교 석사학위 논문, 2011), 2쪽.

82 조사는 통일부 북한자료센터 홈페이지(http://unibook.unikorea.go.kr) 검색과 직원 면접조사를 통해 실시했다. 일본 현지조사에 따르면, 일본 국립중앙도서관, 주요 서점 등에서는 북일관계가 악화된 이후 북한에서 새로운 자료가 거의 반입되지 않았다. 또한 중국에 거주하며 북한 연구를 수행하는 현지 연구자와의 전화 인터뷰 결과 중국 현지에서 기록영화를 구할 수 있는 방법은 쉽지 않다는 답변을 받았다. 결국 통일부 북

한자료센터의 자료보유량이 인접국에 비해 월등히 많다는 것을 확인할 수 있었다.

83 다부작 기록영화 〈조국해방전쟁〉(총 6부작)은 한편으로 산정했다.

84 그 내용을 살펴보면 다음과 같다. "우리의 기록영화들은 위대한 수령님의 혁명 활동과 영생불멸의 주체사상의 승리를 기록함으로써 온 사회를 주체사상화하며 후대들을 우리 혁명의 종국적승리를 위한 주체의 혁명위업에 몸바쳐나서도록 교양하는데 힘있게 이바지하고 있다. 〈만경대〉·〈불굴의 반일 혁명투사 김형직선생〉·〈조선의 위대한 어머니〉·〈수령님은 언제나 우리와 함께 계시네〉 등 다양한 기록영화들은 그 실례로 된다." 『문학예술사전 상권』, 294쪽.

85 "전민이 무장한 군사강국의 위용을 뚜렷이 과시: 위대한 수령 김일성동지의 탄생 90돐, 조선인민군창건 70돐을 장엄한 로동적위대열병식으로 성대히 기념", ≪로동신문≫, 2002년 4월 26일 자.

86 서명수, 「영화에서 환유와 은유」, ≪기호학연구≫, 제6집(1999), 216쪽.

87 아더 아사버거, 『대중매체비평의 기초』, 24쪽.

88 백선기, 『영화, 그 기호학적 해석의 즐거움』, 68쪽.

89 대니얼 챈들러, 『미디어 기호학』, 146~150쪽.

90 마이클 래비거, 『다큐멘터리 만들기』, 홍형숙·조재홍 옮김(서울: 비즈앤비즈, 2010), 64쪽.

91 박정순, 『대중매체의 기호학』(개정판), 302쪽.

92 아더 아사버거, 『대중매체비평의 기초』, 39~40쪽.

93 배희철 외, 『주체의 기록영화』, 153쪽.

94 김경용, 『기호학이란 무엇인가』, 166~167쪽.

95 John Fiske, *Television culture*, pp. 5~6.

96 백선기, 『영화, 그 기호학적 해석의 즐거움』, 67쪽.

2장 시기별 대표작 분석하기

01 사회주의 건설기: 〈38선〉

1 『문학예술사전』에서는 제작처를 조선기록영화촬영소로 표기하고 있다. 『문학예술사전 상권』(평양: 과학백과사전종합출판사, 1988), 228쪽.

2 북한 문헌에는 '5권'으로 표기되어 있지만, 국내에는 38분 17초 분량만이 존재한다.

3 주영섭, 『씨나리오 수업』(평양: 조선문학예술총동맹출판사, 1966), 22쪽.

4 김일성, "문화인들은 문화전선의 투사로 되여야 한다: 북조선 각 도인민위원회, 정당,

사회단체선전원, 문화인, 예술인대회에서 한 연설(1946년 5월 24일)", 『김일성저작집 2권』(평양: 조선로동당출판사, 1979), 231~233쪽.

5 '매도하기'의 대표적 사례로는 '빨갱이', '양키', '혁명가', '나치' 등이 있다. Alfred M. Lee and Elizabeth B. Lee, *The Fine Art of Propaganda: A Study of Father Coughlin's Speeches*(New York: Harcourt, Brace and Company, 1939), p. 26.

6 이는 와다 하루키(和田春樹)의 주장으로, '민주기지론'의 성격과 채택 시기는 학자들에 따라 의견이 엇갈린다. 이에 대한 논의는 김광운의 『북한정치사연구 1』(서울: 선인, 2003), 172~173쪽을 참조.

7 1947년에는 전년에 비해 137%의 증산을 이뤄냈다. 1948년에는 인민경제 계획이 발표되었는데, 이에 호응해 전국 1490개 공장·기업의 28만 8021명의 인민이 참여했다. 최호민, 「증산경쟁운동은 인민경제 계획 실행의 승리를 보장하는 전 인민적 애국운동이다」, ≪근로자≫, 5월호(1950), 37쪽; 서동만, 『북조선사회주의체제성립사』(서울: 선인, 2011), 323쪽 재인용.

8 황인성, 「텔레비전뉴스 이해를 위한 서사론적 접근」, ≪언론문화연구≫, 제11권(1993), 424쪽.

9 황인성, 「텔레비전 저널리즘 서사구조의 사회적 폭력성에 대하여」, ≪한국방송학보≫, 제7권(1996), 23~25쪽.

10 CTL은 어느 지점에서라도 리셋(reset)이 가능하기 때문에 특정 지점부터 다음 지점까지 녹화시간을 계산할 때 사용하는 카운트 방식이다. http://blog.naver.com/ffzin/90028920306(검색일: 2014년 3월 25일).

11 이종수, 『TV 리얼리티』(서울: 한나래, 2004), 160쪽.

12 녹취가 가능한 사운드는 "전체 인민들을 위한 …… 전체 …… 또한 인민의 자손" 부분이다(00:21:50~00:22:01).

13 Bill Nichols, *Introduction to documentary*(Bloomington: Indiana University Press, 2001), p. 58.

14 박명진, 『비판커뮤니케이션과 문화이론』(서울: 나남, 1989), 349쪽.

15 찰스 암스트롱, 「북한의 욕망의 교육: 전체주의, 일상생활, 탈식민 주체의 형성」, 임지현·김용우 엮음, 『대중독재 3』(서울: 책세상, 2007), 281쪽.

16 이명자, 「'7·1경제관리개선조치' 이후 북한영화에 나타난 혁명적 낭만주의와 리얼리즘의 긴장관계」, ≪정신문화연구≫, 제31권 3호(2008), 214쪽.

17 김성수는 사회주의적 사실주의에서 혁명적 낭만주의는 그 구성부분에서 혁명적 낭만성이 된다고 봤다. 김성수, 『통일의 문학 비평의 논리』(서울: 책세상, 2001), 69쪽.

18 이 기록영화에서는 당시 교육시설 현황에 대해 다음과 같이 소개한다. "인민학교 3008교에 134만 1018명의 아동들은 소학교 594교에서 215만 5014명, 각종 전문학교 54개

소에서 1만 9739명, 6개 대학에서 6500여명의 학생들이 민주 교육을 받고 있습니다(00:32:34~00:33:07)."

19 이 기록영화에서는 여성의 사회참여 현황에 대해 다음과 같이 소개한다. "인민위원 5488명, 인민회의 대의원 34명, 사법행정기관에 634명, 교원 4014명의 많은 여성들이 각 직장에서 자유스럽게 일을 하고 있습니다(00:31:47~00:32:12)."

20 김정일, "온 사회에 문화정서생활기풍을 세울데 대하여: 조선로동당 중앙위원회 책임일군들과 한 담화(1989년 1월 5일)", 『김정일선집 9권』(평양: 조선로동당출판사, 1997), 309쪽.

21 1948년에 제작된 기록영화 〈8·15〉에서도 해방 후 2년간 높이 쌓아올린 민주 체육문화의 찬란한 기록을 찬양하며, 민주역량을 자랑하는 8·15 경축 체육축전이 평양특별시 경기장에 벌어졌다고 소개한다.

22 김룡봉, 『조선영화사』(제2판)(평양: 사회과학출판사, 2013), 55쪽.

23 김정일, 『영화예술론』(평양: 문예출판사, 1973), 85쪽.

24 김일성은 대비 수법의 사례로 "기록영화에서 개성을 소개선전한다면 지난날 리승만통치시기의 개성과 새생활창조의 길에 들어선 오늘의 개성의 면모를 대비적으로 보여주어야 하며 협동농민들의 생활을 소개한다면 지난날 개인농민들의 생활처지와 오늘 협동농민들의 새생활을 대비적으로 보여주어야 합니다"라고 했다. 김일성, "문화선전사업을 개선강화하는데서 나서는 몇가지 문제에 대하여: 문화선전성 책임일군들과 한 담화(1956년 3월 1일)", 『김일성저작집 10권』(평양: 조선로동당출판사, 1980), 101쪽.

25 민병헌, 「TV시사다큐멘터리의 영상구성방식과 사실성 구현의 연계성 연구: KBS·MBC·SBS의 시사프로그램 분석을 중심으로」(성균관대학교 대학원 박사학위 논문, 2007), 185쪽.

26 마이클 래비거, 『다큐멘터리』, 조재홍·홍형숙 옮김(서울: 지호, 1998), 101쪽.

27 문의영, 「해방후 영화 예술의 발전」, 리령 외 엮음, 『빛나는 우리 예술』(평양: 조선예술사, 1960), 124쪽.

28 양무진, 「선전선동 사례연구: 나치독일, 중국, 북한」, ≪현대북한연구≫, 제14권 3호(2011), 15~16쪽.

29 『광명백과사전』에서는 외국인 분장 시에 분장미술가들이 지나치게 과장하거나 추상화하는 경향을 철저히 극복하고 외국인의 성격적 특성과 골격, 머리칼 등에 나타나는 차이를 격에 맞게 분장해야 한다고 소개하고 있다. 『광명백과사전 6권』(평양: 백과사전출판사, 2008), 256쪽.

30 門間貴志, 『朝鮮民主主義人民共和國映畫史』(東京: 現代書館, 2012), pp. 229~230.

31 북한은 선화를 배경미술과 구별되며 산업미술과도 엄연하게 다른 영화미술의 한 형태로 보고 있다. 배희철 외, 『주체의 기록영화』(평양: 문학예술종합출판사, 1999), 161, 163쪽.

32 위의 책, 163쪽.

33 권금상, 「미디어 속 이주아동과 인권의 사회교육적 함의」(충남대학교 대학원 박사학위 논문, 2010), 123쪽.

34 John Fiske, *Television culture*(London: Routledge, 1987), pp. 5.

35 이런 기법은 소련 영화의 영향을 받은 것이다. 당시 소련의 영화는 클로즈업 샷 위주로 구성된 화면으로 민중의 고통을 표현했다. 대표적으로 〈전함 포템킨〉(1925)의 오데사 계단 시퀀스를 들 수 있으며, 대조국전쟁 시기의 전쟁영화에서도 이런 경향이 나타난다.

36 김정일, 『영화예술론』, 119쪽.

37 김정일은 "촬영가들이 얼굴을 크게 찍으려고 할 때에는 누구보다도 배우들이 그렇게 하지 못하도록 투쟁하여야 합니다"라고 말했다. 김정일, "영화 창작에서 새로운 앙양을 일으킬데 대하여: 위대한 수령님의 문예사상 연구모임에서 한 결론(1971년 2월 15일)", 『김정일선집 2권』(평양, 조선로동당출판사, 1993), 162쪽.

38 리양일, 『영화촬영』(평양: 문학예술출판사, 2003), 48쪽.

39 측면 조명은 대상의 일부 체적만을 보여줌으로써 왜곡하는 방식으로 포착되고, 후방 조명은 위협적인 실루엣을 만들어낸다. 이런 유형의 조명은 관객의 주의를 끌기 때문에 특정한 영화스타일의 장르적 코드로 이해된다. 수잔 헤이워드, 『영화사전: 이론과 비평』, 이영기 옮김(서울: 한나래, 1999), 339쪽.

40 이향진, 「주체영화예술론과 우리식 사회주의」, 경남대학원 북한대학원 엮음, 『북한 문화, 둘이면서 하나인 문화』(파주: 한울, 2008), 317쪽.

41 대니얼 챈들러, 『미디어 기호학』, 강인규 옮김(서울: 소명출판, 2006), 148쪽.

42 구회영, 『영화에 대하여 알고 싶은 두세 가지 것들』(파주: 한울, 1997), 14쪽.

43 이명자, 『북한영화사』(서울: 커뮤니케이션북스, 2007), 45쪽.

44 이에 대해 민경찬은 「적기가」의 원곡이 독일민요 「탄넨바움(Tannenbaum, 소나무)」이라고 주장한다. 그의 주장에 따르면, 원곡은 1889년 영국의 짐 코넬에 의해 멜로디가 그대로인 채 「레드 플래그(The Red Flag)」라는 노동가요로 개사됐고, 그 뒤 일본으로 건너가 「아까하타노우타(赤旗の歌)」라는 제목의 노동가요로 번안, 또다시 1930년대 한반도로 건너와 북한 지역과 만주 일대에 널리 유포됐다는 것이다. 민경찬, "〈실미도〉 '적기가'의 유래와 역사를 찾아서", ≪미디어오늘≫, 2004년 3월 19일 자.

45 김일성, "미국사회로동당대표단과 한 담화(1990년 10월 5일)", 『김일성저작집 42권』(평양: 조선로동당출판사, 1995), 397쪽.

46 북한어. 작가가 작중 인물이나 사건을 묘사하면서 그에 대한 자신의 감정을 직접 드러내는 일이나 그런 서술을 뜻한다.

47 『광명백과사전 6권』, 231쪽.

48 그 내용은 다음과 같다. "고향 산천을 떠나 죽지 말고 돌아오라는 어머니의 부탁, 기어

이 살아온다고 맹세한 이 땅의 아들들. 이름도 모르는 밀림 속 깜깜한 하늘을 바라보면서 마지막 숨질 때. 어머니 어머니하면서 애달프게 불러도 지금까지 보이던 어머니의 얼굴도 정숙이의 모습도 …… 다만 들리는 것은 보람 없는 죽음을 재촉하는 대포소리뿐이었습니다."

49 그 내용은 다음과 같다. "놈들은 단 하루라도 주검을 못보면 견디지 못하는 피에 굶주린 악의 무리들이니 여러분 보십시오. 이 참상을 똑똑히 보십시오. 이 살인 지옥을 …… 앞 뒷산에서는 까마귀소리 처량히 들려오고 코를 찌르는 냄새는 음산한 바람을 풍기어 뺨을 스칠 때마다 소름이 끼치고 이름 없이 죽어가는 인민들의 만고의 한이 귀에 들리는 듯. 이것이 바로 20세기에 일어난 남조선의 현실입니다."

50 후시로 녹음된 내레이션을 ME(music&effect) 분리해 제작하는 방식을 뜻한다.

51 Fiske, *Television culture*, pp. 5~6.

52 존 스토리, 『문화연구와 문화이론』, 박모 옮김(서울: 현실문화연구, 1999), 163쪽.

53 김경용, 『기호학이란 무엇인가』(서울: 민음사, 2012), 239쪽.

54 Nichols, *Introduction to documentary*, pp. 141~142.

55 이주미, 「북한의 민족의식과 민족문학」, ≪한민족문화연구≫, 제21집(2007), 169쪽.

56 『광명백과사전 6권』, 262쪽.

57 폴 로다, 『기록영화론』, 유현목 옮김(서울: 영화진흥공사, 1994), 71쪽.

02 유일체제 확립기: 〈수령님은 언제나 우리와 함께 계시네〉

58 「론설, 기록영화가 걸어온 영광의 40년」, 『조선영화년감 1987』(평양: 문예출판사, 1987), 505쪽.

59 「주체의 기록영화와 더불어」, 『조선예술』, 제7호(2006), 10쪽.

60 "인민에 대한 뜨거운 사랑으로 넘치는 위대한 화폭: 장편기록영화 〈수령님은 언제나 우리와 함께 계시네〉에 대하여", ≪로동신문≫, 1969년 4월 15일 자.

61 이명자, 『북한영화사』, 58, 71쪽.

62 「불굴의 반일혁명투사이신 김형직선생의 동상을 세웠다」, 『조선중앙년간 1969』(평양: 조선중앙통신사, 1969), 97~100쪽.

63 일반적으로 인간의 필수 필요조건을 의·식·주 순서로 기술하지만, 여기서는 '먹을 걱정', 즉 '식'이 가장 먼저 언급됐다. 이는 '식'을 가장 중요하게 여겼던 북한의 당시 상황을 보여주는 것이다.

64 북한은 1954~1960년 사이에 평균 39%의 높은 경제성장을 이뤘으나 1960년대 중반 이후 심각한 정체를 겪었다. 1966~1969년에는 북한이 공업 성장률을 발표하지 않았으나, 마이너스 성장을 기록한 것으로 추정된다. 이런 점은 북한이 정치사상우선 방식을

제도화시키는 결과를 가져왔다. 김연철, 『북한의 산업화와 경제정책』(서울: 역사비평사, 2001), 262~263쪽. 김일성도 1965년 신년사에서 국방력 강화에 힘을 쓴 결과 경제발전이 지연됐다고 자인하고 있다. "김일성 수상의 신년사", ≪로동신문≫, 1965년 1월 1일 자.

65 박승덕, 『사회주의문화건설리론』(평양: 사회과학출판사, 1985), 182쪽.

66 김정일, "4·15문학창작단을 내올데 대하여: 조선로동당 중앙위원회 선전선동부 책임일군들과 한 담화(1967년 6월 20일)", 『김정일선집 1권』(평양: 조선로동당출판사, 1992), 243쪽.

67 Lee and Lee, *The Fine Art of Propaganda*, pp. 47~48.

68 이종석, 『새로 쓴 현대북한의 이해』(서울: 역사비평사, 2011), 425쪽.

69 김연철, 『북한의 산업화와 경제정책』(서울: 역사비평사, 2001), 254~255쪽.

70 이종석, 『새로 쓴 현대북한의 이해』, 426쪽.

71 이 기록영화에 대해 '과어휘화 분석'을 해보면, 김일성을 지칭하는 '수령' 126회, '어버이' 46회, '김일성' 45회, '수상' 39회, '그이' 19회로 분석된다. 여기에서 '수령'은 공식적인 직함이 아닌 존칭어로 보인다. 그리고 맥락에 따라 다양한 호칭이 사용됐는데, '수상'은 공식적인 행사일 때 사용했으며 군(軍)과 관련해서는 '원수'라고 표현했다.

72 양무진, 「선전선동 사례연구: 나치독일, 중국, 북한」, 14쪽.

73 이 장면은 김일성의 서민적 모습을 재현한 것으로 북한 기록영화에서 종종 인용되는 기록영상이다.

74 Lee and Lee, *The Fine Art of Propaganda*, p. 92.

75 이와 상반되는 개념은 '거리 두기'이다. '거리 두기'는 관객에게 일정한 거리를 두게 해 비판적인 입장을 취할 수 있게 함으로써 영화(연극)의 행위와 성격화가 이데올로기적으로 어떻게 사회에 영향을 미치는지 깨닫도록 하는 것이다. 수잔 헤이워드, 『영화사전: 이론과 비평』, 23~24쪽.

76 이왕기, 「북한 현대건축의 '민족성' 표현방법론 연구」, ≪계획계≫, 제20권 7호(2004), 192쪽.

77 '1호 사진'은 김일성과 김정일의 사진을 말한다. 북한의 언론학 교과서 등에서 사용하는 공식적인 표현은 '영상사진'이다. 변영욱, 『김정일.jpg』(파주: 한울, 2008), 23~24쪽.

78 『백과전서 3권』(평양: 과학백과사전출판사, 1983), 479쪽.

79 변영욱, 「북한 '1호 사진'의 변화」(북한대학원대학교 석사학위 논문, 2006), 3쪽.

80 이관세, "북한의 현지지도와 정치리더십에 관한 연구"(경남대학교 북한대학원 박사학위 논문, 2007), 3쪽.

81 김일성, "우리의 미술을 민족적형식에 사회주의적내용을 담은 혁명적인 미술로 발전시키자: 제9차국가미술전람회를 보고 미술가들과 한 담화(1966년 10월 16일)", 『김일성

저작집 20권』(평양: 조선로동당출판사, 1982), 473~474쪽.

82 김정일, "다부작예술영화 〈민족과 운명〉의 창작성과에 토대하여 문학예술 건설에서 새로운 전환을 일으키자: 문학예술부문 일군 및 창작가, 예술인들과 한 담화(1992년 5월 23일)", 『김정일선집 13권』(평양: 조선로동당출판사, 1998), 98쪽.

83 Paul Ward, *Documentary: The Margins of Reality*(New York: Columbia University Press, 2013), pp. 1~3.

84 김정일, 『영화예술론』, 119쪽.

85 구회영, 『영화에 대하여 알고 싶은 두세 가지 것들』, 18쪽.

86 윤기덕, 『수령형상문학』(평양: 문예출판사, 1991), 173쪽.

87 김정일, "4·15문학창작단을 내올데 대하여: 조선로동당 중앙위원회 선전선동부 책임일군들과 한 담화(1967년 6월 20일)", 『김정일선집 1권』(평양: 조선로동당출판사, 1992), 244~245쪽.

88 김린서, 『영화촬영가의 창작적 개성』(평양: 문학예술출판사, 2006), 109~120쪽.

89 광각렌즈의 광학적 특성 중 하나는 렌즈 앞 쪽의 피사체는 더욱 크게 보이고 렌즈에서 멀어질수록 피사체가 작게 보인다는 것이다.

90 배희철 외, 『주체의 기록영화』, 90~92쪽.

91 김정일, "당에 끝없이 충직한 문예전사로 준비하자: 김일성종합대학 조선어문학부 졸업생들과 한 담화(1968년 10월 8일)", 『김정일선집 1권』(평양: 조선로동당출판사, 1992), 391~392쪽.

92 이종석, 『새로 쓴 현대북한의 이해』, 50~51쪽.

93 〈계승자들〉의 만경대혁명학원 개원식에서는 두 장면에 걸쳐 복수의 행사 참석자 얼굴이 삭제된 모습이 보인다. 현판식 삽입화면이 1948년 10월 12일을 가리키고 있는 것으로 보아, 이 시기에 활동했던 인물로 추정된다.

94 Erik Barnouw, *Documentary: A History of the Non-fiction Film*(New York: Oxford University Press, 1993), p. 251.

95 배희철 외, 『주체의 기록영화』, 121쪽.

96 Nichols, *Introduction to documentary*, p. 13.

97 한영호, 「기록영화해설문에서 철학성구현 문제」, ≪조선예술≫, 제11호(1999), 74~75쪽.

98 배희철 외, 『주체의 기록영화』, 97쪽.

99 주영섭, 『씨나리오 수업』, 8쪽.

03 공동 집권기: 〈계승자들〉

100 북한은 이 시기에 "예술영화, 기록영화 등 영화예술의 여러 형태들에 걸쳐 위대한 수

령님의 주체사상과 령도의 현명성, 고매한 덕성을 형상한 작품들이 종래에 비할바 없는 폭과 깊이를 가지고 수많이 창작되게 됐다"고 주장한다. 김룡봉, 『조선영화사』(제2판), 312쪽.

101 다음 기사 참조. "당을 따르는 주체혁명위업의 계승자들: 정일봉에로의 충성의 소년답사 행군대가 출발모임을 가지고 행군 시작", ≪로동신문≫, 1989년 8월 18일 자.

102 김정일, "주체적문학예술을 더욱 발전시키기 위하여: 전국문화예술인열성자대회 참가자들에게 보낸 서한(1981년 3월 31일)", 『김정일선집 7권』(평양: 조선로동당출판사, 1996), 47쪽.

103 김룡봉, 『조선영화사』(제2판), 309쪽.

104 "신년사", ≪로동신문≫, 1985년 1월 1일.

105 북한은 전통과 계승을 체제의 핵심으로 여기고 있다. 이런 맥락에서 역사적 임팩트를 강조하기 위해 이른바 '정주년'이라는 개념적 의미로 5년, 10년, 15년, 20년 단위를 중요하게 생각한다. '정주년'의 개념은 구소련, 중국과 같은 사회주의 국가에서도 시행한 관례가 있다. 문학예술 전공 탈북자 D씨 면접조사(2014년 11월 30일).

106 김정식·오양열, 「북한 문화예술정책의 변천과 그 지향성」, ≪한국행정사학지≫, 제10권 2호(2001), 268쪽.

107 이태섭, 「김정일 후계체제의 확립과 '단결'의 정치」, ≪현대북한연구≫, 제6권 1호(2003), 13쪽.

108 "혁명의 천리길 이어가는 주체위업계승자들: 최근10년동안 60여만명의 청소년학생들이 〈배움의 천리길〉과 〈광복의 천리길〉 답사행군에 참가", ≪로동신문≫, 1983년 3월 17일 자.

109 박명진, 『비판커뮤니케이션과 문화이론』, 84쪽.

110 Nichols, *Introduction to documentary*, p. 60.

111 조선기록과학영화촬영소에서 1999년에 제작한 다부작 기록영화 〈빛나는 삶의 품〉 제12부에서는 김정일이 아무 곳에나 담배꽁초를 버리는 모습이 두 프레임 정도 포착되기도 한다(00:20:56). 의도적 편집이라기보다는 편집상의 단순 실수로 보인다.

112 김정일, "인민군대를 강화하며 군사를 중시하는 사회적기풍을 세울데 대하여: 조선로동당 중앙위원회 책임일군들과 한 담화(1992년 2월 4일)", 『김정일선집 13권』, 3~4쪽.

113 Lee and Lee, *The Fine Art of Propaganda*, p. 105.

114 "예술영화 〈조선의 별〉에 대한 연구토론회 진행", ≪로동신문≫, 1981년 2월 4일 자.

115 "예술영화 〈조선의 별〉의 주인공들처럼 당과 수령께 끝없이 충직한 혁명전사가 되자", ≪로동신문≫, 1981년 1월 20일 자.

116 Lee and Lee, *The Fine Art of Propaganda*, p. 69.

117 전영선, 「이야기 방식을 통한 북한 체제 정당화 연구: 총서 『불멸의 력사』와 영화 〈조선의 별〉을 중심으로」, ≪북한연구학회보≫, 제13권 1호(2009), 179쪽. 북한은 〈조선

의 별〉의 총 관람객수가 1억 5000만 명이 넘는다고 주장한다. 이 주장을 그대로 믿을 경우 북한 총인구를 감안하면 한 사람이 영화를 7~8회 정도 관람했다는 계산이 나온다. 이 영화의 영향을 짐작하게 해준다. "南의 친구, 北의 조선의 별", ≪연합뉴스≫, 2001년 4월 24일 자.

118 이우영, 『김정일 문예정책의 지속과 변화』(서울: 민족통일연구원, 1997), 29쪽.

119 배희철 외, 『주체의 기록영화』, 156쪽.

120 가운데 선(線)을 준수한 사진은 "사진의 한가운데를 통과하는 가상의 세로 선에 김일성과 김정일이 위치함으로서 화면의 왼쪽 오른쪽이 대칭을 이루는 사진"을 말한다. 이에 반해서 ≪로동신문≫에서 많이 활용되는 대칭구도의 사진은 잔잔하고 엄숙한 느낌을 위해 사용된다. 변영욱, 「북한 '1호 사진'의 변화」, 48~50쪽.

121 배희철 외, 『주체의 기록영화』, 161쪽.

122 영화의 표제자막은 하나의 글체, 하나의 획을 보아도 영화가 보여주려는 사상이 뚜렷이 안겨오도록 형상해야 한다. 위의 책, 160쪽.

123 마이클 래비거, 『다큐멘터리 만들기』, 홍형숙·조재홍 옮김(서울: 비즈앤비즈, 2010), 277쪽.

124 배희철 외, 『주체의 기록영화』, 161쪽.

125 주영섭은 기록영화 씨나리오에 대해 "기록 영화 씨나리오는 사회적 인물(현재 살아 있는 인물)을 대상으로 하며, 사회적 사건과 사실(현재 벌어지고 있는 일)을 취급하는 동시에 력사적 사실 혹은 력사적 인물을 전기식으로 그리기도 하며 기행문, 현지 보도 식으로 현실을 취급할 수도 있다"라고 했다. 주영섭, 『씨나리오 수업』, 9쪽.

126 『조선예술』에서는 1970년 제4호까지 '기록영화 씨나리오'라는 용어를 사용하다가 1973년 제1호부터는 '기록영화문학'을 사용하고 있다. 송정수, 「기록영화씨나리오 평양학생소년궁전」, ≪조선예술≫, 제4호(1970), 108~116쪽; 「기록영화문학 과수의 나라」, ≪조선예술≫, 제1호(1973), 89~99쪽.

127 배희철 외, 『주체의 기록영화』, 76쪽.

128 이우영은 레닌이나 스탈린, 모택동도 모두 영화비평을 할 정도로 영화광이었다고 지적한다. 이우영, 「김정일의 영화·연극·가극」 통일연구원 엮음, 『김정일 연구 2』(서울: 통일연구원, 2002), 272~285쪽.

129 조선기록영화촬영소는 '온 사회의 주체사상화'를 위해 기여한 공로로 1972년 김일성훈장을 수여받았다. 『백과전서 4권』(평양: 과학, 백과사전출판사, 1983), 458쪽.

130 배희철 외, 『주체의 기록영화』, 129~130쪽.

131 리양일, 『영화촬영』, 68쪽.

132 최양묵, 『텔레비전 다큐멘터리 제작론』(파주: 한울, 2010), 121쪽.

133 리양일, 『영화촬영』, 30쪽.

134 대표적인 기록영화로 〈숨은 영웅들의 모범을 따라〉(1983), 〈한초소를 지켜〉(1986), 〈숨은 공로자들을 찾아서〉(1987) 등이 있다.

135 민병욱, 「김정일 체제기 북한 예술영화 연구」, ≪공연문화연구≫, 제13집(2006), 160쪽.

136 김정일, “우리 식의 혁명적영화창조체계를 철저히 세울데 대하여: 영화부문 일군들과 한 담화(1971년 4월 28일)”, 『김정일선집 2권』(평양: 조선로동당출판사, 1993), 248쪽.

137 『광명백과사전 6권』, 226쪽.

138 마이클 래비거, 『다큐멘터리 만들기』, 31쪽.

139 정성일, 「혁명가유자녀들을 직업적혁명가로 키우는 것은 대를 이어 주체혁명위업을 완성하기 위한 중요요구」, ≪정치법률연구≫, 제4호(2009), 19~20쪽.

140 기록영화는 다른 예술작품과 같이 감성적 인식을 기본으로 하는 예술형상 창조물이 아니라 당의 정책에 대한 논리적 인식을 기본으로 하는 당의 선전선동 수단이기 때문이다. 배희철 외, 『주체의 기록영화』, 150~151쪽.

141 은방울꽃은 유치원이나 소학교의 교과서에 자주 사용되고 선전 매체로도 활용된다. 북한산 화장품의 브랜드이기도 하다. 문학예술 전공 탈북자 D씨 면접조사(2014년 11월 28일).

142 김정일, 『영화예술론』, 135쪽.

143 루이스 자네티, 『영화의 이해』, 김진해 옮김(서울: 현암사, 1997), 191쪽.

144 셰일라 커런 버나드, 『다큐멘터리 스토리텔링』, 양기석 옮김(서울: 커뮤니케이션북스, 2009), 310쪽.

145 김정일, “영화 창작사업에서 나서는 몇가지 문제: 영화문학작가들과 연출가들 앞에서 한 연설(1971년 2월 12일)”, 『김정일선집 2권』(평양: 조선로동당출판사, 1993), 137쪽.

146 이 모든 것은 김정일에 의해 주도됐다. 상징화는 북한 전역에 김일성동상, 혁명사적지, 거대한 기념물 등이 세워지면서 이루어졌다. 이로써 수령의 권위는 신화화됐다. 이태섭, 「김정일 후계체제의 확립과 ‘단결’의 정치」, ≪현대북한연구≫, 제6권 1호(2003), 14~15쪽.

147 김옥자, 「만경대혁명학원 연구」(북한대학원대학교 박사학위 논문, 2013), 128~129쪽.

148 『조선중앙년감 1998』(평양: 조선중앙통신사, 1998), 150~151쪽.

149 정태은, 「김정숙 이미지 변화에 관한 연구: 1963~2007년 ≪조선녀성≫을 중심으로」(북한대학원대학교 석사학위 논문, 2009), 38~39쪽.

150 양훈도, 「북한 동화의 스토리텔링 연구」(북한대학원대학교 박사학위 논문, 2012), 11쪽.

04 김정일 집권기: 〈백승을 떨쳐온 무적의 열병대오〉

151 「강철의 선군령장」, ≪천리마≫, 제12호(2005), 23~24쪽.

152 김영훈, 「선군사상의 뿌리」, ≪철학연구≫, 제1호(2009), 17쪽.

153 김정일, "청년동맹초급조직들의 역할을 더욱 높이자: 김일성사회주의청년동맹 모범초급일군대회 참가자들에게 보낸 서한(1999년 9월 29일)", 『김정일선집 14권』(평양: 조선로동당출판사, 2000), 469쪽.

154 "위대한 수령님 탄생 90돐을 맞는 올해를 강성대국건설의 새로운 비약의 해로 빛내이자", ≪로동신문≫, 2002년 1월 1일 자.

155 김룡봉, 『조선영화사』(제2판), 175쪽. 김일성은 행사기록영화에서 특히 군중시위 장면을 두드러지게 보여주는 것이 중요하다고 강조했다. 김일성, "문화선전사업을 개선강화하는데서 나서는 몇가지 문제에 대하여: 문화선전성 책임일군들과 한 담화(1956년 3월 1일)", 『김일성저작집 10권』(평양: 조선로동당출판사, 1980), 100쪽.

156 "기록영화 〈백승을 떨쳐온 무적의 열병대오〉가 나왔다", ≪로동신문≫, 2002년 4월 28일 자.

157 김정일, "올해를 강성대국건설의 위대한 전환의 해로 빛내이자: 조선로동당 중앙위원회 책임일군들과 한 담화(1999년 1월 1일)", 『김정일선집 14권』(평양: 조선로동당출판사, 2000), 452~453쪽.

158 이종석은 1960년대 후반에 북한 사회가 개인숭배와 군사주의로 치달았던 때에도 이런 극단적인 구호들이 나타나지 않았다고 지적한다. 이종석, 『새로 쓴 현대북한의 이해』, 44~45쪽.

159 Lee and Lee, *The Fine Art of Propaganda*, pp. 95~96.

160 북한은 푸에블로호 납치 이후 미국의 보복이 있을지도 모른다는 공포에 휩싸였으며, 전군에 비상경계령을 하달했다. 그러나 미국은 아무런 보복 행동을 취하지 않았다. 결국 이 사태는 북한에게 좋은 선전거리를 준 결과를 초래했다. 로버트 스칼라피노, 『한국공산주의운동사 3』, 이정식·한홍구 옮김(서울: 돌베개, 1987), 802~803쪽.

161 다음 기사 참조. "조선은 미제의 허리를 꺾어놓은 강국이다. 죤슨도당은 저들의 죄과를 인정하고 사죄하여야 한다", ≪로동신문≫, 1968년 5월 14일 자; "우리는 미제의 코대를 꺾어놓은 조선 인민의 위력있는 힘에 고무되였다", ≪로동신문≫, 1968년 5월 17일 자.

162 조선기록영화촬영소에서 찍은 〈침략자 미제를 고발한다〉(1979)의 00:52:08 부분을 참조하라. 이 영화는 일본어 더빙본이다.

163 이신재, 「북한의 기억의 정치와 푸에블로호 호명」, ≪현대북한연구≫, 제17권 1호(2014), 167쪽.

164 김정일, "인민군대를 강화하며 군사를 중시하는 사회적기풍을 세울데 대하여: 조선로동당 중앙위원회 책임일군들과 한 담화(1992년 2월 4일)", 『김정일선집 13권』, 4쪽.

165 크리스토프 클라센, 「두 가지 유형의 선전·선동?: '제3제국'과 동독에서의 대중 매체 방송의 의미에 대한 고찰」, 임지현·김용우 엮음, 『대중독재 2』(서울: 책세상, 2005), 264쪽.

166 에릭 바누, 『세계 다큐멘터리 영화사』, 이상모 옮김(서울: 다락방, 2009), 126쪽.

167 박계리, "박계리의 스케치北 10", ≪통일한국≫, 10월호(2012), 62쪽.
168 위의 글, 65쪽.
169 변영욱, 「북한 '1호 사진'의 변화」, 44쪽.
170 하늘이 보낸 뛰어난 명장이라는 뜻을 나타내는 북한어.
171 이우영, 『북한 사회의 상징체계 연구』(서울: 통일연구원, 2002), 4쪽.
172 다음 책의 '노동당 선전선동부 조직구조도' 참조. 안찬일 외, 『10년 후의 북한』(고양: 인간사랑, 2006), 216쪽.
173 박영정, 「'선군시대'의 북한문학예술 연구」, ≪통일연구≫, 제7권 1호(2003), 48쪽.
174 차영애 엮음, 『위대한 령도자 김정일동지의 사상리론 3』(평양: 사회과학출판사, 1996), 159~160쪽.
175 『조선대백과사전 7권』(평양: 백과사전출판사, 1998), 489쪽.
176 김영주, 『현대북한 언론연구』(서울: 경남대학교 출판부, 1998), 396쪽.
177 조선기록영화촬영소에서 찍은 〈침략자 미제를 고발한다〉(1979)의 00:51:50 부분을 참조하라.
178 강승엽, 「TV 다큐멘터리 영상물에 있어서 나레이션과 인터뷰의 상관성에 관한 연구」, ≪현대사진영상학회논문집≫, 제4권 1호(2001), 89쪽.
179 북한 기록영화에서 인터뷰는 주로 시대를 증언하는 기능을 하고 있다. 그 사례를 살펴보면, 기록영화 〈고마워라 사회주의조국이여〉(1979)에서는 북송된 제일교포 할머니가 일본에서 당한 설움을 증언하고 있으며, 기록영화 〈운명도 미래도 다 맡기고〉(1990)에서는 용해공 차지만이 막내아들 공남이가 전기로를 구하고 희생된 당시 상황을 회고하면서 격정적으로 증언하고 있다. 또한 기록영화 〈어머님의 총소리 영원하리라〉(1997)에서 항일혁명투사 이을설은 항일무장투쟁 당시에 김정숙이 김일성을 근접 호위하면서 각 전투에 실제로 참여해 영웅적 성과를 이루었다고 증언하고 있다.
180 "전민이 무장한 군사강국의 위용을 뚜렷이 과시: 위대한 수령 김일성동지의 탄생 90돐, 조선인민군창건 70돐을 장엄한 로동적위대열병식으로 성대히 기념", ≪로동신문≫, 2002년 4월 26일 자; "위대한 선군조선의 필승불패의 국력을 과시: 조선인민군 장병들과 평양시민들 장엄한 열병식과 군중시위로 공화국창건 55돐을 성대히 경축", ≪로동신문≫, 2003년 9월 10일 자.
181 "경축열병식은 미국에 또다시 커다란 전술적타격을 안겼다", ≪로동신문≫, 2003년 9월 25일 자.
182 "백두산혁명강군의 무적필승의 기상과 군민일치의 혈연적뉴대를 펼친 대화폭: 수도시민들 연도에서 공화국창건 55돐경축 열병행진대오를 열광적으로 환영", ≪로동신문≫, 2003년 9월 10일 자.
183 1949년 8월 15일 열린 열병식은 구체적인 장소를 파악할 수 없었다. 다만 기록영화

〈8·15〉에서 "평양시 군중 대회장"이라고 언급하고 있는 것으로 미뤄보아 이 대회장은 김일성광장으로 추정된다.

184 임동우, 『평양 그리고 평양 이후, 평양 도시 공간에 대한 또 다른 시각』(파주: 효형출판, 2012), 207~208쪽.

185 강태호, 「다큐멘터리와 정치선전: 리펜슈탈의 〈의지의 승리〉」, ≪독어교육≫, 제52집(2011), 252쪽.

186 배희철 외, 『주체의 기록영화』, 114쪽.

187 리장용, 「특색있는 촬영형식과 실황록화편집」, ≪조선예술≫, 제4호(1994), 62~63쪽.

188 변영욱, 『김정일.jpg』, 50~52쪽.

189 리펜슈탈도 영화 〈의지의 승리〉에서 군중을 효과적으로 촬영하기 위해 별도의 전용 엘리베이터를 설치했다.

190 김정본, 『미학개론』(평양: 사회과학출판사, 1991), 89~90쪽.

191 북한관영 조선중앙통신은 "세계의 유일한 최고사령관기가 조선혁명무력의 진두에 높이 날리기 시작했다"고 보도했다. 이 깃발은 건군절(4·25) 열병식, 김정일의 군부대 현지지도, 전투훈련 등에 게양된다. "북, 92년 4월부터 최고사령관기 게양", ≪연합뉴스≫, 1999년 12월 17일 자.

192 북한군 출신 탈북자 C씨 면접조사(2014년 9월 19일).

193 Maureen Turim, *Flashbacks in Film: Memory&History*(London: Routledge, 2014), p. 2.

194 박명진, 『비판커뮤니케이션과 문화이론』, 58쪽.

195 플래시컷은 화면과 화면 사이에 짧은 화면을 끼워 넣는 기법이다.

196 김정일, 『영화예술론』, 123쪽.

197 미술 전공 탈북자 B씨 면접조사(2014년 7월 22일).

198 박명진, 『비판커뮤니케이션과 문화이론』, 290쪽.

199 배희철 외, 『주체의 기록영화』, 121쪽.

200 Nichols, *Introduction to documentary*, p. 49.

201 남원진, 「북한 문학예술의 '반제국주의 기획' 연구: '자연주의' 비판을 중심으로」, ≪통일정책연구≫, 제13권 2호(2004), 241쪽.

202 서성일, 「총대철학은 총대를 중심에 놓고 혁명운동의 합법칙성을 밝힌 독창적인 철학」, ≪철학연구≫, 제3호(2006), 18쪽.

203 서성일, 「총대철학의 독창성」, ≪철학연구≫, 제2호(2008), 12~13쪽.

204 「김형직선생님과 두자루의 권총」, ≪천리마≫, 제3호(2002), 15쪽.

205 오순희, 「총대철학의 본질적내용」, ≪천리마≫, 제12호(2008), 32쪽.

206 남원진, 「북한 문학예술의 '반제국주의 기획' 연구」, 244쪽.

3장 감춰진 코드 해석하기

01 북한 기록영화의 서사구조 특성

1 권헌익·정병호, 『극장국가 북한』(파주: 창비, 2013), 14~16쪽.

2 "위대한 념원을 안으시고 원래 수령과 전사는 운명공동체입니다: 위대한 사랑의 정치로", ≪로동신문≫, 1995년 2월 21일 자.

3 니컬스의 재현양식의 구분은 관객이나 비평가에게는 개별 다큐멘터리를 이해할 수 있는 준거의 틀이 되며, 어떤 다큐멘터리의 기술과 스타일·수사법 등을 논의할 때 매우 유용한 구분이 될 수 있다. 민환기·이유빈, 「다큐멘터리 재현양식 연구: 〈워낭소리〉와 〈택시 블루스〉를 중심으로」, ≪영상예술연구≫, 제5집(2009), 99쪽.

4 Bill Nichols, *Representing reality: issues and concepts in documentary*(Bloomington: Indiana University Press, 1991), pp. 34~37.

5 Bill Nichols, *Introduction to documentary*(Bloomington: Indiana University Press, 2001), pp. 105~106.

02 북한 기록영화의 영상기호 특성과 의미

6 박명진, 『비판커뮤니케이션과 문화이론』(서울: 나남, 1989), 349쪽.

7 〈수령님은 언제나 우리와 함께 계시네〉는 영화문헌으로 기록영상 편집에 주안점을 두고 있고, 〈계승자들〉은 주제기록영화로 계승의 당위를 알리기 위해 현장화면의 비중이 높다. 그리고 〈무적을 떨쳐온 백승의 열병대오〉는 행사기록영화로 행사기록 편집에 중점을 두고 있다.

8 김수환, 「영화기호학과 그 '너머': 내러티브와 포토제니」, 제2회 서울기호학 여름학교 자료집(2014.8.20), 151쪽.

9 김정일은 『영화예술론』에서 "화면들을 짧게 여러 토막으로 나누어 가지고 한 대상으로부터 다른 대상으로 급하게 넘어 가는것은 광폭영화의 특성에 맞지 않으며 우리 인민들의 비위와 정서에도 맞지 않는 것"이라고 했다. 김정일, 『영화예술론』(평양: 문예출판사, 1973), 119쪽.

10 아돌프 히틀러, 『나의 투쟁』(서울: 홍신문화사, 1988), 이명성 옮김, 78~80쪽.

11 이명자, 「'7·1 경제관리개선조치' 이후 북한영화에 나타난 혁명적 낭만주의와 리얼리즘의 긴장관계」, ≪정신문화연구≫, 제31권 3호(2008), 215~216쪽.

12 이향진, 「주체영화예술론과 우리식 사회주의」, 경남대학원 북한대학원 엮음, 『북한문화, 둘이면서 하나인 문화』(파주: 한울, 2008), 307쪽.

03 북한 기록영화의 이데올로기 의미

13 유리 로트먼, 『기호계』, 김수환 옮김(서울: 문학과지성사, 2008), 147~148쪽.

14 존 스토리, 『문화연구와 문화이론』, 박모 옮김(서울: 현실문화연구, 1999), 164쪽.

15 김연종, 「이데올로기, 헤게모니, 문화 자본」, 정재철 엮음, 『문화 연구 이론』(서울: 한나래, 1999), 35쪽.

16 이향진, 「주체영화예술론과 우리식 사회주의」, 324쪽.

17 롤랑 바르트, 『현대의 신화』, 이화여자대학교 기호학연구소 옮김(서울: 동문선, 2002), 322~325쪽.

참고자료

1. 북한 문헌

김일성·김정일 문헌

김일성. 1979. "문화인들은 문화전선의 투사로 되여야 한다: 북조선 각 도인민위원회, 정당, 사회단체선전원, 문화인, 예술인대회에서 한 연설(1946년 5월 24일)". 『김일성저작집 2권』. 평양: 조선로동당출판사.

_____. 1980. "문화선전사업을 개선강화하는데서 나서는 몇 가지 문제에 대하여: 문화선전성 책임일군들과 한 담화(1956년 3월 1일)". 『김일성저작집 10권』. 평양: 조선로동당출판사.

_____. 1982. "기록영화를 잘 만들데 대하여: 영화부문일군들과 한 담화(1965년 12월 16일)". 『김일성저작집 20권』. 평양: 조선로동당출판사.

_____. 1982. "우리의 미술을 민족적형식에 사회주의적내용을 담은 혁명적인 미술로 발전시키자: 제9차국가미술전람회를 보고 미술가들과 한 담화(1966년 10월 16일)". 『김일성저작집 20권』. 평양: 조선로동당출판사.

_____. 1995. "미국사회로동당대표단과 한 담화(1990년 10월 5일)". 『김일성저작집 42권』.

평양: 조선로동당출판사.

김정일. 1973.『영화예술론』. 평양: 문예출판사.

_____. 1992. “4·15문학창작단을 내올데 대하여: 조선로동당 중앙위원회 선전선동부 책임일군들과 한 담화(1967년 6월 20일)”.『김정일선집 1권』. 평양: 조선로동당출판사.

_____. 1992. “당에 끝없이 충직한 문예전사로 준비하자: 김일성종합대학 조선어문학부 졸업생들과 한 담화(1968년 10월 8일)”.『김정일선집 1권』. 평양: 조선로동당출판사.

_____. 1992. “신흥세력나라들과의 친선 단결을 강화하자: 대외사업부문 일군들과 한 담화(1965년 5월 9일)”.『김정일선집 1권』. 평양: 조선로동당출판사.

_____. 1993. “영화 창작사업에서 나서는 몇가지 문제: 영화문학작가들과 연출가들 앞에서 한 연설(1971년 2월 12일)”.『김정일선집 2권』. 평양: 조선로동당출판사.

_____. 1993. “우리 식의 혁명적영화창조체계를 철저히 세울데 대하여: 영화부문 일군들과 한 담화(1971년 4월 28일)”.『김정일선집 2권』. 평양: 조선로동당출판사.

_____. 1996. “주체적문학예술을 더욱 발전시키기 위하여: 전국문화예술인열성자대회 참가자들에게 보낸 서한(1981년 3월 31일)”.『김정일선집 7권』. 조선로동당출판사.

_____. 1997. “온 사회에 문화정서생활기풍을 세울데 대하여: 조선로동당 중앙위원회 책임일군들과 한 담화(1989년 1월 5일)”.『김정일선집 9권』. 평양: 조선로동당출판사.

_____. 1998. “다부작예술영화 ≪민족과 운명≫의 창작성과에 토대하여 문학예술 건설에서 새로운 전환을 일으키자: 문학예술부문 일군 및 창작가, 예술인들과 한 담화(1992년 5월 23일)”.『김정일선집 13권』. 평양: 조선로동당출판사.

_____. 1998. “인민군대를 강화하며 군사를 중시하는 사회적기풍을 세울데 대하여: 조선로동당 중앙위원회 책임일군들과 한 담화(1992년 2월 4일)”.『김정일선집 13권』. 평양: 조선로동당출판사.

_____. 2000. “올해를 강성대국건설의 위대한 전환의 해로 빛내이자: 조선로동당 중앙위원회 책임일군들과 한 담화(1999년 1월 1일)”.『김정일선집 14권』. 평양: 조선로동당출판사.

_____. 2000. “청년동맹초급조직들의 역할을 더욱 높이자: 김일성사회주의청년동맹 모범초급일군대회 참가자들에게 보낸 서한(1999년 9월 29일)”.『김정일선집 14권』. 평양: 조선로동당출판사.

단행본

김룡봉. 2013. 『조선영화사』(제2판). 평양: 사회과학출판사.

김린서. 2006. 『영화촬영가의 창작적 개성』. 평양: 문학예술출판사.

김정본. 1991. 『미학개론』. 평양: 사회과학출판사.

리령 외. 1960. 『빛나는 우리 예술』. 평양: 조선예술사.

리양일. 2003. 『영화촬영』. 평양: 문학예술출판사.

림창진. 1998. 『세계영화인물집 1권』. 평양: 문학예술종합출판사.

박승덕. 1985. 『사회주의문화건설리론』. 평양: 사회과학출판사.

배희철 외. 1999. 『주체의 기록영화』. 평양: 문학예술종합출판사.

윤기덕. 1991. 『수령형상문학』. 평양: 문예출판사.

주영섭. 1966. 『씨나리오 수업』. 평양: 조선문학예술총동맹출판사.

차영애 편. 1996. 『위대한 령도자 김정일동지의 사상리론: 문예학 3』. 평양: 사회과학출판사.

사전·연감류

1962. 『조선중앙년감 1962』. 평양: 조선중앙통신사.

1969. 『조선중앙년감 1969』. 평양: 조선중앙통신사.

1973. 『조선문화어사전』. 평양: 사회과학출판사 어문편집부.

1982. 『백과전서 1권』. 평양: 과학·백과사전출판사.

1983. 『백과전서 3권』. 평양: 과학·백과사전출판사.

1983. 『백과전서 4권』. 평양: 과학·백과사전출판사.

1987. 『조선영화년감 1987』. 평양: 문예출판사.

1988. 『문학예술사전 상권』. 평양: 과학백과사전종합출판사.

1992. 『영조사전』. 평양: 외국문도서출판사.

1996. 『조선대백과사전 3권』. 평양: 백과사전출판사.

1998. 『조선대백과사전 7권』. 평양: 백과사전출판사.

1998. 『조선중앙년감 1998』. 평양: 조선중앙통신사.

2000. 『조선말사전』. 평양: 과학백과사전출판사.

2002. 『조영대사전』. 평양: 외국문도서출판사.

2004. 『조선중앙년감 2004』. 평양: 조선중앙통신사.

2008. 『광명백과사전 6권』. 평양: 백과사전출판사.

노동신문

1965.1.1. “김일성 수상의 신년사”.

1968.5.14. “조선은 미제의 허리를 꺾어놓은 강국이다. 죤슨도당은 저들의 죄과를 인정하고 사죄하여야 한다”.

1968.5.17. “우리는 미제의 코대를 꺾어놓은 조선 인민의 위력있는 힘에 고무됐다”.

1969.4.15. “인민에 대한 뜨거운 사랑으로 넘치는 위대한 화폭: 장편기록영화 〈수령님은 언제나 우리와 함께 계시네〉에 대하여”.

1981.1.20. “예술영화 〈조선의 별〉의 주인공들처럼 당과 수령께 끝없이 충직한 혁명전사가 되자”.

1981.2.4.“예술영화 〈조선의 별〉에 대한 연구토론회 진행”.

1983.3.17. “혁명의 천리길 이어가는 주체위업계승자들: 최근10년동안 60여만명의 청소년학생들이 ‘배움의 천리길’과 ‘광복의 천리길’ 답사행군에 참가”.

1985.1.1. “신년사”.

1989.8.18. “당을 따르는 주체혁명위업의 계승자들: 정일봉에로의 충성의 소년답사 행군대가 출발모임을 가지고 행군 시작”.

1995.2.21. “위대한 념원을 안으시고 원래 수령과 전사는 운명공동체입니다: 위대한 사랑의 정치로”.

2002.1.1. “위대한 수령님 탄생 90돐을 맞는 올해를 강성대국건설의 새로운 비약의 해로 빛내이자”.

2002.4.26. “전민이 무장한 군사강국의 위용을 뚜렷이 과시: 위대한 수령 김일성동지의 탄생 90돐, 조선인민군창건 70돐을 장엄한 로동적위대열병식으로 성대히 기념”.

2002.4.28. “기록영화 〈백승을 떨쳐 온 무적의 열병대오〉가 나왔다”.

2003.9.10. “백두산혁명강군의 무적필승의 기상과 군민일치의 혈연적뉴대를 펼친 대화폭: 수도시민들 연도에서 공화국창건 55돐경축 열병행진대오를 열광적으로 환영”.

2003.9.10. “위대한 선군조선의 필승불패의 국력을 과시: 조선인민군 장병들과 평양시민

들 장엄한 열병식과 군중시위로 공화국창건 55돐을 성대히 경축".
2003.9.25. "경축열병식은 미국에 또다시 커다란 전술적타격을 안겼다".

논문

김영훈. 2009.「선군사상의 뿌리」. ≪철학연구≫, 제1호.
서성일. 2006.「총대철학은 총대를 중심에 놓고 혁명운동의 합법칙성을 밝힌 독창적인 철학」. ≪철학연구≫, 제3호.
_____. 2008.「총대철학의 독창성」. ≪철학연구≫, 제2호.
송정수. 1970.「기록영화씨나리오 평양학생소년궁전」. ≪조선예술≫, 제4호.
오순희. 2008.「총대철학의 본질적 내용」. ≪천리마≫, 제12호.
정성일. 2009.「혁명가유자녀들을 직업적혁명가로 키우는 것은 대를 이어 주체혁명위업을 완성하기 위한 중요요구」. ≪정치법률연구≫, 제4호.
한영호. 1999.「기록영화해설문에서 철학성구현 문제」. ≪조선예술≫, 제11호.
1973.「기록영화문학 과수의 나라」. ≪조선예술≫, 제1호.
2002.「김형직선생님과 두자루의 권총」. ≪천리마≫, 제3호.
2005.「강철의 선군령장」. ≪천리마≫, 제12호.
2006.「주체의 기록영화와 더불어」. ≪조선예술≫, 제7호.

음반 · 영상물

국립영화촬영소. 1948. 〈38선〉.
_____. 1948. 〈8·15〉.
_____. 1948. 〈인민군대〉.
조선기록영화촬영소. 1978. 〈침략자 미제를 고발한다〉.
_____. 1979. 〈고마워라 사회주의조국이여〉.
_____. 1979. 〈침략자 미제를 고발한다〉.
_____. 1985. 〈계승자들〉.
_____. 1990. 〈운명도 미래도 다 맡기고〉.
조선기록영화촬영소 만경대창작단. 1969. 〈수령님은 언제나 우리와 함께 계시네〉.

조선기록과학영화촬영소. 1999. 〈빛나는 삶의 품 12〉.
_____. 2002. 〈백승을 떨쳐온 무적의 열병대오〉.

2. 국내 문헌

단행본

구회영. 1997. 『영화에 대하여 알고 싶은 두세 가지 것들』. 파주: 한울.
권헌익·정병호. 2013. 『극장국가 북한』. 파주: 창비.
김경용. 2012. 『기호학이란 무엇인가』. 서울: 민음사.
김광운. 2003. 『북한정치사연구 1』. 서울: 선인.
김성수. 2001. 『통일의 문학 비평의 논리』. 서울: 책세상.
김연철. 2001. 『북한의 산업화와 경제정책』. 서울: 역사비평사.
김영주. 1998. 『현대북한 언론연구』. 서울: 경남대학교출판부.
김치수 외. 2006. 『현대기호학의 발전』. 서울: 서울대학교출판부.
래비거, 마이클(Michael Rabiger). 1997. 『다큐멘터리』. 조재홍·홍형숙 옮김. 서울: 지호.
_____. 2010. 『다큐멘터리 만들기』. 홍형숙·조재홍 옮김. 서울: 비즈앤비즈.
로다, 폴(Paul Rotha). 『기록영화론』. 유현목 옮김. 서울: 영화진흥공사.
로트먼, 유리(Jurii M. Lotman). 2008. 『기호계』. 김수환 옮김. 서울: 문학과지성사.
르불, 올리비에(Olivier Reboul). 1995. 『언어와 이데올로기』. 홍재성·권오룡 옮김. 서울: 역사비평사.
바누, 에릭(Erik Barnouw). 2009. 『세계 다큐멘터리 영화사』. 이상모 옮김. 서울: 다락방.
바르트, 롤랑(Roland Barthes). 2002. 『현대의 신화』. 이화여자대학교 기호학연구소 옮김. 서울: 동문선.
박명진. 1989. 『비판커뮤니케이션과 문화이론』. 서울: 나남.
박영원. 2003. 『광고디자인기호학』. 서울: 범우사.
박정순. 2011. 『대중매체의 기호학』(개정판). 서울: 커뮤니케이션북스.
백선기. 2007. 『영화, 그 기호학적 해석의 즐거움』. 서울: 커뮤니케이션북스.
버나드, 셰일라 커런(Sheila Curran Bernard). 2009. 『다큐멘터리 스토리텔링』. 양기석 옮김. 서울: 커뮤니케이션북스.
벅랜드, 워런(Warren Buckland). 2007. 『영화인지기호학』. 조창연 옮김. 서울: 커뮤니케이션북스.
변영욱. 2008. 『김정일.jpg』. 파주: 한울.
서동만. 2011. 『북조선사회주의체제성립사』. 서울: 선인.
서인숙. 1998. 『영화분석과 기호학』. 서울: 집문당.
스칼라피노, 로버트(Robert A. Scalapino). 1987. 『한국공산주의운동사 3』. 이정식·한홍구 옮김. 서울: 돌베개.
스탬, 로버트(Robert Stam). 2002. 『어휘로 풀어보는 영상기호학』. 이수길 외 옮김. 서울: 시각과언어.
스토리, 존(John Storey). 1999. 『문화연구와 문화이론』. 박모 옮김. 서울: 현실문화연구.
아사버거, 아더(Arther Asa Berger). 2000. 『대중매체비평의 기초』. 한국사회언론연구회 매체비평분과 옮김. 서울: 이론과실천.
안찬일. 2006. 『10년 후의 북한』. 고양: 인간사랑.
알튀세르, 루이(Louis Althusser). 2007. 『재생산에 대하여』. 김웅권 옮김. 서울: 동문선.
이명자. 2007. 『북한영화사』. 서울: 커뮤니케이션북스.
이우영. 1997. 『김정일 문예정책의 지속과 변화』. 서울: 민족통일연구원.
______. 2002. 『북한 사회의 상징체계 연구』. 서울: 통일연구원.
이종석. 2011. 『새로 쓴 현대북한의 이해』. 서울: 역사비평사.
이종수. 2004. 『TV 리얼리티』. 서울: 한나래.
임동우. 2012. 『평양 그리고 평양 이후, 평양 도시 공간에 대한 또 다른 시각』. 파주: 효형출판.
임지현·김용우 편. 2005. 『대중독재 2』. 서울: 책세상.
______. 2007. 『대중독재 3』. 서울: 책세상.
자네티, 루이스(Louis Giannetti). 1997. 『영화의 이해』. 김진해 옮김. 서울: 현암사.
전평국. 1994. 『영상 다큐멘터리: 이론과 실제』. 서울: 나남.
정재철 편. 1999. 『문화 연구 이론』. 서울: 한나래.
정재형. 2004. 『북한영화에 대해 알고 싶은 다섯 가지』. 파주: 집문당.
챈들러, 대니얼(Daniel Chandler). 2006. 『미디어 기호학』. 강인규 옮김. 서울: 소명출판.
최양묵. 2010. 『텔레비전 다큐멘터리 제작론』. 파주: 한울.

프롭, 블라디미르(Vladimir Propp). 1987. 『민담형태론』. 유영대 옮김. 서울: 새문사.
헤이워드, 수잔(Susan Hayward). 1999. 『영화사전: 이론과 비평』. 이영기 옮김. 서울: 한나래.
홀, 스튜어트(Stuart Hall). 1996. 『스튜어트 홀의 문화이론』. 임영호 옮김. 서울: 한나래.
히틀러, 아돌프(Adolf Hitler). 1988. 『나의 투쟁』. 이명성 옮김. 서울: 홍신문화사.

논문

강승엽. 2001. 「TV 다큐멘터리 영상물에 있어서 내레이션과 인터뷰의 상관성에 관한 연구」. ≪현대사진영상학회논문집≫, 제4권 1호.
강태호. 2011. 「다큐멘터리와 정치선전: 리펜슈탈의 〈의지의 승리〉」. ≪독어교육≫, 제52집.
고원. 2006. 「루이 알튀세르와 영국 마르크스주의 역사가들」. ≪경희사학≫, 제24호.
권금상. 2010. 「미디어 속 이주아동과 인권의 사회교육적 함의」. 충남대학교 대학원 박사학위 논문.
김선도. 2011. 「조선중앙년감 연구 1949~2010: 구성과 내용의 변화를 중심으로」. 북한대학원대학교 석사학위 논문.
김수환. 2014. 「영화기호학과 그 '너머': 내러티브와 포토제니」. 제2회 서울기호학 여름학교 자료집(2014.8.18).
김승. 2014. 「북한 기록영화의 영상재현과 이데올로기 특성: 〈수령님은 언제나 우리와 함께 계시네〉를 중심으로」. ≪기호학연구≫, 제39호.
_____. 2015. 「북한 기록영화 〈38선〉의 영상기호 분석」. ≪통일인문학≫, 제64권.
_____. 2015. 「북한 기록영화에 재현된 열병식의 의미생성 구조: 〈백승을 떨쳐온 무적의 밀빙대오〉에 대한 기호학적 분석」. ≪북한연구학회보≫, 제19권 2호.
_____. 2015. 「북한 기록영화의 영상재현 특성 연구」. 북한대학원대학교 박사학위 논문.
_____. 2015. 「북한 기록영화의 의미 체계: 〈계승자들〉에 대한 표상요소 분석을 중심으로」. ≪영상예술학회≫, 제27권.
_____. 2016. 「북한 기록영화의 서사구조에 내재된 이항대립 이데올로기」. ≪통일연구≫, 제20권 1호.
_____. 2016. 「북한 기록영화의 서사구조의 특성과 변화」. ≪문학과영상≫, 제17권 1호.
김옥자. 2013. 「만경대혁명학원 연구」. 북한대학원대학교 박사학위 논문.

김정식·오양열. 2001.「북한 문화예술정책의 변천과 그 지향성」. ≪한국행정사학지≫, 제10권 2호.
남원진. 2004.「북한 문학예술의 '반제국주의 기획' 연구: '자연주의' 비판을 중심으로」. ≪통일정책연구≫, 제13권 2호.
민병욱. 2006.「김정일 체제기 북한 예술영화 연구」. ≪공연문화연구≫, 제13집.
민병헌. 2007.「TV 시사다큐멘터리의 영상구성방식과 사실성 구현의 연계성 연구: KBS·MBC·SBS의 시사프로그램 분석을 중심으로」. 성균관대학교 대학원 박사학위 논문.
민환기·이유빈. 2009.「다큐멘터리 재현양식 연구: 〈워낭소리〉와 〈택시 블루스〉를 중심으로」. ≪영상예술연구≫, 제5집.
박영정. 2003.「'선군시대'의 북한문학예술 연구」. ≪통일연구≫, 제7권 1호.
변영욱. 2006.「북한 '1호 사진'의 변화」. 북한대학원대학교 석사학위 논문.
서명수. 1999.「영화에서 환유와 은유」. ≪기호학연구≫, 제6집.
성일권. 2010.「그람시적 대항 헤게모니의 현재적 의미와 그 가능성: 세계사회포럼의 '탈자본 국제주의' 운동을 중심으로」. ≪담론 201≫, 제13권 4호.
양무진. 2011.「선전선동 사례연구: 나치독일, 중국, 북한」. ≪현대북한연구≫, 제14권 3호.
양승모. 1989.「A. 그람시의 헤게모니개념 연구」. ≪정정≫, 제2권 1호.
양훈도. 2012.「북한 동화의 스토리텔링 연구」. 북한대학원대학교 박사학위 논문.
영상예술학회.「주제포럼: 다큐-미디올로지(Docu-mediology)의 어떤 지평」. 영상예술학회 추계학술대회 발표 자료(2014.12.13).
오윤록. 2007.「그람시의 문화이론과 오페라」. ≪낭만음악≫, 제19권 4호.
이관세. 2007.「북한의 현지지도와 정치리더십에 관한 연구」. 경남대학교 북한대학원 박사학위 논문.
이규정. 2009.「TV 다큐멘터리의 한국 현대사 재현과 사회적 함의: MBC 다큐멘터리 〈이제는 말할 수 있다〉에 대한 기호학적 분석」. 성균관대학교 대학원 박사학위 논문.
이명자. 2008.「'7·1 경제관리개선조치' 이후 북한영화에 나타난 혁명적 낭만주의와 리얼리즘의 긴장관계」. ≪정신문화연구≫, 제31권 3호.
이순웅. 2008.「그람시 이데올로기 개념의 형성」. ≪시대와철학≫, 제19권 1호.
이신재. 2014.「북한의 기억의 정치와 푸에블로호 호명」. ≪현대북한연구≫, 제17권 1호.
이왕기. 2004.「북한 현대건축의 '민족성' 표현방법론 연구」. ≪계획계≫, 제20권 7호.

이우영. 2002.「김정일의 영화·연극·가극」. 통일연구원 엮음.『김정일 연구 2』, 서울: 통일연구원.
이윤희. 2013.「퍼스의 기호학적 관점을 통해 본 소쉬르의 가치이론: 언어가치 개념과 삼차성 개념의 비교 고찰」. ≪기호학연구≫, 제37호.
이주미. 2007.「북한의 민족의식과 민족문학」. ≪한민족문화연구≫, 제21집.
이태섭. 2003.「김정일 후계체제의 확립과 '단결'의 정치」. ≪현대북한연구≫, 제6권 1호.
이향진. 2008.「주체영화예술론과 우리식 사회주의」. 경남대학원 북한대학원 엮음.『북한 문화, 둘이면서 하나인 문화』. 파주: 한울.
전영선. 2009.「이야기 방식을 통한 북한 체제 정당화 연구: 총서『불멸의 력사』와 영화 〈조선의 별〉을 중심으로」. ≪북한연구학회보≫, 제13권 1호.
전평국. 1999.「현대영화 제 이론의 발달과 변천: 정치와 철학적 관점에서」. ≪영화연구≫, 제15호.
정태은. 2009.「김정숙 이미지 변화에 관한 연구: 1963~2007년 ≪조선녀성≫을 중심으로」. 북한대학원대학교 석사학위 논문.
황인성. 1993.「텔레비전뉴스 이해를 위한 서사론적 접근」. ≪언론문화연구≫, 제11권.
______. 1996.「텔레비전 저널리즘 서사구조의 사회적 폭력성에 대하여」. ≪한국방송학보≫, 제7권.

기타

민경찬. 2004.3.1. "〈실미도〉 '적기가'의 유래와 역사를 찾아서". ≪미디어오늘≫.
박계리. 2012.10.1. "박계리의 스케치北 10". ≪통일한국≫.
______. 2012.11.1. "박계리의 스케치北 11". ≪통일한국≫.
≪연합뉴스≫. 1999.12.17."북, 92년 4월부터 최고사령관기 게양."
≪연합뉴스≫. 2001.4.24. "南의 친구, 北의 조선의 별".
통일부 북한자료센터. http://unibook.unikorea.go.kr.
네이버 블로그(헤딩). http://blog.naver.com/ffzin/90028920306(검색일: 2014년 3월 25일).

3. 외국 문헌

Asa Berger, Arther. 2004. *Media analysis techniques*. CA: Sage Pubns.

Barnouw, Erik. 1993. *Documentary: A History of the Non-fiction film*. New York: Oxford University Press.

Chapman, Jane. 2009. *Issues in Contemporary Documentary*. Cambridge: Polity Press.

Corner, John. 1996. *The art of record: A critical introduction to documentary*. Manchester: Manchester University Press.

Chanler, Daniel. 2005. *Semiotics for beginners*. London: Routledge.

Ellis, Jack. C. and Besty A. McLane. 2005. *A New History of Documentary Film*. New York: The Continuum International Publishing.

Fiske, Jhon. 1987. *Television culture*. London: Routledge.

Higley, Sarah L. and Jeffrey A. Weinstock. 2004. *Nothing That is: Millennial Cinema and the Blair Witch Controversies*. Detroit: Wayne State University Press.

Jameson, Fredric. 2003. *Postmodernism, or, the Cultural Logic of Late Capitalism*. Durham: Duke University Press.

Storey, John. 2015. *An introductory guide cultural theory and popular culture*. London: Routledge.

Kaplan, E. Ann. 1984. "Theory and Practice of the Realist Documentary Form." in Thomas Waugh(ed.). *Show Us Life: Toward a History and Aesthetics of the Committed Documentary*. New Jersey: Scarecrow Press.

Lee, Alfred M. and Elizabeth B. Lee. 1939. *The Fine Art of Propaganda: A Study of Father Coughlin's Speeches*. New York: Harcourt, Brace&Company.

Lukács, Gyorgy. 1971. *History and class consciousness: Studies in Marxist dialectics*. Massachusetts: The MIT Press.

Metz, Christian. 1982. *The Imaginary Signifier: Psychoanalysis and the Cinema*. Bloomington: Indiana University Press.

Rabiger, Michael. 2009. *Directing the documentary*. Massachusetts: Focal Press.

Nichols, Bill. 1991. *Representing reality: issues and concepts in documentary*. Bloomington: Indiana University Press.

_____. 2001. *Introduction to Documentary*. Bloomington: Indiana University Press.

Paget, Derek. 1990. *True stories?: Documentary drama on radio, screen and stage*. Manchester: Manchester University Press.

Pines, Christopher L. 1993. *Ideology and false consciousness: Marx and his historical progenitors*. Albany: SUNY Press.

Plantinga, Carl. 2005. "What a Documentary Is, After All." *The Journal of Aesthetics and Art Criticism*. 63(2).

Roscoe, Jane and Craig Hight. 2001. *Faking it: Mock-documentary and the Subversion of Factuality*. Manchester: Manchester University Press.

Stam, Robert, Robert Burgoyne and Sandy Flitterman-Lewis. 1992. *New Vocabularies in Film Semiotics: Structuralism, Post-structuralism, and Beyond*. London: Routledge.

Hayward, Susan. 1996. *Key concepts in cinema studies*. London: Routledge.

Turim, Maureen. 2014. *Flashbacks in Film: Memory&History*. London: Routledge.

Ward, Paul. 2005. *Documentary: The Margins of Reality*. New York: Columbia University Press.

Winston, Brian. 2008. *Claiming the real II: documentary: Grierson and beyond*. London: British Film Institute.

門間貴志. 2012.『朝鮮民主主義人民共和國映畵史』. 東京: 現代書館.

찾아보기

기타

김승

건국대학교 문화콘텐츠학과 겸임교수다. 북한연구학회 대외협력이사와 영화진흥위원회 객원연구원을 맡고 있다. 북한대학원대학교에서 「북한 기록영화의 영상재현 특성 연구」로 북한학 박사학위를 받은 후 북한 기록영화와 다큐멘터리를 연구하고 있다. 저서로는 커뮤니케이션이해총서 『북한 기록영화』(커뮤니케이션북스)가 있으며, 「북한 기록영화의 의미 체계」, 「북한 기록영화의 서사구조의 특성과 변화」, 「북한 기록영화에 재현된 열병식의 의미생성 구조」, 「고난의 행군 시기 북한 기록영화에서 조형된 집단적 마음」, 「탈북을 다룬 다큐멘터리의 의미전달 체계」 등 다수의 논문을 발표했다.

한울아카데미 1915

북한 기록영화, 그 코드를 풀다

지은이 **김승** | 펴낸이 **김종수** | 펴낸곳 **한울엠플러스(주)** | 편집책임 **조인순** | 편집 **성기병**

초판 1쇄 인쇄 **2016년 9월 5일** | 초판 1쇄 발행 **2016년 9월 9일**

주소 **10881 경기도 파주시 광인사길 153 한울시소빌딩 3층** | 전화 **031-955-0655** | 팩스 **031-955-0656**
홈페이지 **www.hanulbooks.co.kr** | 등록번호 **제406-2003-000051호**

Printed in Korea.
ISBN 978-89-460-5915-3 93680 (양장)
ISBN 978-89-460-6194-1 93680 (학생판)
* 책값은 겉표지에 표시되어 있습니다.
* 이 책은 강의를 위한 학생용 교재를 따로 준비했습니다. 강의 교재로 사용하실 때에는 본사로 연락해주시기 바랍니다.